再生可能エネルギー政策の国際比較

日本の変革のために

植田和弘・山家公雄 編

目　次

はじめに［山家公雄］　1

第Ⅰ部　欧米諸国の再生可能エネルギー政策
第1章　世界の温暖化対策と再エネ政策を概観する［内藤克彦］
　………………………………………………………………　13
- 1-1　欧州等の温暖化対策の出発点　15
- 1-2　欧・米・日のエネルギー起源温室効果ガス排出の推移にみる発電部門の位置づけ　24
- 1-3　欧州の温暖化対策における再エネの位置づけ　30
  1. Energy Road Map 2050　30
  2. 目標達成のための障害と解決策　37
- 1-4　デンマークの事例　45
  1. 国情　45
  2. エネルギーの構造　45
  3. デンマークの温室効果ガスの排出推移　48
  4. 政策と今後の削減目標　50
  5. 温暖化対策の中でのエネルギー分野のシェア　59

第2章　ドイツの再生可能エネルギー推進策の現状と方向
　　　　　［山家公雄］……………………………………………　63
- 2-1　再生可能エネルギー大国ドイツの軌跡と普及要因　65
- 2-2　2014年再エネ法改正の検証―固定価格買い取り制度の精神は不変　78
  1. EEG2014の印象と背景　78
  2. 「直接取引」の強化　80
  3. 入札制度の試験的実施　83
  4. ブリージングキャップ制度の拡張　87
  5. 賦課金適用ベースの拡大　90
  6. 2014年改正の検証　92
  7. 補論　EEG2016案の概要　95

第3章 イギリスの再生可能エネルギー政策［長山浩章］……… 97

- 3-1 英国における再生可能エネルギーの現状　99
- 3-2 英国における電力セクター改革　102
  - 1 英国における電源構成の現在と将来　102
  - 2 英国における電力セクター改革と再生可能エネルギー導入促進策のこれまでの流れ　108
- 3-3 英国における再生可能エネルギーへの投資促進策　116
  - 1 電源別投資促進策　116
  - 2 再生可能エネルギーへの投資促進策　117
  - 3 ROC（再生可能電力購入義務証書制度）　118
  - 4 FIT　123
  - 5 徴収調整フレームワーク　125
  - 6 インバランス政策の変更の再生可能エネルギーに与える意味　127
  - 7 大規模再エネプロジェクトへの投資契約　128
  - 8 FIT-CfD　129
  - 9 英国における新たな動き　133

第4章 再生可能資源国家・アイスランドの緑化熱電戦略による応戦［加藤修一］………………………………………… 139

- 4-1 はじめに──再生可能資源国家・アイスランドの意思　141
- 4-2 EUエネルギー指令とアイスランドのエネルギー政策　143
  - 1 EUエネルギー連合に見る戦略──「Road Map 2050」・「EESS」とアイスランドの対応　143
  - 2 EU指令・決定とアイスランドのエネルギー政策　145
- 4-3 アイスランドのエネルギーの基本諸元と特色　147
  - 1 第一次エネルギーと自給率──教訓となったオイルショック　147
  - 2 アイスランドの再エネ政策──膨大な再生可能資源の潜在量と課題　149
- 4-4 アイスランドの再生可能エネルギーの特性と電熱展開　151
  - 1 膨大な潜在量をもつアイスランドの再生可能エネルギー　151
  - 2 永続的な地球の熱資源を活用する熱政策　152
  - 3 大量で安価な電力と立地する多消費産業──再生可能資源の適正利用と威力　154
  - 4 安価で安定した信頼できる電力──近隣EU諸国の産業・家庭用電気料

　　　　　金の価格　155
　　5　CO₂の環境負荷が小さく高品質——低炭素社会の構築に寄与　157
4-5　IceLink事業による応戦——アイスランドの孤立系の克服　159
　　1　再エネの最大導入に向けた国際連系線の強靭化戦略　159
　　2　アイスランドの大規模貯水池型水力発電の柔軟メカニズム——英国の安定装置　162
　　3　アイスランドと英国間の国際連系線等の電気料金価格の比較　163
　　4　IceLink事業に関する国民的議論と事業リスク等と提案　165
4-6　緑化電力による低炭素社会の構築——先導的な「モデル社会」による応戦　166
　　1　緑化電力と急速な脱炭素化　166
　　2　EUのHorizon 2020とアイスランドの水素社会への道　168
　　3　アイスランド仕様の誇るべき"現実"と太陽地球経済の端緒　169
4-7　FUKUSHIMAの後に　173

第5章　米国の再生可能エネルギーの導入状況と開発促進政策
　　　　　［飯沼芳樹］……………………………………………………… 175
5-1　米国における再生可能エネルギーの位置付け　177
5-2　再生可能エネルギー促進策　181
　　1　PURPAのQF　181
　　2　再生可能エネルギー利用割合基準（RPS）　182
　　3　多様な資金支援措置　185
　　4　ネットメータリング（NEM）　186

第Ⅱ部　再生可能エネルギーの課題と論点
第6章　系統連系問題［安田陽］……………………………………… 195
6-1　はじめに——世界と日本の情報ギャップ　197
6-2　系統連系問題の技術的考察　200
　　1　「バックアップ電源」と「柔軟性」　200
　　2　蓄電池は最初の選択肢ではない　204
　　3　出力予測技術と系統運用・市場設計との組み合わせ　207
6-3　系統連系問題の政策的課題　210

1　「原因者負担の原則」と「受益者負担の原則」　210
　　　2　「ディープ方式」と「シャロー方式」　212
　　　3　透明かつ非差別的なルール　215
　　　4　再生可能エネルギーの「接続可能量」と接続制約　217
　6-4　系統連系問題の市場的課題　223
　　　1　メリットオーダー曲線とVREの優先給電　224
　　　2　市場メカニズムによる系統運用　227
　6-5　おわりに──不透明で差別的なルールの改善こそ　231

第7章　日本の再生可能エネルギー政策の評価と課題
　　　　　　──再生可能エネルギー固定価格買取制度の改正をふまえて
　　　　　　　［高村ゆかり］……………………………………………　237

　7-1　日本における再生可能エネルギーの位置　239
　7-2　FIT法改正の重要事項　240
　　　1　認定制度の見直し　242
　　　2　買取価格設定方法の変更　243
　　　3　買取義務者の送配電事業者への変更　245
　　　4　エネルギー多消費事業者に対する賦課金の減免制度の見直し　246
　7-3　今回のFIT制度変更の評価　246
　7-4　再エネのさらなる拡大のための課題　247
　　　1　再エネ目標の引き上げと2030年をこえる再エネ長期目標の明確化　248
　　　2　再エネの大規模導入を可能にする系統対策　249
　　　3　再エネ需要の拡大　251
　7-5　むすびにかえて　253

［コラム］固定価格買取制度（FIT）の設計に関する論点　［小川祐貴］　254

第8章　発電コスト分析から見えてくるもの　［稲澤泉］………　259
　8-1　モデルプラント方式による発電コスト分析の概要　262
　　　1　モデルプラント方式の概要　262
　　　2　LCOEの役割　263
　　　3　最新の発電コスト分析における前提条件と検証結果　264
　8-2　電力市場の環境変化とLCOE計量手法の進化　268

1　電力市場の環境変化　268
　　2　LCOEの計量手法の進化　272
　8-3　LCOEによる分析手法の評価と課題　273
　　1　評価　273
　　2　課題　273
　　3　今後の方向性　275

第9章　自治体と分散型電源［中山琢夫］……………… 281
　9-1　なぜ，再公有化か　284
　9-2　ドイツにおける都市公社新設の実態　286
　　1　新設された都市公社・村公社の場所とクラスター　287
　　2　新設された都市・村公社の自治体人口規模　289
　　3　新設都市・村公社の法人形態　290
　　4　都市・村公社新設の地域偏在性　292
　　5　新設都市・村公社の所有者　295
　　6　新設都市・村公社の設立年　296
　9-3　再公有化の概念とその目標　297

第10章　再生可能エネルギーの社会受容性と制度設計
　　　　　［尾形清一］……………………………………… 303
　10-1　再生可能エネルギー量的拡大に当たっての社会的制約条件　305
　10-2　再生可能エネルギーと社会受容性　308
　　1　再エネの課題群と地域からの反発　308
　　2　陸上風力の問題―「NIMBY」or「PIMBY」　309
　10-3　再エネの社会受容性に基づく政策と制度設計　310
　　1　再エネの社会受容性の理論と政策　310
　　2　再エネの長期的「便益」と立地地域のリスク　312
　　3　分配的正義に基づく事業と政策　313
　　4　地域資源を活かすための地方自治体の役割と条例制定　316
　　5　手続的正義に配慮したコミュニケーション　318
　　6　手続的正義と土地利用計画の策定　321
　10-4　地方自治体の責任と役割　323

終章　日本の再エネ政策と本書の関わり［山家公雄］............ 325
　　1　日本も「エネルギー転換」しつつある　327
　　2　自由化推進策と再エネ普及策の共通性　328
　　3　最近の再エネ施策は適切か　329
　　4　日本の現状を踏まえた各章の総括　339
　　5　エネルギー神話は神話になった　348
　　6　最重要政策としての環境・エネルギー政策　350

おわりに［山家公雄］　353

はじめに

1　日本のエネルギー政策に漂う不透明感とその理由

■エネルギーは国政の最重要課題

　エネルギー資源は国民生活，産業活動の礎となる最も重要な資源である。日本は，化石燃料資源が乏しく，ほとんどを海外に依存しており，その安定供給は国政の最重要課題でなければならない。現在，わが国のエネルギー自給率は6～7％しかない。1次エネルギーの4割を占める石油のほぼ100％を輸入し，うち85％を中東地域に依存する。原発が稼働していた3.11以前は，自給率は18％程度を記録していた。現在よりも高いが，それでも低い。低いと言われる食糧自給率は4割である。

　日本に限らずエネルギーが国家の最重要課題であることは，歴史が証明する。世界大戦まで遡るまでもなく，繰り返される中東地域の戦争・紛争，原油価格水準が国際社会や政治に及ぼす大きな影響を見れば議論の余地はないであろう。太平洋戦争の直接的な要因の一つも，いわゆる「ABCD包囲網」を築かれ，わが国の原油の供給を絶たれたことにあった。今日わが国は尖閣諸島の領有権を巡り中国と対立しているが，これも豊富なガス田が周囲に展開しているからとも言われる。竹島や北方領土の領有をめぐっても，その対立の背後には，メタンハイドレートを含め，豊富なエネルギー資源の存在が指摘されている。

■政治テーマとならない日本

　このように，だれが見ても最重要課題であるはずのエネルギー問題であるが，日本では政治のテーマにならない。3.11後暫くは原子力事故に伴う大混

乱が生じ、大きなテーマだったが、最近はほとんど議論の遡上に乗らない。2016年9月26日の首相所信表明演説では、福島県の振興に係る記述以外、エネルギーに関する言及は皆無だった。2016年6月の参議院選挙でも、争点にならなかった。「エネルギーは票にならない」とも言われるが、それにしても、無関心に過ぎる。

推測するに、エネルギー政策に対する方針を明確にしたくないのだろう。原発の取り扱いに限らず、エネルギーを巡る社会の在り方は大きな変わり目にあり、既存モデルの変革が生じつつある。いわゆる大規模長距離一方通行システムから小規模分散型双方向システムを含むものに変わりつつある中で、エネルギー政策の主役は供給者から需要家に移り、大規模電源から再生可能エネルギー、省エネルギーを主とする分散型資源に移っていく傾向は、日に日に強まってきている。

全面自由化、システム改革と称する構造変革は、来るべき方向を見据えた環境整備であるはずだが、往々にして従来の関係者は既存システムを守ろうとする。言葉は自由化、システム改革であるが、中身は既存システムに目配りしたものになりがちだ。世界標準から外れたガラパゴス政策といえるものが登場する。

もちろん進んできている面もある。不十分ながら提示した目標を守るべく、再エネ、省エネの実績を出さなければならないし、世論も無視できない。海外の動きが加速度を増し、国民の眼を誤魔化せなくなってきている。現状は、既存システムを守るための奇妙な政策と、いわゆる教科書的な前向き政策が入り混じっている「モザイク状態」である。しかし、3.11から6年近く経過し、いよいよ決断すべき状況にある。この6年間の国内外の変化は凄まじいからだ。

■新潟県知事選のインパクト

わが国の膠着状況を一変させるかもしれないのが、地方の動きである。鹿児島県、新潟県と原発稼働に慎重な候補者が知事に当選した。特に新潟県は、公示直前に立候補した野党推薦の候補者が、予想を覆す形で与党推薦の候補者に勝利した。高い支持率を維持し、国政レベルの選挙で圧勝を続けて

きた現政権が，原発に論点を絞った候補者に屈したのである。政府が思っている以上に，国民はエネルギー問題に関心を持ち，知識を蓄積してきたのだろう。来たる国政選挙においてもエネルギー問題特に原発の問題が浮上することは確実だろう。漸くエネルギーが政策の論争点になるだろうが，原発か再エネかという単純な2項対立ではなく，エネルギー問題全般で，大きな転換期にどう対応していくかとの視点での議論を期待する。

■研究者の役割

　マスコミやアカデミズム，シンクタンクにも責任がある。日本の識者の多くは，世界的なトレンドを理解できていない。理解している場合でも，考えていることをそのまま表現できるとは限らない。既存の論理に馴染んだ「組織の方針」を新たな方向へと説得するのが難しいからだ。

　日本の大手エネルギーシンクタンクは，その中立性において疑問符が付き，彼らの解釈は割り引いて読み解く必要がある。一方，学界は，専門分野が細分化され，一般に，限られた範囲で技術的検討を行う。関連分野の中でも電気工学は大きな存在だが，いわば従来型の理論が身体に染みついていて，分散型システム等に本能的に違和感を覚える場合がある。この場合，アカデミズムが進化を妨げる壁になる。文科系はといえば，これまで環境経済学はあってもエネルギー経済学という名乗りはあまり聞かれない。特に電力を技術的・産業的に理解するのは容易ではなく，その難しいところに本質が宿る場合が多いのだが，電力における再生可能エネルギーに焦点を当てた大学の講座は，私が知る限り存在しなかった。文科系と理科系に跨る常設組織もあまり聞かない。

　翻って海外を見ると，研究者は，新たな技術や方向を見据えた研究，膨大なデータを駆使したシミュレーション等を行い，広く成果を公表している。政策との距離も近く，提言したり，調査を依頼されたりして，政策立案に参画している。行政，産業，研究間の人的な交流もよく見られる。日本でも，研究者は審議会，委員会，小委員会，分科会等のメンバーに名を連ねているが，専門外の事柄や新たな動きを知らない，産業・事業実態を知らない人びとが選ばれていたりもする。

2 京都大学，再生可能エネルギー経済学共同研究講座の挑戦

　そんな中，京都大学大学院経済学研究科は，2014年度より，再生可能エネルギー経済学共同研究講座（以下，京大再エネ講座あるいは再エネ講座）を開講した。再エネに焦点を当てたエネルギーをテーマとする大学の講座は少ないこと，特に再生可能エネルギーは今後エネルギー問題の主役になることが見込まれることから，再生可能エネルギーに焦点を当てた講座が設けられたのである。新たな技術である再エネが普及していくためには，先行する海外や，エネルギー全般にわたる理解が不可欠である。すなわち多岐にわたる研究を行い，それを理解・咀嚼したうえで，分かりやすく発信し，広く理解してもらうことが必要である。当講座の使命の一つはそうした社会への発信だと考えている。

　当講座は，京都大学と民間事業者との共同研究講座として開設され，大学内では植田和弘教授，諸富徹教授の研究室を主軸として，関心のある研究者や院生，学生が参加メンバーとなった。一方外部からは，学術，政治，行政，金融，シンクタンク出身者が参加し，産業界からもオブザーバーが参加している。

　研究の中心となるのが学内外の講師による研究会である。海外現地調査も定期的に実施している。研究会の成果は，講座のHPにアップする。また，メンバーや外部有識者によるコラムを定期的にHPに掲載し，メールにて関係者に配信している。こうした研究成果は，年1～2回開催されるシンポジウム等を通して，関心のある方々に直接説明される。こうした研究会の初年度（2014年度）では，大学やシンクタンクの研究者を招聘して，内外の再エネを主とするエネルギー事情を取り上げ，特に，再エネ普及に積極的なEUや加盟国に焦点を当てた。再エネ普及のカギを握る系統運用（システムオペレーション），市場運用（マーケットオペレーション）といった，文科系出身の関係者には理解し難い問題も，積極的に取り上げた。同年度末には，ベル

ギー，フランス，イギリス，ドイツを訪問して調査を行った。こうした成果をベースに，翌 2015 年度の研究会では，エネルギー事業者からも話を聞き，また，米国情勢についても研究を始めた。同年度は，エネルギー長期見通し，温暖化対策の取り纏め等，国レベルの重要な政策が決定されており，講座や個々のメンバーがそうした場で適宜提言等を行っている。さらに 2016 年度には，欧米事情については，推進政策，系統運用・整備，市場運用に焦点を当てたフォローアップを行い，国内に関しては，全面自由化後の状況，政府が検討する自由化やシステム改革の具体策等国内情勢を注視し，適宜評価や提言を行ってきた。2016 年 10 月末時点で，開催した研究会は 49 回を数え，その概要については再エネ講座の HP にアップされている。

3　本書について

以上のような京大再エネ講座での調査研究，特に 2014, 2015 年度までに実施した世界の動向に焦点を当てた研究を，整理・解説したのが本書である。執筆者には京大再エネ講座の直接のメンバーでない者もいるが，そうした筆者も，研究会の講師として参加した者たちである。もちろん各章の内容には，各年度の研究に限らず，その後の最新知見も十分に盛り込まれている。

■本書の構成と概要

本書は 2 部構成となっている。第 1 部では，各国の情勢についての解説であり，第 1 章から第 5 章にて構成される。

第 1 章（内藤克彦）では，欧州に焦点を当て，再エネ政策の原点と目的，具体的な推進策について解説する。世界の温暖化対策の出発点は，2009 年の G8 ラクイラ・サミットである。ここで，2050 年までに世界の温室効果ガス排出量を 50％ 削減，先進国は 80％ 以上の削減が合意された。EU は，この目標に福島原発事故を加味し，2011 年 12 月に「Energy Roadmap 2050」を発表する。排出量の多い発電部門に焦点を当てる，再エネを積極的に推進する，そのためにインフラ整備を計画的に進める等が骨子であり，加盟国の政

策にて具現化される。この方針は普遍性を持ち，EU や米国は，発電部門の排出を減らしていく。日本は，逆に発電部門は増加しており，民生部門の省エネ努力を打ち消す結果となっている。EU では，再エネ推進は新しい時代を切り開く産業政策としても位置付けられていることが紹介される。

第 2 章（山家公雄） では，FIT 制度の原型が出現する 2000 年前後より現在まで，特に現在の制度を形作る，ドイツの「2014 年改正再生可能エネルギー法」に焦点を当てて解説される。新規再エネ事業は，FIT を原型とした FIP 制度に原則移行する。FIP は，卸市場価格での売買を基本としつつ採算が確保できる水準までの差額（プレミアム）を保証するものである。小規模事業に FIT は残るが，あらかじめに決められた変更ルールに従って，タリフは機動的に変更する。再エネ賦課金の対象を広げ消費者やユーティリティの負担を抑制する。ここでは，2014 年ルールは，2009 年以降，市場との調和を目指して不断に見直されてきた制度変更を集大成するもの，と位置づけている。

第 3 章（長山浩章） は，英国のエネルギー政策について，再エネを主に，直近の状況まで詳細に解説する。まず，世界に先駆けて始めた自由化政策の経緯とその結果としての産業構造を紹介する。英国では，EU 気候変動政策の影響を受け，加盟国平均以上に積極的に温室効果ガス削減や再エネ推進に取り組んできた。再エネ推進策でも先行し，独自の工夫を凝らしている。まず，中・大規模事業を主に ROC が制度化されたが，その後小規模事業を対象に FIT も導入される。途中で技術毎のきめ細かい支援策が織り込まれる。2013 年エネルギー法で，FIT と市場とを調和する FIT-CfD の導入を決める。再エネ普及のためには，取引市場の整備，送配電線の整備が不可欠となるが，英国ではやはり独自の方式が考え出される。こうしたユニークかつ複雑な仕組みを丁寧に豊富な資料で解説している。

第 4 章（加藤修一） は，再生可能資源国家とされるアイスランドの緑化熱電戦略について論じている。アイスランドは，今日，エネルギー自給率は 86％ である。使用する国産資源は全て再エネ由来であり，再エネ導入率は世界一を誇る。かつてはヨーロッパの最貧国であったが，再エネ資源の活用により，今や富裕国である。その背景には，EU 指令と連携するエネルギー政

策に基づいた応戦の経緯がある。国内には，地熱・水力・風力等膨大な再エネ潜在量があるが，人口32万の電力市場の拡大は限定的である。一方，EUは国際連系線の拡充戦略を進める。特に英国は柔軟性等に優れたアイスランドの電力に着目している。本章では，アイスランドの緑化熱電戦略の現況，「モデル社会」の意義，膨大な再エネ潜在量，英国を巡る現況と国際連系線IceLink事業との関係を整理し，アイスランド"仕様"の現実と未来可能性にアプローチしている。

第5章（飯沼芳樹）では，欧州から目を転じて米国の再エネの導入状況および連邦と州の政策の特質について述べている。最初に，米国における再エネの位置を確認する。国内での発電電力量の構成比は13％とまだ高くないものの，規模的には中国に次いで世界第2位を誇り，特に最近の伸びは著しい。次に，再エネ促進策として，①公益事業規制政策法（PURPA）の認定施設（QF），②再生可能エネルギー利用割合基準（RPS），③法人税関連の発電税額控除（PTC）や投資税額控除（ITC）等の多様な資金支援措置，④ネットメータリング（NEM）を紹介する。①と③のPTC，ITCは連邦制度，②と④は州の制度である。最後に，制度の創設や改正に際しては，費用便益計算による検証をしっかりと行っていることを強調する。

続く第2部では，国や地域毎の視点に立ちながらも，再生エネルギー導入の鍵となる主要項目に焦点を当てて，その課題を明らかにする6章から10章までの論考で構成される。

第6章（安田陽）が論じる系統連系は，直近の最大の課題である。現状では日本中で系統に接続できない地点が多く存在し，再エネ分野への投資意欲を大きく減退させている。この問題は，ほとんどが技術的要因ではなく制度上の不備や不作為に起因する。本章では，技術的背景や諸外国の事例を元に検証していく。日本では，再エネは「不安定で」「予測不能であり」「電力系統に迷惑をかける」という考え方が支配的である。一方，海外ではここ10年で系統運用に関する技術や制度が大きく進み，現在では多くの国や地域（とりわけ欧州や米国のいくつかの州）で，再エネ大量導入が実現している。本章では，系統連系問題という「障壁」が何故発生するのか，それを諸外国がどのように取り除いてきたのか，日本では何をすべきなのかについて，世

界と日本の情報ギャップを紹介しながら論考している。

第7章（**高村ゆかり**）は，再生可能エネルギーの固定価格買取制度（FIT）の改正を話題にして，わが国の日本の再生可能エネルギー政策を評価する。FIT は再エネ投資計画の激増を生む一方で，課題も明確になり，2016 年 5 月に所謂改正 FIT 法が成立した。改正ポイントとして，①認定を系統接続契約締結時に後ろ倒しする，②買取価格設定方法としてリードタイムの長い電源に「価格目標」を設定し，当面は大規模事業用太陽光が対象となる「入札手続き」を導入する，③買取義務者を送配電事業者へ変更する，④エネルギー多消費事業者に対する賦課金の減免制度を縮小する，の 4 点を挙げる。FIT 制度変更について，FIT 制度存続を前提として，表面化した課題に対応したもので，持続可能な推進策になったと評価する。一方で，今後さらに普及する必要があり，そのために長期的で明確な目標設定，系統運用・整備に注力していくべきとする。なお，FIT 制度については，**小川祐貴によるコラム**で詳しく解説されている。

第8章（**稲澤泉**）は発電コストに焦点を当てる。発電コストを分析することの意義は，発電のあり方や電源の選択に関する議論を活発化させる共通基盤を確立することにある。発電コストの計量手法は，発電プロジェクトの全期間にわたる平均コスト（LCOE）を仮想的発電プラントに基づき推計する「モデルプラント方式」が広く用いられてきている。再エネ電源の普及，原子力発電を取り巻く環境の変化および電力市場の自由化等から，精緻化や追加的手法の必要性について議論がなされている。本章では，このモデルプラント方式による発電コスト分析につき，概要と期待される役割，電力市場の環境変化と分析手法の進化を概観した上で，発電コスト分析の評価と課題および方向性につき，再エネ政策の視点から考察する。

第9章（**中山琢夫**）は，ドイツにおける自治体と分散型エネルギー事業の現状を分析する。ドイツでは，近年，エネルギー部門において新しい都市公社（シュタットベルケ）が多く再設立されている。同章では，この「エネルギー事業の再公有化」を主に，自治体による分散型電力システムに注目している。配電網の営業権取得等の再公有化の要因について，6つの要素に集約している。都市公社新設の実態について，場所とクラスター，自治体人口規

模,法人形態,地域偏在性,所有者,設立年から分析。自治体は,再公有化を通して,地域経済付加価値創造のバリュー・チェーンのすべての段階において活動することを目指しているが,都市公社は優位性をもっている。

ローカルへの再生可能エネルギーの導入にとっては,再エネ事業をいかに円滑に立地できるかという点が重要である。この観点で,**第10章(尾形清一)**は,再生可能エネルギーの社会的受容性について,欧州を主とする社会的受容性研究や諸外国の再エネ利用に関する政策事例等を手掛かりに,考察している。立地地域の合意形成や課題解決に際しての基本原則として,再エネから得られる利益に係る「配分的正義」,地域社会とのコミュニケーションや合意形成に係る「手続的正義」の検証の重要性が指摘され,具体策としてゾーニング,優先地域指定の導入,地方自治体による再エネ条例の制定等が示される。また,再エネ事業による社会的便益を含む利益と負担のバランスを考慮した制度設計が重要であることを指摘する。

■本書の特徴と経緯

本書の基本思想は,再生可能エネルギーを日本で普及していくために何をすべきか,その課題を先行する諸外国から学ぼうというものである。すなわち再生可能エネルギーの推進・普及という方向性に明らかに軸足を置いている。内外の情勢を見るにその蓋然性は高いと信じるが,とはいえ本書が示す事実やデータはあくまで客観的なものであり,そうした主観を排したデータを基に中立的,科学的に議論する中で纏め上げた主張だと考えている。これが京大再エネ講座の基本的な視座であり,本書が,エネルギーに関心を持たれる一般,産,学,官の方々に参考となれば幸いである。

2017年2月

著作者代表　山家公雄

第Ⅰ部

欧米諸国の再生可能エネルギー政策

世界の温暖化対策と再エネ政策を概観する

Chapter 1

内藤克彦

本章では，欧州等の各国の温暖化対策の中における再生可能エネルギーの位置づけについて論ずることとしたい。

1-1　欧州等の温暖化対策の出発点

温暖化問題については，京都議定書の発効後，ポスト京都議定書をどのような枠組みとするかで，COP（Conference of the Parties 気候変動枠組条約締約国会議）等の場で活発な議論が行われてきた。このような議論の中で 2009 年に COP15 に先立って開催された G8 ラクイラ・サミットにおいて，G8 各国は，世界全体の平均気温上昇が 2℃ を超えないようにするために，2050 年までに世界全体の温室効果ガス排出量を 50％削減，先進国の温室効果ガス排出量の 80％以上の削減を合意した。同サミットに合わせて EU，スウェーデン，デンマーク等も含めて開催された拡大セッションにおいても同様な内容が確認されている。EU の温暖化問題に対する基本的なスタンスはこの時点で確定したといってよいであろう。EU や加盟各国の各種文書にみられる，「EU は，2050 年までに温室効果ガス排出を 80％削減することにコミットした」（19 頁 Box 1）という表現の根拠はここに求められるとみてよい。

世界全体の気温上昇が 2℃ を超えないようにするとした根拠は，ラクイラ・サミットの前の 2007 年に取りまとめられた IPCC（気候変動に関する政府間パネル Intergovernmental Panel on Climate Change）第 4 次報告により，2℃ を超えるといくつかの不可逆的な影響やグリーンランドの氷床融解が発生することが示唆されたことによると考えられる。一方で，2℃ を超えないレベルで大気中の温室効果ガス濃度を安定化させるためには，温室効果ガスの排出量を吸収量とバランスする程度まで下げる必要がある。二酸化炭素（CO_2）は，分解されずに長期間大気中に残留するので，排出された CO_2 は，自然循環で吸収されない分は基本的には大気中に累積していくことになる。しかし，大気中の CO_2 濃度が上がると海水中に溶け込み得る CO_2 濃度が増えるので，大気中と海水中の CO_2 濃度がバランスするまで，CO_2 は，余計に海水に吸収されることになる。このため，海水中の CO_2 濃度が上昇している

間は，産業革命前の，自然なCO_2循環がされていた時よりも少し余計なCO_2を排出することができることになる。この量がどの程度かについては，IPCC第4次報告に示唆されており，これを受けて，先の2050年には，世

図1-1　世界平均気温の変化に伴う影響の事例
（影響は，適応の程度，気温変化の速度，社会経済の経路によって異なる）
1980〜1990年に対する世界年平均気温の変化（℃）

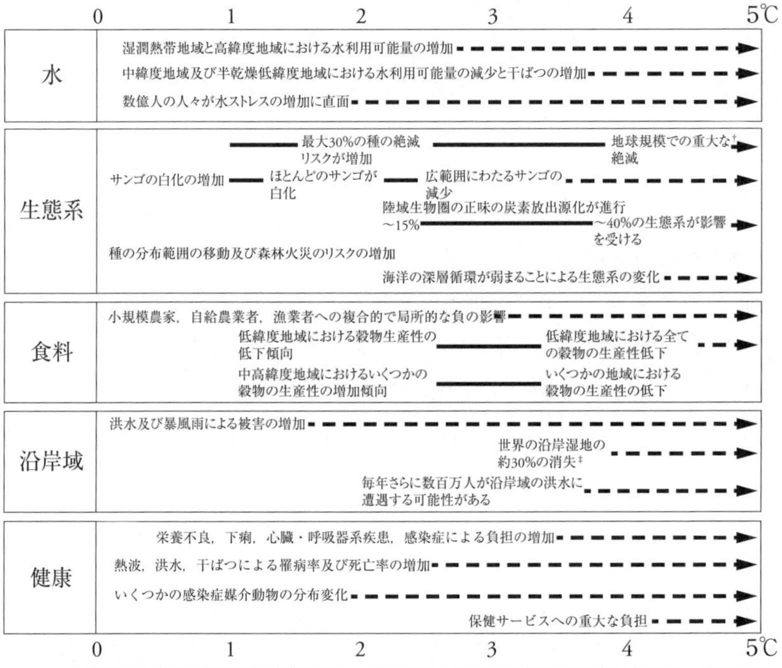

	0	1	2	3	4	5℃
水	湿潤熱帯地域と高緯度地域における水利用可能量の増加 ━━━━━━━━━━━━━━━▶				
	中緯度地域及び半乾燥低緯度地域における水利用可能量の減少と干ばつの増加 ━━━━━━▶				
	数億人の人々が水ストレスの増加に直面 ━━━━━━━━━━━━━━━━━━━━━▶				
生態系			最大30%の種の絶滅リスクが増加 ━━━━━━		地球規模での重大な†絶滅	
		サンゴの白化の増加 ━━	ほとんどのサンゴが白化	広範囲にわたるサンゴの減少		
				陸域生物圏の正味の炭素放出源化が進行		
			〜15%		〜40%の生態系が影響を受ける	
		種の分布範囲の移動及び森林火災のリスクの増加 ━━━━━━━━━━━━━▶				
				海洋の深層循環が弱まることによる生態系の変化 ━━━━━━━▶		
食料	小規模農家，自給農業者，漁業者への複合的で局所的な負の影響 ━━━━━━━━━━▶				
			低緯度地域における穀物生産性の低下傾向		低緯度地域における全ての穀物の生産性低下	
			中高緯度地域におけるいくつかの穀物の生産性の増加傾向		いくつかの地域における穀物の生産性の低下	
沿岸域	洪水及び暴風雨による被害の増加 ━━━━━━━━━━━━━━━━━━━━━━▶				
				世界の沿岸湿地の約30%の消失‡		
			毎年さらに数百万人が沿岸域の洪水に遭遇する可能性がある			
健康	栄養不良，下痢，心臓・呼吸器系疾患，感染症による負担の増加 ━━━━━━━━━▶				
	熱波，洪水，干ばつによる罹病率及び死亡率の増加 ━━━━━━━━━━━━━━▶				
	いくつかの感染症媒介動物の分布変化 ━━━━━━━━━━━━━━━━━━━━▶				
					保健サービスへの重大な負担 ━━━━▶	
	0	1	2	3	4	5℃

† 「重大な」はここでは40%以上と定義する。　‡ 2000年から2080年までの海面水位平均上昇率4.2mm/年に基づく

「気候変動はいくつかの不可逆的な影響をもたらす可能性が高い。世界平均気温の上昇が1.5〜2.5℃（1980〜1999年との比較）を超えた場合，これまで評価された種の約20〜30%は，絶滅するリスクが増す可能性が高いことは確信度が中程度である。また，モデルによる予測は，世界平均気温の上昇が約3.5℃を超えた場合，地球規模で重大な（評価された種の40〜70%）絶滅をもたらすことを示唆している。
　グリーンランドの氷床の縮小が続き，2100年以降の海面水位上昇の要因となると予測される。現在のモデルでは，（工業化以前と比較して）世界の平均気温が1.9〜4.6℃上昇し，その状態が数千年間持続すれば，グリーンランド氷床はほぼ完全に消失し，約7mの海面水位上昇に寄与するだろう。グリーンランドにおける将来の気温は，12万5000年前の最後の間氷期の推定気温に匹敵するが，古気候の記録が示すとおり，この時は極域の雪氷面積の減少と4〜6mの海面水位上昇が起きた。」
IPCC第4次報告書より

界全体で少なくとも50％削減という方針が打ち出されたわけである。同報告の中では、現在利用可能な技術および数十年で商業化可能な技術により、これは達成可能であり、これらの削減量の60〜80％はエネルギーの供給と消費、工業プロセスから得られるとしている。なお、2℃を超えないレベルで大気中の温室効果ガス濃度が安定化しても、海水全体の温度が大気温の2℃上昇に見合った温度に上昇するのには時間がかかり、以後、数世紀以上にわたって、海水温度上昇は続き、これに応じて海面上昇も続くこととなる。また、全球平均温度が2℃上がるといっても一律に上がるのではなく、予測によると、先進国の立地する中緯度や高緯度域ではさらに気温が上昇することになる。これは高緯度域の雪氷面積をさらに縮小させ、湿地からのメタン（CH_4）の放出を加速するので、温暖化の進行に正のフィードバックが働くことになる。さらに、地温・海水温の上昇は、地表・海面からの水の蒸散量を増やすために、乾燥地帯ではさらなる乾燥化、降雨地帯では降雨量の増大をもたらし、全体として気象現象の激化が予測されている。昨今の気象の激化の様子をみてもすでに気候変動問題は、重大な局面を迎えていることが理解できる（図1-1、1-2、表1-1）。

EUは、2009年のラクイラ・サミットの後、「先進国は2050年までに温室

図1-2　温室効果ガス濃度安定化後の気候システムの変化

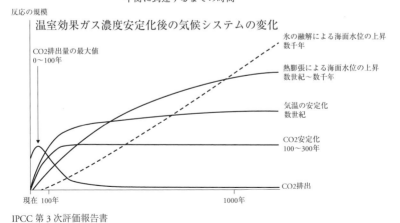

IPCC第3次評価報告書

表1-1 温暖化防止策がとられた場合以降の，地域毎の気温変動と海面上昇

カテゴリー	二酸化炭素安定化濃度 (2005年=379ppm)[b]	温室効果ガス安定化濃度 (二酸化炭素換算) (エアロゾル含む) (2005年=375ppm)[b]	二酸化炭素排出がピークを迎える年[a,c]	2050年における二酸化炭素排出量の変化 (2000年比のパーセント)[a,c]	気候感度の"最良の推定値"を用いた平衡時の世界平均気温の工業化以降からの上昇[d,e]	熱膨張のみに由来する平衡時の世界平均海面水位の工業化以降からの上昇[f]	評価されたシナリオの数
	ppm	ppm	西暦	%	℃	m	
I	350〜400	445〜490	2000〜2015	-85〜-50	2.0〜2.4	0.4〜1.4	6
II	400〜440	490〜535	2000〜2020	-60〜-30	2.4〜2.8	0.5〜1.7	18
III	440〜485	535〜590	2010〜2030	-30〜+5	2.8〜3.2	0.6〜1.9	21
IV	485〜570	590〜710	2020〜2060	+10〜+60	3.2〜4.0	0.6〜2.4	118
V	570〜660	710〜855	2050〜2080	+25〜+85	4.0〜4.9	0.8〜2.9	9
VI	660〜790	855〜1130	2060〜2090	+90〜+140	4.9〜6.1	1.0〜3.7	5

注釈：
a) ここで評価される緩和研究に報告された特定の安定化レベルに達するための排出削減量は，考慮されていない炭素循環フィードバックのせいで，過小評価されているかもしれない。
b) 大気中CO_2濃度は2005年時点で379ppmであった。2005年における長寿命の温室効果ガスのすべてを対象とした，CO_2換算濃度の最良の推定値は約455ppmである。すべての人為起源の放射強制力の正味影響を含んだ対応値はCO_2換算375ppmである。
c) ポストTARシナリオの分布における15パーセンタイルと85パーセンタイルに相当する範囲。CO_2排出量を示しており，このため，複数のガスのシナリオでもCO_2のみのシナリオと比較可能となる。
d) 気候感度の最良の推定値は3℃
e) 気候システムの慣性のため，平衡時の世界平均気温は，温室効果ガス濃度の安定化時に予想される世界平均気温とは異なることに注意。評価したシナリオの大半は，温室効果ガス濃度の安定化が2100年から2150年までの間に起きるとしている。
f) 平衡時の海面水位上昇は海洋の熱膨張による寄与のみに対するものであり，少なくとも数世紀間に平衡状態に至らない。これらの値は，比較的単純な気候モデルを用いて推定されたもので，氷床や氷河，氷帽の融解による寄与は含まない。長期的な熱膨張は，世界平均気温の上昇が工業化以前の気温に比べて1℃上回る毎に，0.2〜0.6mの海面水位の上昇をもたらすと予測されている。

IPCC第4次報告書より一部省略して掲載

効果ガス80％削減」を具体的にどのように実現していくかについて真剣に検討を開始し，2011年の3月8日にCOM/2011/0112 finalという文書にて方針を取りまとめている。これは，EU委員会からEU議会に対するコミュニケーションペーパーという位置づけの文書であるが，行政組織から議会への報告と考えれば良いであろう。この文書は，「先進国は2050年までに温室効果ガス80％削減」を実現するためのEU委員会の長期戦略を取りまとめた

第1章 世界の温暖化対策と再エネ政策を概観する | 19

> **Box 1　G8サミット議長総括の外務省訳文**
>
> G8サミット議長総括（仮訳）
> ラクイラ，2009年7月10日
>
> 気候変動
> 　首脳は，気候変動への効果的な対処が緊急であることに合意し，12月にコペンハーゲンにおいて開催されるUNFCC（国連気候変動枠組条約）会議のために力強い政治的メッセージを発出した。（中略）
>
> 　G8のセッションにおいて，首脳は，産業化以前の水準から世界全体の平均気温の上昇が摂氏2度を超えないようにする必要性に関する科学的見解を認識し，2050年までに世界全体の排出量の少なくとも50％削減との世界的な長期目標，及びこの一部として，先進国による2050年までの80％またはそれ以上の削減目標に合意した。（中略）
>
> 　拡大セッションにおいて，エネルギーと気候に関する主要経済国フォーラムの16ヶ国，欧州委員会，スウェーデン，デンマーク及び国連事務総長は，コペンハーゲンでの気候に関する合意のための鍵となる柱につき合意を見いだした。すべての主要な排出国の首脳は，G8により認識された，世界全体の平均気温の上昇が摂氏2度を超えないようにすることの重要性を再び強調し，世界全体の排出を2050年までに相当の量削減するという長期的な世界全体の目標を特定するために，今からコペンハーゲンまでの間に協働することを決定した。
>
> 外務省，2009

ものとなっている。表題は，「A Roadmap for moving to a competitive low carbon economy in 2050」とされており，この時点で経済・産業政策としての強い意識があらわれている。この中で，EU委員会は，2011年2月に「2050年までに1990年比で温室効果ガスを80～95％削減するというEUの目標」を再確認したこと，これを実現するための2050年までのアクションプランのロードマップを取りまとめたものであることを述べている（20頁Box 2）。

「A Roadmap for moving to a competitive low carbon economy in 2050」では，途上国を含む世界の大宗が化石燃料システムから脱却できない状況では，長期的に化石燃料価格は高騰することが予想されるが，大胆な再生可能エネルギーを中心とした脱化石燃料政策により，将来の化石燃料高騰に起因する諸問題の発生からEUの経済を守ることが可能となること，エネルギーの輸入は現在の半分以下となること，これにより，年間1750～3200億ユーロの化石燃料輸入代金が節約でき，これを域内投資に振り向けることが可能となること，これによる経済効果はGDP3％分に匹敵することなどを指摘し，この

Box 2「A Roadmap for moving to a competitive low carbon economy in 2050」の提示目標

Roadmap Milestones

- ★ Not about targets, but identifying cost-efficient trajectory
- ★ Gradual emission reductions:
  - ↳ -1.0% per year 2010-2020 vs 1990
  - ↳ -1.5% per year 2020-2030 vs 1990
  - ↳ -2.0% per year 2030-2050 vs 1990
- ★ Sectoral milestones: all sectors contribute in different manner

GHG reductions compared to 1990	2005	2030	2050
Power (CO_2)	-7%	-54 to -68%	-93 to -99%
Industry (CO_2)	-20%	-34 to -40%	-83 to -87%
Transport (incl. CO2 aviation, excl. maritime)	+30%	+20 to -9%	-54 to -67%
Residential and services (CO_2)	-12%	-37 to -53%	-88 to -91%
Agriculture (non-CO_2)	-20%	-36 to -37%	-42 to -49%
Other non-CO_2 emissions	-30%	-72 to -73%	-70 to -78%

出典：DG Climate Action

A cost-efficient pathway towards 2050

80% domestic reduction in 2050 is feasible
- with currently available technologies,
- with behavioural change only induced through prices
- If all economic sectors contribute to a varying degree & pace.

Efficient pathway:
-25% in 2020
-40% in 2030
-60% in 2040

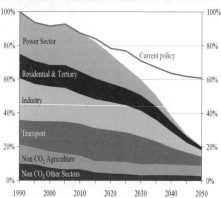

出典：DG Climate Action

ロードマップの実行の重要性を説いている。これに加えて再生可能エネルギーシステムへの転換は，イノベーションと雇用機会増加，これにともなう経済成長をEU産業界にもたらすと指摘している。

このように「A Roadmap for moving to a competitive low carbon economy in 2050」は，単なる温暖化対策ではなく，EUの産業政策としても重要な位置を占めていることが理解できるが，その内容をもう少し詳しくみてみよう。

セクター別の対策をみると温室効果ガス（GHG）排出量シェア最大の発電部門の対策が中心的役割を占め，2050年には，100％近くの削減が求められている。このためには，再生可能エネルギーの大胆な導入が必要となるが，再生可能エネルギーの多くは変動電源なので，需給の安定化のためには電力グリッドへの大規模な投資が必要となるとしている。

EUでCOM/2011/0112 finalを決定した直後の3月11日に東日本大震災が発生した。EUにおいては，「A Roadmap for moving to a competitive low carbon economy in 2050」の政策評価の作業を労働環境影響，経済影響等様々な分野から併行して実施しているが，これらの作業の成果も含め，また，東日本大震災による原発影響も考慮しつつ，2011年12月にCOM/2011/0885 finalを取りまとめている。このレポートもEU議会に対するコミュニケーションペーパーの性格をもち，表題は「Energy Roadmap 2050」とされている。「Energy Roadmap 2050」では，「温室効果ガス排出を1990年比で2050年までに80～95％削減」という目標を再確認している。同時期にEU委員会から出された「Energy Roadmap 2050」という冊子には，これを実現するには「エネルギーシステム革命」に今まさに着手しなければいけないという趣旨のことが記述されている。ここでは，エネルギーセクターは，人為起源のGHG排出の最大のシェアを占めているので，2050年に80％のGHG排出削減を実現するためには，特にエネルギーシステムに重点的に対策を講ずる必要があるとしている（図1-3）。ここでは，2005年ベースのレファレンスシナリオ，再生可能エネルギー最大導入シナリオ，原発最小シナリオなど6種類のシナリオについて分析を加え，比較衡量しつつ，多方面わたる影響について評価し，EU政策の方向付をしている。

ここで述べられているEU政策の方向としては，2050年には，小型・中

図 1-3 「Energy Roadmap 2050」での一次エネルギー供給目標

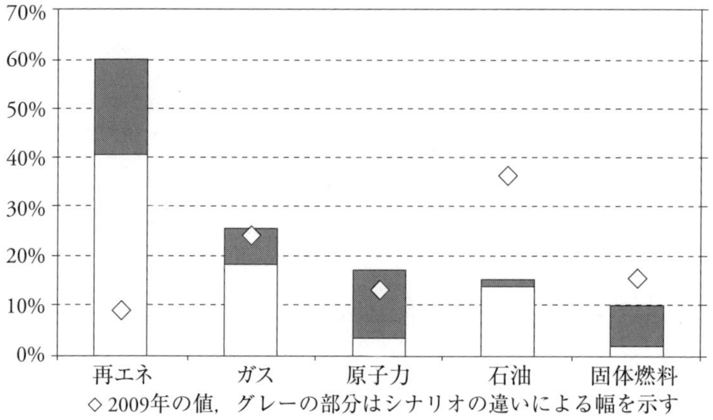
70%
60%
50%
40%
30%
20%
10%
0%
再エネ
ガス
原子力
石油
固体燃料
◇ 2009年の値，グレーの部分はシナリオの違いによる幅を示す

出典：Energy Roadmap 2050

型自動車の電化等が進むため各分野の省エネが進んでも電力消費全体は増加するため，電力の脱炭素化のための構造改革が必要で，目標達成のためには，発電部門は96〜99%の脱炭素化が必要としている。特に，再生可能エネルギーに関しては，いずれのシナリオでも電力供給の主力になり，電力消費の64〜97%のシェアを占めることになる。この場合に，再生可能エネルギーの増加に伴い，分散型システムと調整電源となるガス火力，原子力の集中型システムを組み合わせた新たなシステムが必要となるとしている。また，再生可能エネルギーが電力供給の主役となることに伴い，これを支えるシステムの変革も必要としている。これらの変革により，EU のエネルギーシステムは，OPEX 型のシステム（燃料費・運転費型システム）から CAPEX 型のシステム（設備費型のシステム）に転換されることになる。

EU は，このような言わば「基本戦略」に沿って，次々と拘束力のある政策を打ち出してきている（図 1-4）。EU の 2030 年の目標も概ねこの線に沿ったものと考えることができよう。EU のユンカー委員長は，「我々は，我々の大陸の再生可能エネルギーのシェアを伸ばす必要がある。これは単に気候変動政策として責務を果たすという事に留まらず，中期的に引き続き我々が手頃な価格で自由にエネルギーを手にしたいと考えるのなら，同時に産業政

図 1-4 「Energy Roadmap 2050」に示されるエネルギー構造改革のロードマップ

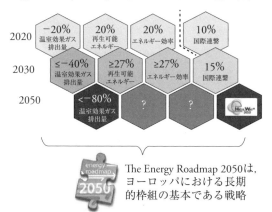

出典：EU DG-Energy 資料

策としても必須のものである。それ故，私はエネルギー・ユニオンを再生可能エネルギーで世界一にしたい。」(Juncker, 2014) と発言しており，以上にみてきたように，EU においては，産業政策の面からも再生可能エネルギーで世界をリードすることを考えているようである。

EU 加盟各国の政策にも以上のような EU の動きが反映されていて，「2050年に 80％の GHG 排出削減」という目標は，各国の政策の中でも繰り返し掲げられている。例えば，ドイツの Energiewende においても同様の目標が掲げられている（図 1-5）。また，スマートグリッド等の関連する技術開発・実証プロジェクトにおいても同様に，この目標が掲げられている。(SmartGrids SRA 2035（2012）等)

2015 年春に，EU に EnergyUnion（エネルギーユニオン）が設置された。エネルギーユニオンは，EU のエネルギーシステムを EU 全体で統合し，再生可能エネルギーの導入をサポートするとともに，EU における低炭素技術イノベーションを推進し，低炭素経済を構築するために設置されたとしている (COM（2015）80 Final)。これも一連の戦略に沿った展開とみることができよう。

図1-5　Energiewendeの掲げる排出削減目標

```
Federal Ministry
for Economic Affairs
and Energy

エネルギー大転換("Energiewende")とは要するに…

・2022年までに原子力を段階的廃止する
・再生可能エネルギーと省エネを基本に据えたエネルギーシ
  ステムを決定する
    ・2050年に1990年比で，温室効果ガス排出量をマイナス85％
     〜90％
    ・2050年に電力供給に占める再エネを80％
    ・2050年に2008年比で，一次エネルギー需要をマイナス50％
    ・2020年，2030年，2040年に中間ターゲットの達成
・エネルギー政策目標のトライアングル
    ・環境保全
    ・エネルギー安全保障
    ・アフォーダビリティ

エネルギー大転換("Energiewende")は，将来的な競争力確保
を背景とした強い経済の実現である。
```

出典：ドイツ連邦政府資料

1-2　欧・米・日のエネルギー起源温室効果ガス排出の推移にみる発電部門の位置づけ

　EUでは，2013年に2012年春までのEUおよび加盟各国の政策を織り込み，2050年までの政策効果を予測したレファレンス・シナリオを作成し，「TRENDS to 2050」として発表している。ここに掲載されているデータ等に基づき，EU加盟各国，米国，日本の現在までの温暖化政策と発電部門の位置づけについて考察してみたい。米国，日本のデータはUNFCCに毎年提出されている各国の排出量報告を用いている（各国のNational Report of government, National GHG Inventory Report）。EUの取り組みは，先に示したEnergy Road map 2050にあるとおり，温室効果ガス排出の大きい発電部門を中心に抜本的な対策を講じてきている。EU28か国全体では，2010年段階で発電部門の全体に占める割合は，35.5％程度となっており，依然として，単一分野からの排出としては最も大きなシェアを占めている。EU加盟国の2012年春までに確立されている政策をそのまま2050年まで講じた場合には，1990年比ではGHG 43.9％の削減となっている（表1-2）。この数字は先

の目標からみると不十分な数字であるので，EU としてはさらに政策を積み上げていくことになるが，この場合でも発電部門の削減は 2000 年比で約 7 割にも達している。EU においては，CO_2 排出シェアの大きい発電部門を中心に対策を講じていることが良くわかる。対策の内訳は，石炭利用の大幅縮小，石油利用の縮小，原子力の微減に対して，再生可能エネルギーの大幅な増加，天然ガス利用の増加が計画されていることが理解できる。トータルな GHG の議論の場合には，交通機関からの GHG の削減が大きな課題になる。EU では，このレファレンスシナリオにおいても交通分野における再生可能エネルギーの利用を現行の 0.6％ から 2050 年に 13.9％ まで上昇させることが計画されている。現行の 0.6％ というのは，バイオディーゼル，バイオエタノール混合ガソリンといったバイオ燃料の自動車への利用であろう。バイオ燃料の導入は，米国では先行して 1970 年代から行われているが，我が国や EU でも 10 年前ほどから本格的に実施され始めた。EU では我が国と異なり，その後，着実に増加し，交通対策の柱のひとつになっている。2050 年には，これに電気自動車が加わるものとみられる。電気自動車は，電力のエミッションの影響を受けるので電力の脱炭素は重要である。

　発電部門の対策が重点的に進むので，2000 年には 35％ あった発電部門の排出シェアは，2050 年には，17％ にまで減少することになる。レファレンスシナリオでは，2050 年の全エネルギー使用に占める再生可能エネルギーの比率は約 3 割となっている（図 1-6）。電力における再生可能エネルギーの比率も EU 全体で 2050 年には，レファレンスシナリオでも 50％ を超えている。なお，EU のレポートでは，デンマークは，2050 年の再エネ比率は，80％ となっている（表 1-3）が，デンマーク自身の計画では，2050 年は 100％ となっている。EU としての一定の判断が，このレファレンスシナリオの作成に当たって加えられているとみてよかろう。

　米国，日本について，UNFCCC に提出された資料に基づき，過去の政策を同様にしてみると，米国については 2005 年までは，発電部門排出は 1990 年比で大幅に増えているが，その後，着実に低減している（図 1-7）。発電部門の占める比率は 2005 年には 34％ あったが，2011 年には 32.8％ まで漸減している。これは，米国においても発電施設の対策が重点的に進められている

表1-2 EUにおける一次エネルギー費目別削減目標の詳細

EU28	2000	2005	2010	2015	2020	2025	2030	2035	2040	2045	2050
TotalGHG 1990 = 100	91.8	93.6	85.3	81.4	75.6	72.9	67.6	63.3	60.6	57.6	56.1
石炭	18.5	17.3	15.9	15.2	14.2	13.2	10.8	8.8	8	7.8	7.6
オイル	38.4	37.3	35.1	33.8	33.1	32.5	32.3	31.8	31.3	30.8	30.5
天然ガス	22.9	24.5	25.1	24.9	24.4	24.9	24.6	24.7	24.7	24.2	24.3
原子力	14.1	14	13.4	13.1	11.6	11.1	12.5	13.4	13.5	13.5	13.2
再エネ	6	6.8	10.4	13	16.7	18.4	19.9	21.3	22.6	23.7	24.4
エネ起源CO2	3985.8	4138.3	3779.7	3593.1	3265.4	3117.6	2876.1	2649.1	2509.8	2430.4	2363.9
発電・地暖	1404.5	1483.1	1341.6	1201.1	1045.2	970.6	790	619.1	520	461	401.9
発電比2000	100	105.6	95.5	85.5	74.4	69.1	56.2	44.1	37.0	32.8	28.6
発電%	35.2	35.8	35.5	33.4	32.0	31.1	27.5	23.4	20.7	19.0	17.0
RES%	7.5	8.4	12.4	16.1	20.9	22.7	24.4	25.9	27.1	28	28.7
RESTRP%	0.6	1.2	4.7	6.5	10.3	11.2	12	12.5	12.7	13.3	13.9
電力/原子力%	31.4	30.4	27.5	26	21.9	20	21.8	22.8	22.5	21.9	21.3
電力/RES%	14.4	14.4	21	27.1	36.1	40.7	44.5	47.5	49.3	50.2	51.6

「TRENDS to 2050」付表より作成

表1-3 EUの電力における再生可能エネルギーの比率

電力RES%	2010	2015	2020	2025	2030	2035	2040	2045	2050
EU28	21	27.1	36.1	40.7	44.5	47.5	49.3	50.2	51.6
デンマーク	33.9	44.1	63	71	73.1	73.5	76.8	73.8	80
フランス	14.2	17.6	27.1	33.9	37.7	41.3	43.9	44.2	45.5
ドイツ	18.2	29.1	38.6	46.2	52.5	56	57.2	61.4	64.4
アイルランド	13.1	26	44	64.5	66.1	61.6	61.1	60.4	61
イタリア	26.5	33.2	39.3	45.3	48.5	52.6	57.6	56.9	55.2
スペイン	32.8	37.2	41	39.1	48.2	52.7	56.3	59.3	59.7
イギリス	7.2	14.7	40.9	46.3	50.3	54.7	53.6	52.2	55

「TRENDS to 2050」付表より作成

ことを示唆しているものといえよう。現在，米国ではシェールガス革命によりガス価格が下がっているため，高効率ガス火力の立地が進んでいる。高効率ガス火力と再生可能エネルギーが今後の温暖化対策の柱になりつつある。米国は電力自由化が進んでおり，コストの安い電力から市場に投入されてい

図 1-6　EU における発電部門の温室効果ガス排出の対策の推移

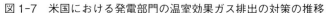

図 1-7　米国における発電部門の温室効果ガス排出の対策の推移

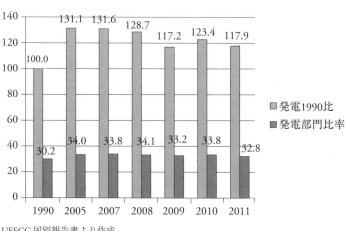

UFFCC 国別報告書より作成

るが，高効率ガスと再生可能エネルギーが米国では最もコストの安い電力となっている（表 1-4）。

　我が国の場合は，1990 年以来，発電部門からの CO_2 排出は，増加傾向にある。東日本大震災の後は除外するとしても平均的には，増加傾向であることは認めざるを得ない。発電部門の占める比率も 1990 年に 26％であったも

表1-4　米国の電源別コスト

Estimated Levelized Cost of New Generation Resources, 2019 [13] ,U.S.Energy Information Administration						
	U.S. Average Levelized Cost for Plants Entering Service in 2019 （2012 USD/MWh）					
プラントタイプ	キャパシティファクター	均等化資本原価	固定的なO&M	変動的なO&M（燃料費を含む）	送電投資	均等化トータルシステムコスト
旧型石炭火力	85	60.0	4.2	30.3	1.2	95.6
NG：最新鋭コンバインドサイクル	87	15.7	2.0	45.5	1.2	64.4
NG：CCS付き最最新鋭コンバインドサイクル	87	30.3	4.2	55.6	1.2	91.3
最新鋭の原子力	90	71.4	11.8	11.8	1.1	96.1
バイオマス	83	47.4	14.5	39.5	1.2	102.6
風力	35	64.1	13.0	0.0	3.2	80.3
風力－洋上	37	175.4	22.8	0.0	5.8	204.1
太陽光（PV）	25	114.5	11.4	0.0	4.1	130.0
水力	53	72.0	4.1	6.4	2.0	84.5

出典：米国エネルギー情報庁資料

のが，近年は30％以上で推移している。このことが意味することは，他部門の対策に比して発電部門の対策が遅れているということであろう。

　このことは，UNFCCCに我が国から提出された報告の中にある図をみれば良く理解できる。部門別のCO_2排出量の推移をみると発電部門からのCO_2排出はコンスタントに増加しているが，製造業からの排出，交通部門の排出は2000年以降漸減しており，家庭やビル等からの排出も2002年以降減少している。特に家庭部門は，省エネが進んだ結果1990年比で30％も減少していることがわかる。ビル等も近年の床面積の増大にもかかわらず，近年のCO_2排出は減少している。なお，このグラフはUNFCCCの定めた国際標準手法にしたがって作成されているため，発電所からのCO_2排出が需要側に再配分されていないので，発電所における対策努力の不足が他部門に転嫁

図 1-8　日本における発電部門の温室効果ガス排出の対策の推移

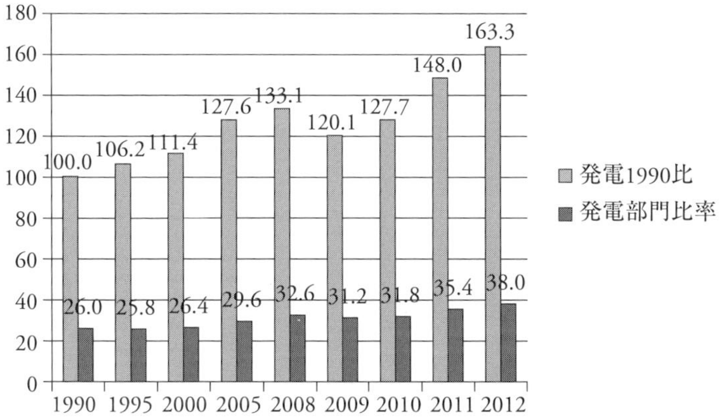

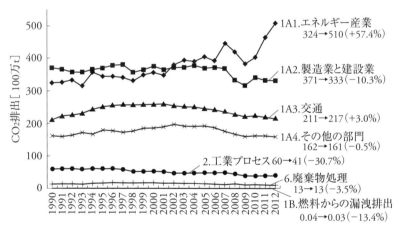

UNFCCC 国別報告書より作成

図 1-9　日本における部門別温室効果ガス排出の推移

UNFCCC 国別報告書より作成

されていない。

　我が国では、長らくビル・家庭部門からの CO_2 排出が一向に改善されないという「神話」が流布されてきたが、実態は、発電部門の努力不足が需要側に転嫁されてきただけということであろう。欧米のように分野として最も

CO_2排出シェアが大きく，また，他分野への影響の大きい発電部門に重点的な対策を加えるのが，合理的な考え方であろう。

1-3 欧州の温暖化対策における再エネの位置づけ

1　Energy Road Map 2050

　EUでは，先に述べたようにEU Energy Roadmap 2050を定め，再生可能エネルギーの導入政策を計画的，戦略的に進めている。雇用・GDP等各方面へのより詳細な影響分析や具体的な展開についても検討されている。2050年までの今後の数十年間にEU内に立地するほとんどの発電施設は，更新期を迎えるために，こられの更新の機会に合わせて，計画的にエネルギーシステムを変革していき，これにより，経済成長とCO_2排出のデカップリングを図るわけである（図1-10，1-11）。単に発電施設を化石燃料から再エネに替えるだけでは，これを実現することは困難で，電力グリッドも含め抜本的な変革が必要という認識の下に，電力グリッドの大規模な投資計画も検討されている。

　EUの再エネ立地は，オフショア風力を除くと，風力，太陽光発電ともに町村レベルや農家レベルの小規模なものが多く，多くの小規模分散型発電が，配電グリッドに接続されている。また，今までの火力発電や原子力発電が，比較的都市近郊の需要地の近くに立地していたのに対して，再エネは再エネ発電に適した過疎地域に多数立地するという特徴がある。このため，従来の送配電網では，送配電線の末端に位置する細い電力線に多数の発電設備が接続されることになる。当然のことながらこれらの末端送電線や変電所のキャパシティを超えることになるので，本格的に再エネを導入するためには，こられのグリッドのキャパシティの増強は不可欠となる。このため，EUではグリッドキャパシティ増強のための政策をEnergy Roadmap 2050の一環として強力に進めている。加盟各国もこれを受け同様にグリッドキャパシティの増強策を進めている。アイルランドのように再エネの導入に先立っ

図1-10 2050年までの電力需要と現在稼働中および建設中の電力施設による供給高の見込

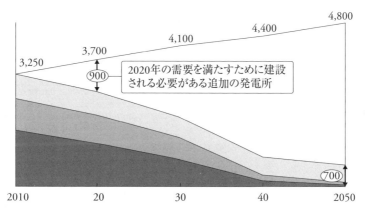

European Climate Foundation「Roadmap 2050」より

図1-11 EUにおける脱化石燃料のシナリオ

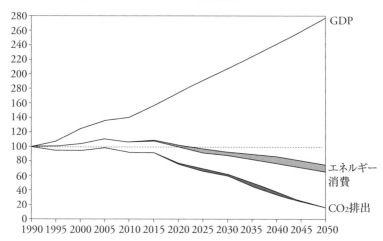

脱炭素化シナリオ：GDP成長，一次エネルギー消費量とエネルギー関連のCO_2排出量：1990＝100

Energy Roadmap 2050

表1-5 グリッド増強のため投資額の見通し

（Bn Euro'05）	グリッド投資費用			
	2011-2020	2021-2030	2031-2050	2011-2050
BAU	292	316	662	1269
2012年以前のシナリオ	293	291	774	1357
省エネ	305	352	861	1518
多様な供給技術	337	416	959	1712
高度再エネ導入	336	536	1323	2195
CCS遅延	336	420	961	1717
原子力の低下	339	425	1029	1793

Euro'05	送電網投資				
	2011-2020	2021-2030	2031-2040	2041-2050	2011-2050
BAU	47.9	52.2	53.5	52.0	205.7
2012年以前のシナリオ	47.1	49.6	64.8	66.6	228.2
省エネ	49.0	63.1	80.3	80.1	272.5
多様な供給技術	52.8	70.2	88.0	86.8	297.8
高度再エネ導入	52.8	95.5	137.8	134.4	420.4
CCS遅延	52.7	71.0	88.6	87.6	299.9
原子力の低下	52.9	73.8	95.2	94.8	316.6

Euro'05	配電網投資				
	2011-2020	2021-2030	2031-2040	2041-2050	2011-2050
BAU	243.7	263.5	280.5	276.0	1063.7
2012年以前のシナリオ	245.0	239.3	317.6	325.9	1127.8
省エネ	256.3	289.1	408.4	291.8	1245.5
多様な供給技術	284.2	345.9	454.3	329.8	1414.1
高度再エネ導入	283.5	440.0	619.8	431.5	1774.8
CCS遅延	283.4	349.4	445.1	339.6	1417.5
原子力の低下	286.4	350.8	472.5	366.5	1476.3

Energy Roadmap 2050

てグリッドキャパシティの増強策（Grid 25計画）を行ったところもある。

　Energy Roadmap 2050では，2050年に至るグリッド増強の必要投資額をTSO（送電事業者），DSO（配電事業者）の別に見積っている。この場合も，Energy Roadmap 2050で設定されたシナリオ毎にグリッド増強に必要な投資額の推定を行っている（表1-5）。高度再エネ導入ケースでは，2011年から2050年の間の40年間で2兆1950億ユーロの投資がEU全体で必要となるとされており，毎年550億ユーロもの投資となる。この内，約80％はDSO

図1-12 ドイツの再生可能エネルギー法（EEG）のもとでの電力ネットワーク整備の実施状況

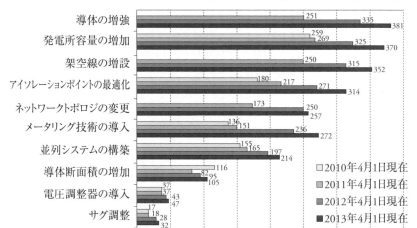

出典：ドイツネットワーク規制庁 Monitoringreport 2012：EEG9条の実施内容

の投資となっている。つまり，TSOのように広域で再エネの電力を融通するための投資より，再エネを接続するための投資の方が大宗を占めているということである。再エネを接続するためには，末端の変電所の双方向化・キャパシテイ増強，末端送電線のキャパシティ増強を行い，「過疎地域の配電グリッド」を「電力産地の集電グリッド」に転換していくことが必要となり，EUではこれを着実に進めているわけである。

EUでは，entso-eと連携して，拘束力のある再エネ導入ダイレクティブに合わせて，グリッド増強の政策を打ち出している。EUの2020年再エネ導入目標に対応しているグリッド増強策が，entso-eのTYNDP（ネットワーク増強10年計画　図1-13, 14）であり，これに対応したEUの計画が Energy infrastructures（図1-14）とみてよかろう。EUでは，2020年目標を定めた同じダイレクティブ（Directive 2009/28/EC of the European Parliament and of the Council of 23 April 2009）の16条において，加盟各国に目標達成に必要なグリッド増

図1-13　ネットワーク増強10年計画のイメージ

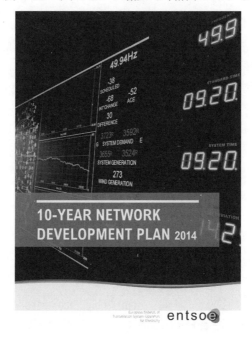

図1-14　2050年に向けたEntso-eの取り組み

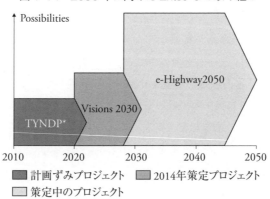

■ 計画ずみプロジェクト　■ 2014年策定プロジェクト
□ 策定中のプロジェクト

強のための国内制度を作ることを義務付けている。送配電グリッドの増強は国内政策となり，ダイレクティブに基づき各国が国内制度を整備することにより行い，EU レベルの計画は，主として国際連系線等が中心になり，entso-e と連携して，EU 内の国際間グリッドの増強や価格ゾーン間のグリッドの増強等が計画されている（図 1-15）。

entso-e では，EU の 2030 年再エネ導入目標に対応して，TYNDP2014 では，2030 年までのグリッド増強策を示している。TYNDP2014 では，2050 年目標達成の周辺環境や順調度に応じて 4 つの Vision に区分（図 1-16 参照）して再エネの導入の推移の推定を行うと同時に，2030 年までに必要なグリッドの増強策を詳細に検討している。ここでは，加盟国内の価格ゾーン間の市

図 1-15　EU のグリッド増強政策のイメージ

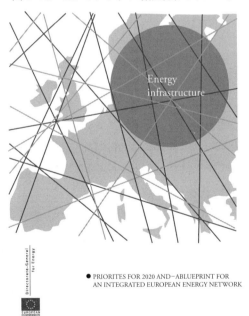

図1-16　TYNDPの4つのシナリオ

　場統合のために必要なグリッド増強，国際的な価格ゾーン間の市場統合のために必要なグリッド増強，遠隔再エネ適地と需要地を繋ぐために必要なグリッド増強，供給安定性確保のために必要なグリッド増強の4つの観点から，100ヶ所以上のグリッドのボトルネックをまず整理している（図1-17）。

　このグリッドボトルネックの整理に基づき，2018年までに増強すべき部分と，2019年以降増強すべき部分を示し，ACライン，DCライン，地下，空中，海底の別に電力線の整備量を明らかにしている（図1-18，19，20）。再エネを目標どおりに入れるには，EU全体で需給調整を行うことが有利であること，また，経済合理的に受給バランスを取るためには，EU全体で電力がひとつの市場として機能することが望ましいことなどから，これらの障害となるグリッドのボトルネックを解消する作業が，再エネへの発電システムの転換と併行して行われているわけである。

　EUでは，さらに2050年の目標達成に向け，Energy High Way 2050というグリッド増強のためのプロジェクトを立ち上げている（図1-14）。ここでは2050年の目標を達成する5通りのシナリオ設定し，2050年までに必要なグリッド増強策を検討することとしている（図1-21，22）。2015年は，再エネ等の発電施設の2050年の立地の推定までが行われており，その後，必要なグリッドの増強計画の策定作業に入ることになる。

図1-17　entso-eのグリッドボトルネックの分析（TYNDP2014）

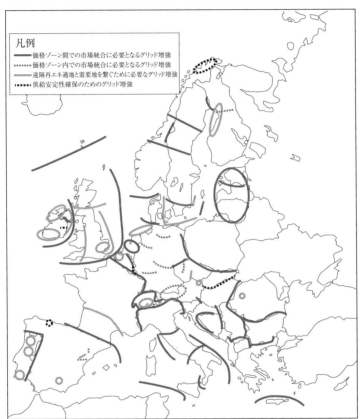

2　目標達成のための障害と解決策

　以上のように，EUでは，FIT（固定価格買い取り制度 Feed-in Tariff，254頁コラム参照）等による再エネの導入と同時にグリッドキャパシティの増強が車の両輪のように並行して推進されており，全体としてエネルギーシステムの変革を実現しようとしている。

図1-18 2019−2030年に必要となるグリッド増強（TYNDP2014）

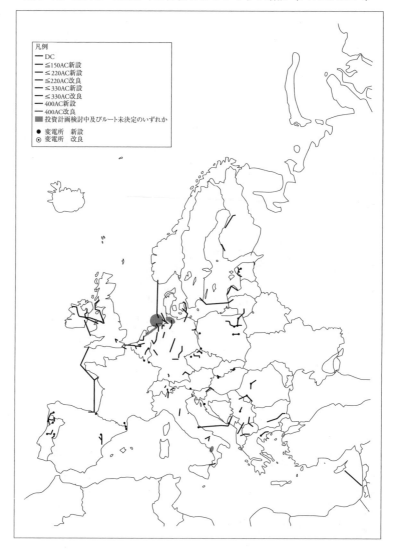

第1章 世界の温暖化対策と再エネ政策を概観する | 39

図1-19 2018年までに必要となるグリッド増強（TYNDP2014）

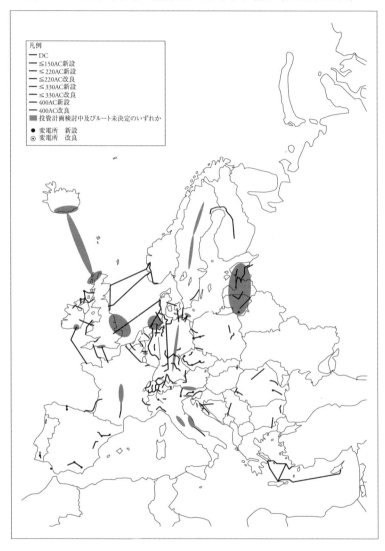

図1-20 TYNDP2014で提案している送電線の総延長

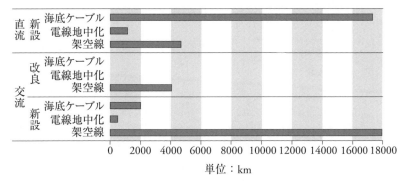

図1-21 Energy High Way 2050の5通りのシナリオ

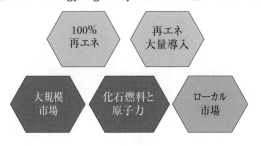

　EUでは，DG-energyにおいて，Directive 2009/28/ECの実施状況のフォローアップが行われており，再エネ目標達成の上で，各国別にどのようなことが障害となっているか，解決策は何かといったことを「RES-INTEGRATION：Integration of electricity from renewables to electricity grid and to the electricity market」というレポートとして取りまとめている。この中の我が国の状況に照らして興味深いいくつかの指摘事項を列挙してみたい。

(1) 長い接続待ち
　FITの認証を受けても中々実際にグリッドに接続できない場合がある。
対応：手続きの非効率の見直し。グリッド接続可能となるまでの期限の法定が有効。
　・我が国の場合は，表1-6にみられるように，FITの権利を取りながら

第 1 章 世界の温暖化対策と再エネ政策を概観する | 41

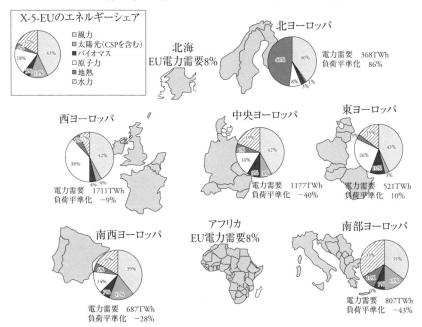

図1-22 Energy High Way 2050 の 2050 年の発電シェア想定のひとつ

着工しないケースがみられる。期限の法定は我が国のケースでも有効であろう。

(2) 見かけ上のグリッド満杯

　接続見込未定の接続予約によりグリッドが満杯となり，本来の接続需要が排除される。投機的な動きと連動していることが多い。投機的な動きは再生可能エネルギーの社会的な評価を下げ，再生可能エネルギー支援やグリッド管理者のグリッド増強を阻害することに繋がる。このような事態は，グリッドキャパシティの欠如という状況に便乗して，投機目的に接続予約を行い，接続権の転売による利益を見込むような動きが主因となっている。

対応：グリッド接続の手続をいくつかのステップに分割し，ステップ毎にグリッド接続枠の期限付き仮予約を行わせ，期限内に次のステップに行けない場合には，仮予約を解除する。ただし，行政側の理由による手続進行遅延は

表 1-6　FIT が認定された件数と実施件数の格差

〈未稼働案件に対する報告徴収・聴聞による対応〉

認定年度 \ 規模	未稼働件数／認定件数	未稼働出力／認定出力
H24 年度	約 6.1 万件／約 45.4 万件　（13%）	約 762 万 kW／約 1,779 万 kW　（43%）
H25 年度	約 30.2 万件／約 71.9 万件　（42%）	約 3,286 万 kW／約 4,069 万 kW　（81%）
H26 年度	約 24.8 万件／約 48.0 万件　（52%）	約 1,994 万 kW／約 2,207 万 kW　（90%）
H27 年度	約 10.3 万件／約 10.5 万件　（98%）	約 220 万 kW／約 221 万 kW　（99%）

出典：経済産業省総合資源エネルギー調査会基本政策分科会（第 18 回）資料

考慮する必要がある。

- 我が国の FIT の場合にもこのようなケースが多そうである。ここで示される対応方法は我が国でも有効であろう。

(3) グリッドキャパシテイの欠如

多くの EU 加盟国にみられる。基本的には再生可能エネルギーの増加とグリッド強化のペースの不一致から生ずる一時的な問題である。ただし，再生可能エネルギーのグリッド接続に否定的な環境下では，グリッドキャパシティの欠如が深刻な問題として提起されることが多い。

対応：加盟国においてエネルギーシステムの転換の法的枠組みが実効をもっているかどうかの強い指標となる。グリッド接続とグリッド増強とは，強い相補的関係にある。再生可能エネルギーのグリッド接続のためにグリッド増強が必要な場合には，7〜8 か国でグリド管理者がグリッド増強義務を負うことが法定されている。

また，再生可能エネルギー導入とグリッド増強のペースを調和させるための計画，TYNDP のようなものが有効である。また，関連するデータセットの公表・共有も重要である。

- 我が国のいわゆる「九電」問題（「九州電力の再生可能エネルギー発電設備の接続に関する回答留保の一部解除について」経済産業省平成 26 年 10 月 21 日）などを想起させる指摘である。特に，「再生可能エネルギーのグリッド接続に否定的な環境下では，グリッドキャパシティの欠如が深刻な問題として提起されることが多い」という指摘は，我が

国と同じような問題が EU 加盟国においても初期の段階では発生していたことを如実に物語っている。

(4) グリッド増強に関する課題

グリッド整備計画に再生可能エネルギーを組み込むことは，再生可能エネルギーのインテグレーションに不可欠であるが，グリッド管理者との利害の対立や再生可能エネルギーの弱い立場から，グリッドの整備計画に再生可能エネルギーが考慮されないという事態が発生する。

対応：発電，送配電，小売りの分離が完成し，グリッドの自然独占が再生可能エネルギーと競合しない状態となっている必要がある。さらに再生可能エネルギーを支援する立場の独立規制機関が設置されていることが重要。その上で，少なくともグリッド増強の 10 年計画が必要で，再生可能エネルギーをこのグリッド整備長期計画に組み込む必要がある。この場合，小規模再生可能エネルギーも含め，全ての関係者が直接・間接に参加し，また，未来志向型の関係者の常設のコミュニケーションの場を設けることが有効である。

・EU の政策立案に関係している識者の話によれば，発電，送配電，小売りの分離がなされていることが，グリッドの公平性や再生可能エネルギーの導入のためのグリッド増強の大前提であるとのことである。

(5) グリッド管理者の再生可能エネルギーを接続するためのグリッド増強義務の欠如

再生可能エネルギー普及の初めの内はさほど問題とならないが，再生可能エネルギーの拡大に伴い深刻な問題となる。

対応：再生可能エネルギーの接続のためにグリッド増強が必要な場合に，グリッド管理者にグリッド増強義務があることを法律上明定する必要がある。

・この辺も我が国の現状を想起させる。我が国の水力を除く再生可能エネルギーの導入実績は，まだ数％程度にすぎない時点で，急速な導入拡大の趨勢をみて電力各社から系統キャパシティの欠如が図 1-23 のように深刻な課題として提起されている。

従来型のグリッドのままでも吸収できる程度の再生可能エネルギー普及の初期の段階では問題とならないが，本格的に普及拡大が始まるとこの問題に突き当たることになる。

(6) グリッド管理者のグリッド増強の際の法的枠組とインセンティブの欠如

　グリッド増強はコストがかかり，本質的にグリッド管理者は必ずしも喜んで取り組まない傾向があるのは各国共通の特徴であろう。しかし，見返りがリスクに見合い，資財が利用できるなら，グリッド管理者は，基本設備を増強しようとするようになる。

対応：グリッドタリフに関する規制のありようが，グリッド管理者がグリッド増強投資をするかどうかの決定的要因となる。多くの国でグリッドタリフの誘導的規制メカニズムを活用することにより，グリッド管理者に再生可能エネルギー普及のために必要なグリッド増強投資をさせている。ただし，過疎地のDSOは，コスト負担をエンドユーザーに完全には転嫁しきれないということがあることに留意する必要がある。

図1-23 系統キャパシティの欠如によって，太陽光発電の導入がローカル系統制約を顕在化させた事例

出典：経済産業省再生可能エネルギー導入促進関連制度改革小委員会第4回資料

・この辺のメカニズムは我が国に全く欠如しており，今後の我が国の再生可能エネルギー普及のために大変示唆的であると思われる。

1-4　デンマークの事例

　以上の論点をより具体的に示しながら参考にすべく，デンマークの温暖化対策における再生可能エネルギーの位置づけについて，気候変動枠組条約事務局に提出されたナショナルレポートに基づいて分析していくこととする。本レポートは2013年12月に提出された。

　レポートでは，グリーンランド等についても整理されているが，本章では，デンマーク本国の部分について分析を試みることとしたい。

1　国情

　デンマークの人口は，560万人（2013）で年々微増している（表1-7）。また，GDPは，32.7兆円（2012），近年の成長率は平均0.7％程度を想定しており，環境負荷は，BAUでは着実に増加することになる（表1-8）。温暖化対策の立案に当たっては，人口・経済の成長を前提に，より厳しい対策が求められることとなる。

2　エネルギーの構造

　デンマークは，北海に油田をもつ国であり，エネルギーの生産国としても位置付けられる（図1-24）。したがって，1990年代を通じて一定程度の原油と天然ガスを産出している。しかしながら2005年あたりをピークにエネルギー生産は減少傾向にあり，これと入れ替わるように，2000年頃から再生可能エネルギーが大規模に導入され始めている（表1-9）。デンマークは，エネルギー生産国として石油やガスの自給率は，2000年以降100％以上あり，近年は150％を超え，エネルギーの自給で困っているわけではなく，むしろ化石エネルギーの輸出国となっている（表1-10）。したがって，温暖化対策と自国資源温存のために積極的に再生可能エネルギーの導入を進めているも

表1-7 デンマークの人口推移

	1980	1990	2000	2010	2013
デンマークの人口（単位100万人）	5.1	5.1	5.3	5.5	5.6

出典：デンマーク統計局

表1-8 デンマークにおける経済成長の見込み

	単位	2011	2015	2020	2025	2030	2035
GDP	€：基準価格2005	208,230	223,131	248,817	265,829	283,700	301,661
GDP成長率[1]	%：年次成長率（%）	1.0%	2.4%	1.7%	1.3%	1.7%	1.8%
人口	人：1000人	5569.99	5642.88	5736.52	5833.97	5923.12	5993.58
人口成長率	%	0.8%	2.2%	3.9%	5.6%	7.2%	8.5%
石炭価格	€/ギガジュール（2010基準）	3.5	3.1	3.1	3.1	3.2	3.2
石油価格	€/ギガジュール（2010基準）	12.9	13.0	13.4	14.0	14.5	14.8
ガス価格	€/ギガジュール（2010基準）	7.1	7.5	7.9	8.4	8.8	9.2
炭素価格	€/ギガジュール（2010基準）CO_2（2010基準）	12.4	12.2	21.7	25.3	28.9	32.5

[1] The growth rates are from The Danish Finance Ministry (Convergence Programme, May 2012)
出典：デンマークエネルギー庁

表1-9 デンマークの国内エネルギー生産

	1980	1990	1995	2000	2005	2008	2009	2010	2011
エネルギー生産量	40	423	656	1165	1315	1122	1010	984	870
原油	13	254	392	765	796	604	555	523	470
天然ガス	0	116	197	310	393	377	315	307	247
再生可能エネルギーなど	28	53	67	90	126	141	140	154	153

出典：デンマークエネルギー庁

表1-10 デンマークのエネルギー自給率

	1980	1990	1995	2000	2005	2008	2009	2010	2011
エネルギー全体	5	52	78	139	155	130	124	121	108
石油	2	72	105	203	226	178	176	168	155
石油と天然ガス	2	85	116	189	218	190	181	170	154

出典：デンマークエネルギー庁

図1-24 デンマークのもつ北海油田の区画

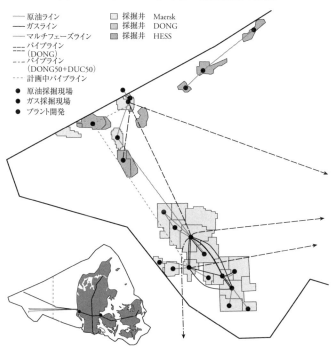

表1-11 デンマークのエネルギー消費

	1980	1990	1995	2000	2005	2008	2009	2010	2011
エネルギー生産量		830	753	841	817	835	844	811	846	792
石油		555	343	372	370	348	336	315	315	303
天然ガス		0	76	133	186	188	172	165	185	157
石炭		252	255	272	166	155	172	168	163	136
再生可能エネルギーなど	28	53	67	93	139	159	161	187	192
純電力輸入		-4	25	-3	2	5	5	1	-4	5

出典：デンマークエネルギー庁

のと考えられる。

　デンマークのエネルギー消費をみると，1990年時点では，9割は化石エネルギーに依存していたが，2011年には化石エネルギー依存度は75％に減

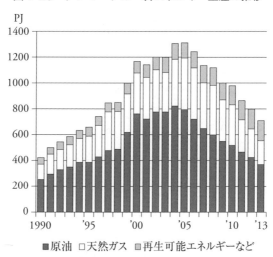

図1-25 デンマークの一次エネルギー生産の推移
■原油 □天然ガス ■再生可能エネルギーなど

少, 特に, 石炭は半減している。2005年頃までは, 石炭から自国産の天然ガスへの転換が盛んに行われ, 温暖化対策とエネルギー自給の両立を図っていたと思われるが, 2005年頃からガス, オイルの消費も減少し再生可能エネルギーに置き換わってきている（図1-25）。

3　デンマークの温室効果ガスの排出推移

1990年のデンマークの温室効果ガスの排出の70％は, 自動車を含むエネルギー起源のものであるが, 農業からの排出も少なからずある。量的にはエネルギー起源の温室効果ガスの排出削減が主要な要素となっている（表1-12）。

CO_2排出の部門別の割合は, 2011年時点では, エネルギー産業からの排出が最も多く, 44％を占めている。したがって, 削減対策の柱は自ずからエネルギー産業におかれることとなる（図1-26）。エネルギー産業からの排出は, 1996年をピークに減少しているが, 交通部門の排出は増加が続いている。国内に自動車産業がないので交通部門の対策管理が難しいものと推察されるが, 後に触れるようにこの部門も抜本的な対策が計画されている。

第1章 世界の温暖化対策と再エネ政策を概観する

表1-12 デンマークの温室効果ガス排出量の推移

温室効果ガスの排出	1990	1991	1992	1993	1994	1995	1996	1997	1998	1999	2000	2001	2002	2003	2004	2005	2006	2007	2008	2009	2010	2011
										CO₂ equivalent (Gg)												
CO_2 LULUCFを含む	58 309	67 528	64 051	62 914	68 519	64 566	76 500	68 522	63 326	62 329	56 941	60 084	61 181	64 997	59 159	55 810	64 725	56 865	49 566	51 378	48 324	41 213
CO_2 LULUCFを含まない	52 853	63 548	57 831	60 141	64 140	60 932	74 260	64 913	60 817	58 222	53 737	55 546	55 162	60 242	54 772	51 128	59 076	54 308	50 878	48 959	48 811	43 890
CH_4 LULUCFを含む	6 058	6 104	6 104	6 200	6 095	6 131	6 174	6 013	5 998	5 884	5 882	5 985	5 901	5 880	5 724	5 652	5 661	5 662	5 620	5 528	5 589	5 493
CH_4 LULUCFを含まない	6 057	6 104	6 104	6 200	6 095	6 131	6 174	6 013	5 998	5 884	5 882	5 985	5 901	5 880	5 723	5 652	5 661	5 662	5 620	5 528	5 589	5 493
N_2O LULUCFを含む	9 803	9 561	9 199	9 016	9 037	8 768	8 192	8 156	8 329	8 172	7 946	7 644	7 488	7 175	6 959	6 330	6 179	6 335	6 384	6 016	5 975	6 034
N_2O LULUCFを含まない	9 786	9 545	9 183	9 000	9 022	8 753	8 177	8 141	8 314	8 157	7 932	7 630	7 474	7 162	6 945	6 317	6 166	6 322	6 371	6 004	5 962	6 022
HFCs	NE,NO	NE,NO	NE,NO	94	135	218	329	324	411	504	607	650	676	701	755	802	823	850	853	799	804	759
PFCs	NA,NO	NA,NO	NA,NO	NA,NO	0	1	2	4	9	12	28	22	19	16	14	16	15	13	13	13	11	
SF_6	44	64	89	101	122	107	61	73	59	65	59	30	25	31	33	22	36	30	32	37	38	73
全体 (LULUCFを含む)	74 193	83 256	79 443	78 325	83 908	79 790	91 258	83 093	78 132	76 966	71 453	74 416	75 293	78 804	72 646	68 630	77 439	69 757	62 467	63 772	60 743	53 583
全体 (LULUCFを含まない)	68 720	79 261	73 208	75 537	79 514	76 141	89 002	79 469	75 609	72 845	68 235	69 804	69 260	74 036	68 245	63 934	71 777	67 187	63 766	60 840	61 217	56 248

温室効果ガス排出源と吸収源	1990	1991	1992	1993	1994	1995	1996	1997	1998	1999	2000	2001	2002	2003	2004	2005	2006	2007	2008	2009	2010	2011
										CO2 equivalent (Gg)												
1. エネルギー	52 111	62 684	56 838	59 201	63 239	60 165	73 512	63 993	59 965	57 391	52 875	54 723	54 309	59 537	53 944	50 317	58 264	53 443	50 295	48 246	48 717	43 554
2. 工業プロセス	2 240	2 347	2 380	2 456	2 555	2 726	2 828	3 015	2 992	3 215	3 384	3 289	3 197	3 214	3 022	2 441	2 521	2 541	2 254	1 764	1 685	1 854
3. 溶媒と他の製品使用	116	132	142	126	147	137	148	135	144	152	154	141	165	165	160	164	185	171	174	157	177	180
4. 農業	12 545	12 385	12 161	12 068	11 957	11 592	11 046	10 937	11 184	10 744	10 471	10 378	10 299	9 837	9 966	9 852	9 659	9 888	9 943	9 598	9 614	9 672
5. LULUCF	5 473	3 995	6 235	2 788	4 394	3 649	2 256	3 624	2 523	4 121	3 218	4 552	6 033	4 769	4 401	4 695	5 662	2 570	-1 299	2 932	-474	-2 665
6. 廃棄物	1 709	1 712	1 686	1 685	1 615	1 521	1 468	1 388	1 325	1 343	1 351	1 333	1 290	1 287	1 148	1 135	1 162	1 141	1 118	1 062	1 015	1 002
7. その他																						
NA	NA	NA	NA	NA	NA	NA	NA	NA	NA	NA	NA	NA	NA	NA	NA	NA	NA	NA	NA	NA	NA	NA
全体 (LULUCFを含む)	74 193	83 256	79 443	78 325	83 908	79 790	91 258	83 093	78 132	76 966	71 453	74 416	75 293	78 804	72 646	68 630	77 439	69 757	62 467	63 772	60 743	53 583

出典：Nielsen et al., 2013

図1-26 デンマークの分野別CO_2排出量

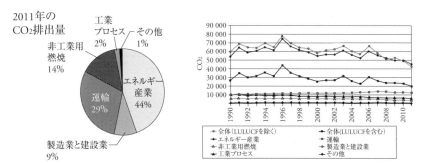

出典：Nielsen et al., 2013

　土地改変・森林吸収を除く温室効果ガスの排出は，1990年に比較して，2012年には26％削減されている。デンマークでは，1990年以降，1996年まで温室効果ガスの排出が増加しているが，これ以降，再生可能エネルギーの導入等が進むにつれて，温室効果ガスの排出は減少を続けている（図1-27）。

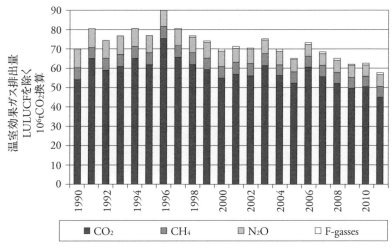

図1-27　デンマークの温室効果ガス排出量の推移

出典：Nielsen et al., 2013

4　政策と今後の削減目標

　デンマークは率先して温暖化対策に当たることを政策方針としており，EU内の国別対策分担においても，平均以上の対策努力を分担している。デンマークの姿勢は，EU内の議論を低炭素型の社会構築に導くために，率先して対策を進め，再生可能エネルギーの大量導入が可能であることを自ら現実に示すことにあるようである。

　京都議定書達成のため，2008～2012年のEUの削減目標は，1990年比で8％削減であるが，デンマークは，EU内の分担として21％の削減に合意している。この辺にも温暖化対策をEUの中でリードしていこうという強い姿勢が表れている。

　2008年12月にEUは，2020年には，1990年比で20％の削減をすることを決めている。これへの対応としてデンマークは，ETS関連排出（エネルギー，工業部門排出）を2005年比で21％削減するという国際公約をしている。また，EUは，2020年までにエネルギー利用の20％を再生可能エネルギーとする目標を掲げているが，これに対するデンマークの分担として再エ

ネ比率30％の目標を公約している。

2011年に定められたエネルギー分野の具体的な政策は，以下の通り「Our Future energy NOV.2011」に定められている。

「Our Future energy NOV.2011」では，目的を以下のようにかかげており，第一に，将来の繁栄のためには再エネと省エネが必要とし，温暖化対策は二番目に掲げられている。化石エネルギー資源の輸出国として当面化石エネルギーに困らないデンマークにもかかわらず，先を見通したこのような認識は，室町時代の「座」の世界のように現行権益体系にしがみつく我が国とは対極を行く認識である。

　　目的
　　世界的なエネルギー資源の減少，需要の増加は，化石燃料価格を押し上げている。エネルギーの高価格は，家庭，企業のエネルギーコストを顕著に押し上げ，希少な化石燃料に頼っていてはもはや繁栄を築くことができない。将来の繁栄のためには，再エネと省エネが必要である。
　　気候変動への対応の観点からもエネルギー転換は必要。今対応を開始せずに，転換が遅れれば，将来世代に大きな負債を残すこととなる。

同政策では，目標として以下の通り，2050年に100％の再生可能エネルギーの実現を目指すべく，いくつかの「一里塚」を途中に設けている。具体的には，①2020年までに，50％の電力を風力により賄うこと。②2030年までに，石炭火力発電及び石油燃焼施設はフェーズアウトすること。③2035年までに，電力・熱供給は全て再生可能エネルギーとすること。④2050年までに工業部門，交通部門も含め全てのエネルギー供給を再生可能エネルギーとすること，というステップを踏み，2050年には全てのエネルギー供給を再生可能エネルギーとすることとしている（図1-28）。これを実現するために，同時にエネルギー利用の電化と効率化を進めることとしている。

自国で産出する天然ガスを利用する施設も2040年頃にはフェーズアウトする計画となっている。自動車はこの時点でEV，FCV，バイオ100％燃料車への転換がなされ，ゼロエミッション化を図ることとしている。

図1-28 「Our Future energy NOV.2011」のロードマップ

2050年までの政府エネルギー政策のマイルストーン
政府は，2050年に再生可能エネルギー100％を確保するために，2020年，2030年，2035年において，いくつかのマイルストーンを掲げている。これらのマイルストーンは，2050年に向けた着実な進展を確保するためのステップである。

2020	2030	2035	2050
伝統的な電力消費の半分は，風力電力によってカバーされている。	石炭火力は，デンマークの発電所から段階的に廃止されている。石油燃焼施設は，段階的に廃止されている。	電力と熱供給は，再エネでカバーされている。	全エネルギー供給（電気・熱・産業用と運輸）は，再エネでカバーされている。

2020年までのイニシアティブは，1990年比で35％程度の温室効果ガスの削減になる。

　図1-29のように，自動車も含め電化が可能なところは電化し，省エネにより効率を高めながら，再生可能エネルギー100％にもっていくという計画となっている。このため，EV，FCV用のスタンド建設支援に7000万DKK，2020年までにE10（エタノール10％混合ガソリン），B10（バイオディーゼル10％混合軽油）の義務化，EVのパイロットスキームに1500万DKKなどの政策が講じられている。

　結果的に，2020年時点で，温室効果ガスは1990年比で，35％削減が実現できるとされている。同時にエネルギー消費における再生可能エネルギー比率も35％を超える計画としている（図1-30）。電力のエネルギー原別の構成は，図1-31のとおりであり，2010年には50％近くを占めていた石炭火力が2030年には，ほぼ無くなり，3分の2程を風力発電が占めることを想定している。

　図1-32は，エネルギー源別のエネルギー消費の状況である。2013年から新築ビルへの石油・ガス燃焼ボイラーの設置禁止，2016年から地域暖房地区立地の既築ビルへの石油燃焼ボイラーの設置禁止等による暖房用化石燃料のフェーズアウトが実行される。自動車燃料については2020年までにバイオ10％の混合燃料に100％切り替えるものの，2035年までは，自動車の電化等が進まないためにオイルの消費が残るが，2050年には，オイルの消費がなくなる。2035年時点で，再生可能エネルギーが7割程度占めることを

第1章 世界の温暖化対策と再エネ政策を概観する | 53

図1-29 「Our Future energy NOV.2011」のエネルギー消費推移模式図

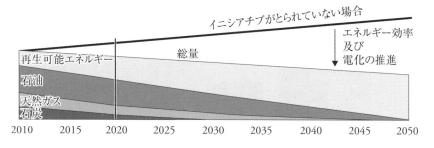

図1-30 EUの目標とデンマークの実績の比較（政府資料）

出典：デンマークエネルギー省，2012年9月

図1-31 2030年のエネルギー源別シェアの目標（政府資料）

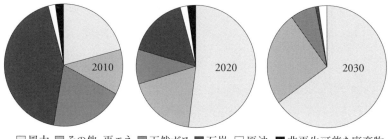

図1-32 「Our Future energy NOV.2011」のエネルギー源別シェアの目標

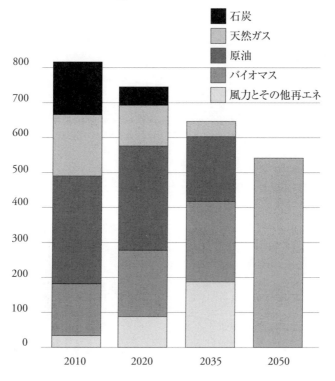

想定しているが，3割程度は風力で，4割はバイオマスを想定している。電力と熱供給は2035年までに全て再生可能エネルギーとするとしているので，バイオマス燃料による，発電，コージェネレーション，熱供給が大規模に行われるものと考えられる。デンマークでは，「エネルギー政策2012合意」(国会の与野党合意)により，2050年に再生可能エネルギー100％とすることが決定されているが，この中で，以下の通り，内訳が明らかにされている。

2020までに，
最終エネルギー消費の35％は再生可能エネルギー
電力消費の70％を再生可能エネルギー，内風力が50％

2010年比で8％の省エネ

ということで，2020年時点で，電力消費については，風力の他に20％程度の他の再生可能エネルギーが予定されているが，図1-32に照らすとバイオマス発電である可能性が高い。

2050年の風力とバイオマスの比率は明らかにされていないが，この時点では，風力の電力の変動をバイオ発電で調整する計画となっているのではないかと推察される。

デンマークの再生可能エネルギーの内訳は，図1-33のように2013年では，バイオ資源が6割以上を占めている。

デンマークの発電施設は図1-34に示すように2013年時点で，既に大規模発電所の発電量シェアが大規模コージェネレーション施設よりも小さくなっている。デンマークでは，コージェネレーション施設と風力発電により電力の大半を発電している状況である。デンマークエネルギー省のThe Danish Energy Modelによれば，風力発電の変動の調整もコージェネレーションにより行うことにより，風力の発電停止を極力減らしている旨が記述されてい

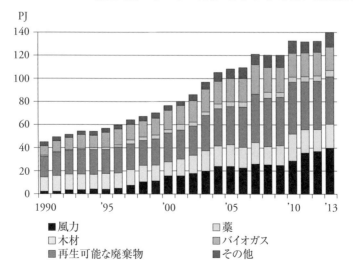

図1-33　デンマークの再生可能エネルギー利用の推移とその内訳（政府資料）

る。また、「アンシラリーサービス」も「アンシラリー市場」にコージェネレーションから調整電源が提供されることにより行うことが記述されている。これらで補えない場合は周辺国との電力取引でカバーされることになる（例えば、スウェーデンの水力発電との取引）。このようにコージェネレーション施設が調整電源として重要な役割を担っている。さらに2050年に向けては、コージェネレーションの熱供給機能を活用してコージェネレーション施設における「熱貯蔵」の形で調整力をさらに増強する旨が記述され、このための技術開発等を進めている模様である。

コージェネレーション施設や熱供給施設の燃料は何で賄われているのであろうか。図1-35は、2013年時点の状況であるが、現時点でも既に化石燃料は半分以下となっており、バイオ資源で運転されているものが多いことがわかる。デンマークでは、2050年にはこられの燃料も100％バイオとする計画であろう。

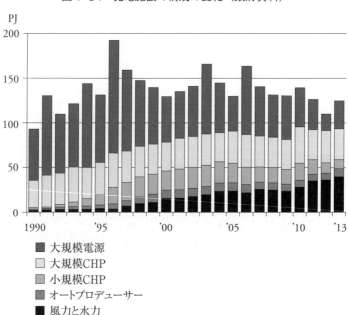

図 1-34　発電施設の構成の変化（政府資料）

図 1-35 熱供給施設の燃料（2013 年，デンマーク政府資料）

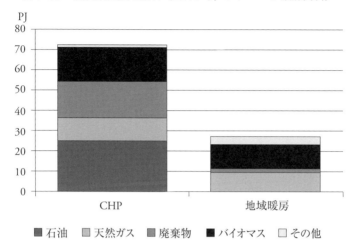

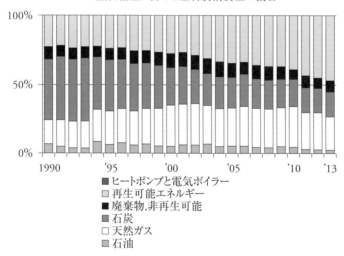

また，風力発電の増加に伴いデンマークでは，電力が主要なエネルギーキャリアーになるが，風力発電の変動を調整するためにデンマークのスマートグリッドの創出のための多角的新戦略を推進することとしている。

EUから2013年6月に出された新方針により，EUの温暖化政策が強化され，2030年までに1990年比で温室効果ガス40％削減，2030年までに再生可能エネルギーを27％導入するとされている。これと同時期に，デンマークにおいても「The Danish Climate Policy Plan, Aug.2013」が，まとめられ，温室効果ガスを2020年までに1990年比で40％削減することが定められている（図1-36）。

図1-36 「The Danish Climate Policy Plan,Aug.2013」の削減目標

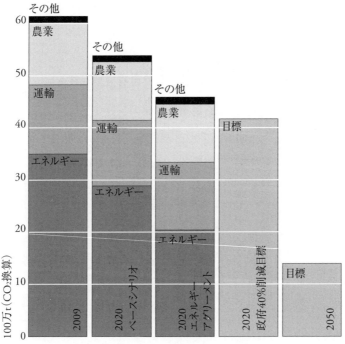

対策の内容としては，1500MWのオフショア風力，500MWのオンショア風力の導入，再生可能エネルギーの効率的工業利用推進として，工業用コージェネの推進による再生可能エネルギーの企業利用推進等が掲げられている。

5　温暖化対策の中でのエネルギー分野のシェア

デンマークでは，エネルギー分野の再生可能エネルギー化を進めることで温暖化対策効果の大部分を稼いでいるが，これは温暖化対策のために行う部分もあるが，「デンマークの将来の繁栄のために必要」なエネルギー転換という位置づけがされている。

具体的には，図1-37をみると分かるように温室効果ガス削減の大宗はエネルギー分野で稼いでいる。

数量的には，エネルギー起源CO_2対策の85％は，エネルギー産業の対策によっており，また，エネルギー起源CO_2対策は，交通対策も含めて，「再

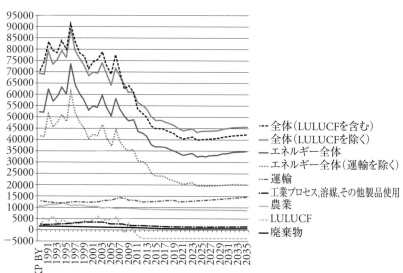

図1-37　セクター別の削減寄与

出典：ナショナルイベントリーレポート（NIR）DCE，2013年4月
　　　温室効果ガス排出削減計画 2012-2035　DEC，2013年2月

エネ化」により実現する計画となっている。当然のことながら発電分野も，調整電源も含め100％の再エネ化を図る計画となっている。

　以上，EUの政策を中心に各国の再エネ政策と温暖化対策の関係について論じてきたが，我が国と比較するとEUでは，温暖化対策というよりは，エネルギーシステム革命により，次世代にEUの繁栄を受け継ぐための総合的な産業政策と温暖化対策を兼ねるものとして，再生可能エネルギーの導入が積極的かつ真剣に進められているということが理解できる。我が国においても，このような観点からの長期戦略に基づく政策が必要であろう。

参照文献

EU Commission（2007）*Renewable Energy Road Map*, Document52006DC0848, 1 Oct 2007, European Commission

EU Commission（2009）*Directive 2009/29/EC of the European Parliament and of the Council, Amending Directive 2003/87/EC so as to improve and extend the greenhouse gas emission allowance trading scheme of the Community*, 23 April 2009

EU Commission（2011a）*Energy Roadmap 2050*, Document52011DC0885, 15 Dec 2011, European Commission

EU Commission（2011b）*A roadmap for moving to a competitive low carbon economy in 2050*,COM（2011）112final, Document52011DC0112, 8 Mar 2011, European Commission

EU Commission（2012）*Energy Road Map 2050*, Luxembourg: Publications Office of the European Union, 2012

European SmartGrids Platform（2012）*Smart Grids SRA 2035 Strategic Research Agenda Update of the SmartGrids SRA 2007 for the needs by the year 2035*. Http://www.smartgrids.eu/documents/sra2035.pdf

G8 Summit 2009（2009）*Chair' Summary, L'Aquila*, 10 Jul 2009

外務省（2009）「G8サミット議長総括（仮訳）ラクイラ，2009年7月10日」http://www.mofa.go.jp/mofaj/gaiko/summit/italy09/pdfs/soukatsu_k.pdf

Intergovernmental Panel on Climate Change（IPCC）（2007）*Climate Change 2007: Contribution of Working Groups II to the Fourth Assessment Report of the IPCC*, Geneva, Switzerland, pp.104

Juncker, Jean-Claude（2014）*A new Start for Europe: My Agenda for Jobs, Growth, Fairness and Democratic Change, Political Guidelines for next European Commission, Opening Statement in the European Parliament Plenary Session*, Strasbourg,15 July 2014

The Danish Government (2011) *Our Future Energy*, November 2011, http://www.ens.dk/sites/ens.dk/files/policy/danish-climate-energy-policy/our_future_energy.pdf#search=%27our+future+energy+NOV.2011

ドイツの再生可能エネルギー推進策の現状と方向

Chapter 2

山家公雄

第 2 章　ドイツの再生可能エネルギー推進策の現状と方向 | 65

　本章では，ドイツの再生可能エネルギー政策の成功要因と直近の政策について解説する。2-1 では，再生可能エネルギーが普及してきた軌跡を辿るとともに，普及要因について整理する。2-2 では，2014 年再生可能エネルギー制度改正について解説する。これは，固定価格買取制度の原則を変更する大きな改正であり，現状の制度でもある。

2-1　再生可能エネルギー大国ドイツの軌跡と普及要因

　本節では，ドイツの再生可能エネルギー（以下，再エネ）普及の経緯と現状，普及を可能とした政策・制度について解説する。ここは，事実の確認であり，ドイツを理解する際の基礎となる。政府の一貫したぶれない姿勢が見て取れる。再エネ電力を 20 年間同一の価格で買い取る「固定価格買取制度（FIT：Feed in Tariff）」が強力な推進役になったことは間違いない。しかし，それは必要条件である。十分条件として，系統（電力ネットワーク）の受け入れ体制を整備していることが非常に重要である。EU 指令に則る措置であるが，ドイツは忠実に実施している。

　ドイツは再エネ先進国である。経済規模の小さい国では，水力・地熱等の国産自然エネルギーを利用して電力供給できる場合もある。しかし，ある程度以上の産業力をもつと，エネルギー需要が増え，化石燃料等輸入資源の依存が増えてくる。そうした中で，産業を主とした経済大国であるドイツが，急速に再エネを普及させてきたことは，驚異的と言える。どうして可能になったのか。以下，ポイントを整理する。

(1)　ドイツのエネルギー情勢——消費推移と再エネ普及状況

　まず，ドイツのエネルギー需給の推移をみてみる。図 2-1 は，ドイツおよび日本の 1 次エネルギー消費の推移を示したものである。1990 年水準を 100 としたときの指数表示であるが，ドイツは 2006 年以降着実に減少してきており，政府目標である「2020 年時点で対 2008 年度比 20%減」のトレンドを辿っている。リーマンショック後の景気低迷や暖冬の影響もあるが，住宅の

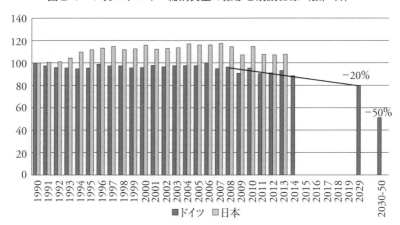

図2-1　1次エネルギー総消費量の推移と削減目標（独，日）

（資料）・ドイツ：エネルギーバランス作業グループ（Arbeitsgemeinschaft Energiebilanzen），Auswertungstabellen zur Energiebilanz Deutschland 1990-2013 およびプレスリリース No. 1, 2015（2015年3月10日）
　　　・日本：資源エネルギー庁「2013年度エネルギー需給実績（速報），一次エネルギー国内供給の推移（2013年度速報）（2014年11月14日）
（出所）ドレスデン情報ファイル http://www.de-info.net/kiso/atomdata11.html

エネルギー基準の強化など省エネ施策の強化も効いている。なお，日本は2013年時点でドイツの1990年水準をまだ上回っている。

1次エネルギー消費の種類別構成比の推移をみてみると，再エネは2000年の2.9％から2014年の11.1％と大きく伸ばしている。この間，原子力は12.9％から8.1％，石油が38.2％から35.0％へと減少する一方で，石炭は14.0％から12.6％，褐炭は10.8％から12.0％と増加している。ガスは20.7％から20.5％へとほぼ横ばいである。

図2-2は，ドイツの発電電力量構成比の推移を示したものである。再エネ比率をみると，FITが導入された2000年は6.6％に過ぎなかったが，2015年には30.1％まで拡大している。16年間で約24ポイント上昇したことになる。この間，原子力は29.5％から14.1％と約15ポイント低下している。したがって，再エネは原子力を完全に代替している。福島第一発電所事故があった2011年からの対比でみても，原子力が4ポイント減少している一方で，再エネは10ポイント上昇している。

図2-2 発電電力量構成比の推移（ドイツ）

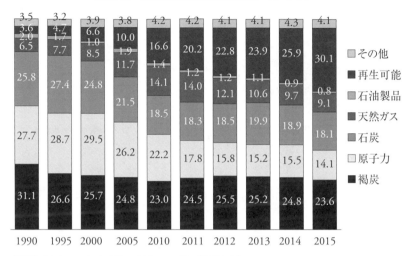

（資料）Arbeitsgemeinschaft Energiebilanzen e.V（2016.1.18）
　　＊輸出量を含む　＊2015年は暫定値
（出所）ドレスデン情報ファイル http://www.de-info.net/kiso/atomdata01.html

　図2-3は，2015年度の発電電力量の構成比である。再エネシェア30.1％の内訳をみると，大きい順に風力13.5，バイオマス6.8，太陽光5.9，水力3.0となっている。風力は，陸上風力を主に，一貫して再エネ普及をリードしてきた。2015年3月時点の出力は3900万kWである。今後も低風速から出力できる技術の利用，既存発電のリパワー（大型機への更新），そして洋上風力の開発により，引き続き再エネの主役を演じる。

　バイオマスは，林業・製材業振興，雇用拡大，再エネの燃料化促進等の狙いがある。加えて，特に柔軟運転が可能なガス化発電は，プレミアム付きで普及が促された。しかし，国産燃料の量に制約があり，これ以上の普及はあまり見込めない。価格も高留まりしている。

　太陽光は，2000年FIT導入，2004年FIT改訂を機に急増し，世界を牽引してきた。特に2009年，2010年，2011年の3年間は年間750万kWを超える導入をみた。再エネ普及や消費者の意識向上に貢献する一方で，電力料金高騰の主な要因となった。2012年に太陽光の普及を弾力的にコントロールする手法を導入した後は，安定した伸びをみている（下記（3）項参照）。一

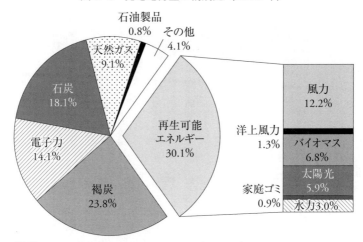

図2-3 発電電力量の構成比（2015年）

（資料）Arbeitsgemeinschaft Energiebilanzen e.V （2016.1.18）
＊輸出量を含む　＊2015年は暫定値
（出所）ドレスデン情報ファイル http://www.de-info.net/kiso/atomdata01.html

方で，コストが大きく低下し，多くの領域で電気料金よりもタリフが低くなってきており，自律的に普及する地合いになってきている。

(2) ドイツのエネルギー政策目標

　ドイツ政府は，2010年9月に，2050年までに再エネを主体とする体制に移行するための戦略である「エネルギーコンセプト」を決定した。移行への橋渡しとして，当時2022年までに全廃するとしていた原子力発電の稼働期間を12年間延長することを織り込んでいた。

　福島第一原子力発電所の事故が起きた2011年に，大幅に見直す。事故直後の3月14日に原発稼働延長を撤回し，CO_2削減等への影響を，エネルギーコンセプトの前倒しにより吸収することとした。そのための各種法律をパッケージで6月中に決定する。

　再エネや省エネの普及目標値やスケジュール，固定価格買取制度，再エネの優先接続・優先給電等を定めた「再生可能エネルギー優先に関する法律（EEG: 後述）」も整備されるが，これを2011年12月に発効している。なお，固定価格買取制度は，1990年「再生可能エネルギーによる電力の公共電力

網へのフィードインに関する法律」，2000年「再生可能エネルギー法」によって，実施されてきていた。

表2-1は，ドイツのエネルギー政策の目標を整理したものであるが，これらの数値はエネルギーコンセプトやEEGに明記されている。極めて意欲的な水準を掲げている。2022年までの脱原子力方針を全党一致で決め，同時に安定供給やCO_2削減を実現するための方策をまとめている。

温暖化ガス削減は，1990年対比で2020年40％，2030年55％，2050年は80～95％である。先進国が宣言した削減目標を最大限実現する高い目標値である。脱原発方針の中でCO_2削減を実現するための主役は，省エネと再エネである。まずは，省エネを徹底する。1次エネルギー消費量について，2008年対比で，2020年20％，2050年までに50％削減する。電力消費量については，2020年10％，2050年までに25％削減する。1次エネルギーに比べて低いが，再エネ普及，CO2削減進捗を背景に電力使用が増えていく中での削減という点に留意する必要がある。

脱原発の供給面での主役は，電力であり再エネである。電力消費に占める再エネの割合は，2020年35％以上，2030年50％以上，2040年65％以上，2050年80％以上と，非常に高い水準を掲げている。電力対策，なかでも再エネ普及が，温室効果ガス削減を主導する役割を担っていることが分かる。

表2-1　エネルギー政策の現状と目標（ドイツ）

単位：%

項　　目	2012年	2020年	2030年	2040年	2050年
温暖化ガス削減 （1990年比）	24.7	>40	>55	>70	>80～95
1次エネルギー消費削減 （2008年比）	4.3	20	50		
電力消費量削減 （2008年比）	1.9	10	25		
再エネ割合/電力 ターゲットコリドー設定 （25年，35年）	23.6	>35	>50 （2025： 40～45）	>65 （2035： 55～60）	>80
再エネ割合/最終消費	12.4	18	30	45	60

（資料）連邦経済省，第2回モニタリング報告書"Energie der Zukunft"（2014年4月8日）
　　＊カッコ内は2014年再生可能エネルギー法の目標
（出所）ドレスデン情報ファイル http://www.de-info.net/kiso/atomdata04.html

再エネ発電の割合は，2014年改正時に，途中時点に幅を設けた。2025年で40〜45％，2035年で55〜60％である。長期目標値自体に変更はないが，太陽光，風力を主に弾力的に普及量を制御する狙いから，5％の幅（バンド）を設けた。このように，省エネ，再エネともに政策目標値に沿って順調に推移してきている。

先進国で経済大国のドイツは，既存電力システムが確立していたにもかかわらず，再エネ普及に成功した理由は何であろうか。以下，5つの要因に分けて解説する。

(3) 再エネ普及政策の策定——EEGとFIT

まず，エネルギー政策に係る長期目標を明確に掲げたことである。緑の党が政権入りした1998年の後，2000年に最初の脱原発政策を採用し，FITを導入し再エネ普及へ大きく舵を切った。国産資源活用によるセキュリティー対策，CO_2削減対策の効果があるからである。その後，2004年，2009年，2011年，2012年，2014年と改正を実施し，普及と調和を積極的かつタイムリーに実施してきた。その中心に位置するのが，再エネ電力を20年間の同一価格で買い取る「固定価格買取制度」（FIT：Feed in Tariff）である。

福島第一原子力発電所事故が生じた2011年は，特に大きな節目となった。2010年9月に脱原発を事実上撤回する決定を行ったメルケル政権であるが，福島事故を機に，再び脱原発路線に戻った。全政党一致で，より厳しい内容となった。2022年までの原発フェードアウト分をカバーするとともにセキュリティー，CO_2削減を実現するために，2011年12月に再生可能エネルギー法（EEG：Erneuerbare Energien Gesetz：Renewable Energy Act）を創設した。ドイツは，再エネ普及をエネルギー政策の根幹に据えているが，それを担保する法律がEEGである。

一方，2009年から2011年にかけて，太陽光は想定を超えて急増した。それに伴いコストの上昇等多くのひずみも生じた。2012年は，弾力的にFITタリフを調整する，太陽光に総量規制を設ける，（2009年に導入していた）市場と直接取引できる制度をより利用しやすいシステムとする等，普及に合わせた対応策をとった。

直近の 2014 年改正（EEG2014）は，基本的に EU 委員会競争総局からの要請を受けて実施したものである。産業保護政策の見直しを背景とする再エネサーチャージ賦課ベースの拡大，他の加盟国の参加を促す入札制の試験的実施について要請があった。2012 年に導入した太陽光設置量を制御する施策の他分野への横展開も，併せて実施している。EEG2014 に関しては，2-2 節にて詳述する。

このように，ドイツ政府は，普及や負担の状況を睨みながら，FIT 制度の弾力的な見直しを行ってきている。その中で再エネ普及に関しては，長期目標は堅持され，スケジュール通り進んできている。

しかし，推進制度（FIT）を作ればいいというものではない。日本でもドイツを参考に FIT を導入したが，2 年経過した時点で，開発計画量が受け入れ可能容量を超える懸念が生じた。いわゆる「九電ショック」である（第 1 章図 1-23，および第 6 章参照）。計画事業量が全て稼働すると系統容量を超えてしまうとの理由で，系統への接続申し込みが留保された。年間発電電力量のシェアが 30％に達しているドイツでは，そうした制約は生じていない。FIT は再エネ普及のためのドライバーではあるが，それだけでは限界がある。

(4) 電力の自由化と構造改革（アンバンドリング）

次に挙げられるのは，電力自由化と構造改革の実施である。EU 指令に従って，自由化と発送配電分離（アンバンドリング）を徹底して行った。また，電力取引所をいち早く整備・拡充し，市場取引を進めた。

1) 自由化とその効果

欧州では，EU 委員会の提言に基づき，3 次にわたる電力自由化指令が出される。第 1 次指令は 1996 年に出され，小売りは 2003 年までに 3 分の 1 自由化，送電アンバンドリングは会計分離と機能分離が求められた。第 2 次指令は 2003 年に出され，小売りは 2007 年 7 月までに全面自由化，送電アンバンドリングは法的分離が求められた。第 3 次指令は 2009 年に出され，送電アンバンドリングは所有分離，運用分離（ISO），厳格な法的分離（ITO）のいずれかを選択することが求められた。ドイツは，1998 年から完全自由化でスタートした。

自由化により，発電事業や小売り事業に誰でも参入できるようになり，需要家は供給者を選択できるようになる。再エネ事業は，省エネ事業とともに，新しい事業であり，新規参入者が手掛けることが多い。既存事業者は，一般に，既存システムに影響を与える可能性のある新分野に対して躊躇するあるいは敵対的な行動をとる傾向がある。消費者が CO_2 排出量の少ない「グリーン電力」を求めても，既存事業者だけでは十分な供給量を用意できない懸念がある。

　また，自由化が機能するためには，供給者と需要家との間で市場取引が活発に行われなければならない。既存事業者は，供給力を有し，グループ会社間を含む相対取引で調達・販売できる。一方，新規事業者は，準備が整うまで時間を要する。そこで一定の要件を満たせば誰でも参加でき，透明性のあるルールで運営される電力取引市場（卸市場）の活用が重要になる。特に天候に左右される風力・太陽光発電は，前日から当日の直前までをカバーする取引市場（スポット取引）の存在が非常に重要になる。現実（取引時点）に近づくほど，予想確立が上がり取引が容易になるからだ。

　ドイツは，2000年には電力取引市場をライプチヒとフランクフルトに開設し，2002年にEEXとして統合する。2008年には，スポット取引において，フランスのPowernextと市場統合しEPEX-Spotが誕生する。これは地域市場統合の動きに合わせたもので，ドイツ，フランス，オーストリア，スイスをカバーする。

　再エネ発電にとって，卸市場には「メリットオーダー効果」が存在する。前日・当日取引をカバーする「スポット取引」は，限界費用すなわち燃料費の低い発電電力から順に落札され，需給が均衡する価格水準が全取引に適用される。この仕組みは「メリットオーダー」と称される。再エネは基本的に燃料費を要さないので，最初に落札される。すなわち優先的に市場に取り入れられ，給電されることになる。需給均衡に係る取引に係る発電所は限界発電所と称されるが，燃料を使用する火力発電，なかでも燃料コストの高いガス火力となる場合が多い。

2）インフラ中立化とその効果

　送配電事業の中立化は，発送電分離（アンバンドリンク）と同義であり，

構造変革の中核を占める。競争環境の整備とともに，再エネが普及するための鍵を握る。発送電一体の統合化されたモデルの場合，インフラの整備や利用に関して，インフラが属する既存電力のグループ会社が優遇される懸念が常に付きまとう。作るにしても使うにしても歴史の浅い再エネ電力は，主に新規参入側が活躍する。

ドイツは，連邦電力ネットワーク規制当局を2005年に設置した。これがインフラ完全中立化を実現する節目となった。自由化・構造変革先進国の印象があるドイツでも，中途半端な変革では，ネットワークの中立性，ひいては公平な競争条件を創造するのは難しかったのである。

EUの自由化は，1997年に発効した「EU電力指令」により動き出す。海外市場展開を狙ったドイツの事業者は自由化に積極的に対応し，国内で合併を進め（8大電力会社が4社に集約），海外に打って出た。特にエーオン，RWEは欧州の巨人となり，勝ち組と言われるようになる。当初は，価格も下がり，自由化効果と言われるが，次第に価格は上がっていく。新規参入者の倒産が相次ぎ，インフラの中立性に疑問が呈された。非グループ会社，新規参入者に課す使用料金が不公平に高いのではないか，自由化直後は下がった電気料金が反転上昇したのは，4大電力会社の市場支配力が高まったからではないか，と言われた。

そこで，送配電会社の中立性を監視する連邦機関が2005年に誕生した。中央政府から完全に独立したインフラ事業監視機関が存在していたが，この組織の中に電力インフラも含めることになった。この時点で，ようやくインフラの完全中立性が担保されたのである。それほどまでに，インフラの中立性を確保することは容易ではない。

自由化先進国のドイツにおいても，インフラの中立性を確立するのに時間を要し，完全中立な監視機関誕生まで待たなければならなかった。日本で，この監視機関に相当するのは，電力・ガス取引監視等委員会であり，2015年9月に発足した。しかし，同機関は，経済産業大臣の直属組織として発足した（いわゆる8条委員会組織）。政府から完全に独立した3条委員会組織にすべき，との議論は少なからず存在したが，そうはならなかった。

(5) 系統側の受け入れ体制整備

　FITは，再エネ電力を使用する際の優遇措置である。発電設備が出来て稼働して初めて優遇措置が効果を発揮する。発電設備が出来なければ，優遇の土俵に乗れない。日本で生じた「接続留保」はまさにそれである。FIT制度を作ったものの利用できないという事態が生じている。ドイツはどうなっているのか。

　答えは簡単で，キャパシティー不足等系統（送配電）側の都合による受け入れ拒否はできないのだ。これはEEG等の法律で規定されている。「再生可能エネルギーの優先性」という言葉がある。他の電源に対して，再エネが「系統運用上」優先的な扱いを受けるということである。電力の特殊性，電力事業者の伝統的な考え方からして，再エネに優先性を付与しないと普及しにくいことが分かっていたのである。この基本方針は，EU指令に定められており，ドイツもそれに則り法令化した（表2-2）。

　優先性には，優先接続と優先給電がある。優先接続は，文字通り系統に接続する際の優先規定である。これと密接に関係するのが系統増強義務であ

表2-2　ドイツEEGの規定

優先接続	第5条	・グリッドの管理者（送電，配電ともに）は，「直ちに，かつ，優先的に」再エネ発電施設をグリッドの電圧及び最短直線距離の観点から最適な点において接続しなければならない。 ・接続義務は，グリッドの最適化，増強，拡張が不可欠の場合にも適用される。
優先送配電	第8条	・グリッド管理者は，「直ちに，かつ，優先的に」，再エネから利用可能な電力の全てを，購入，送電，配電しなければならない。
優先給電	第11条	・他の発電施設が接続されている限り，再生エネに優先順位が与えられる。
系統増強義務	第9条	・グリッドの管理者（間接的に関係する上位系統運営者も含む）には系統増強義務が課されている。系統容量の不足を持って再エネ接続申請を拒否できない。
グリッド管理者の 系統増強コスト負担義務 第14条		・グリッドの管理者は，グリッドシステムを最適化，増強，拡大するコストを負担しなければならない。

（出所）エネルギー戦略研究所，内藤克彦「ドイツと日本のグリッド運用の相違」（日本風力エネルギー学会誌第39巻第2号 pp.156-163）

る。系統（電力ネットワーク）は，従来，火力・原子力の大規模電源を設置し，そこから需要地まで送配電線を建設して送るという方式である。高電圧から低電圧まで，電圧の高低差を利用して一方通行で流す。しかし，再エネ電源の立地は，従来の立地条件と異なるし，需要家のオンサイトあるいはオンコミュニティーに立地することも多くなる。すなわち中・低圧のネットワークに電源が集中する場合もあり，その場合高圧へ逆に流す必要も出てくる。

このように，再エネを本気で普及させていくには，系統での電気の流し方を工夫し，従来予想していない箇所を増強しなければならない。この流し方は送配電事業者の運用（オペレート）に委ねられる。増強コストを誰が負担するかも，非常に重要になる。再エネ開発側の負担となると，投資コスト負担が大きくなり，開発が円滑に進まなくなる。コスト負担についても法令で送配電事業者が責任を持つことが明記されている。

「優先給電」とは何か。文字通り他の電源に対して再エネを優先的に給電（流通）させることである。より具体的には，供給過剰の懸念がある場合に，再エネを最後まで出力抑制しないことである。出力を抑制する順番を最後に位置づける。他電源でも，技術上の理由でどうしても止められない容量（マストラン・キャパシティー）も優先給電対象である。なお，原子力は技術的にある程度出力調整ができるが，その分が抑制の対象となる（指示を受ける）ことになる。

日本の場合は，再エネは優先給電になっていない。FIT法上，供給過剰が懸念される場合は，火力がまず抑制を受ける。再エネは，その次に抑制対象となる。しかし，原子力・地熱・一般水力には劣後する。広域連系線を利用する場合は，長期契約電力にも劣後する。原子力等はいわゆるベース電源と言われるが，技術的に抑制不可能なマストラン電源として位置づけられる。原子力は全容量マストランとしている（フランス，ドイツ等では原子力も出力調整を行っている）。

日本では，ほとんど議論が行われておらず，マスコミもあまり取り上げないが，運用を主とする系統側の受け入れ体制整備は，決定的に（致命的に）重要である。比較的短期間で，低コストでの再エネ普及対策になるからだ。

この議論を無視した対策，例えば当初からインフラ整備，蓄電池・水素設置を目指すことは，国民負担を大きくすることになり，優先順位を誤っていると言える。この点に関しては，IEA でも論点を整理し，結論を出している（参考：IEA "The Power of Transformation-Wind, Sun and the Economics of Flexible Power Systems" 2014）。系統側の受け入れ体制整備は車の両輪である。

(6) 地域住民主導（エネルギー民主主義）

もうひとつ，再エネ普及を後押しした要因がある。地域住民主導で開発が行われてきたことである。図 2-4 は，再エネ発電設備の所有者の割合を示したものである（件数ベース）。約 2 分の 1 は地元関係者である。立地の住民が事業に関われば，自らの事業として考えることになり，立地が円滑に進む。

立地だけでなく，再エネ普及が持続的に進む効果が期待できる。住民主導の場合，大規模事業者やファンド主導の場合に比べ期待する収益率（リターン）は，一般に低いが，儲けよりも，より社会的な意義を重視する傾向がある。また，世論形成においても強みを発揮する。資金力，ロビー力のある大手エネルギー会社や産業界が影響力を行使しにくい領域であり，政治家も不特定多数の住民の意向を無視しにくい。エネルギー民主主義と称することもできよう。

これは，EU 委員会競争総局の指導を受けてドイツ政府が試行・導入検討

図 2-4　ドイツの再エネ電力所有内訳（2012 年）

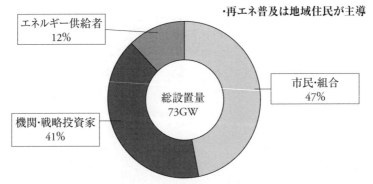

(出所) "Citizens own half of German renewable energy" 29.10.2013 by Craig Morris http://energytransition.de/2013/10/citizens-own-half-of-german-renewables/

している「入札制度」と関係する。入札制度は，規模の経済が生じ易く，時間や事務経費を要することから，財務力に優れる大規模事業者に有利であり，地域住民やその組合は不利になる。入札制度導入は，再エネへの進出が遅れて苦境に立たされている大手電力会社への支援ではないか，との声も上がる。大手の存在感が出てくると，政策をめぐるロビー活動にも影響が出てくることへの懸念も強い。

地域主導は，再エネ適地を緩やかに指定（ゾーニング）する手法にも表れている。立地がより容易となるための環境整備として，系統側の受け入れ体制整備を指摘した。加えて，適地と思われる箇所について，あらかじめ地域で合意形成を図る手法が存在する。気象条件，送配電線の位置，居住区域等を参考にゾーニングや調整手順等を決めておけば，立地が円滑に進む。

系統側にとっても，あらかじめ意見を述べることができるし，最も効率的な増強対策を準備することができる。立地の確証が得られれば，地元金融機関も判断しやすい。稼働できればFITで利益が保証される，稼働するためには確実に立地できるとの予見性により決まる。

再エネ発電建設は，資本費主体であり初期投資負担は重い。これを実現するためにはファイナンスが鍵を握るが，FIT制度，系統受け入れ体制，ゾーニングの三拍子により，地元銀行は判断できることになる。

(7) エネルギー産業発展の視点

再エネ推進政策の狙いのひとつに，世界に先駆けて普及させることで技術やシステムの革新を生み輸出を含む将来産業として育てる，との意思がある。これは，EUのエネルギー政策に係るひとつの目的であり，ドイツのEEGにも明記されている。再エネを政策的に推進する目的として，セキュリティー，環境に加えて技術革新，新たな産業振興の役割を重視する。ここ数年来の世界を舞台とする予想を超えた再エネの普及をみるに，ドイツの狙いは的中しているように感じる。再エネ開発量の多いドイツは明らかに先行している。

翻って我が国をみるに，再エネ推進を新産業育成に結び付ける議論はほとんど聞かれない。かつてはそうでもなかったが，直近のエネルギーミックス

の議論をみるに，そうした意識はなくなってしまったようだ。ほとんどが資本費である再エネ開発は，キャパシティーの蓄積が進む「投資」であるが，燃料費という「費用」と無理に同じ扱いにして，「国民負担」の元凶のような印象を持たせている。

　直接の当事者である既存電力会社が警戒するのはまだ分かるとしても，経済「団体」が軒並みコストを理由とした再エネバッシングに走った。国産資源を活用する体制を構築する前に原発事故が起き，大量の燃料輸入を余儀なくされ，これがコスト上昇の主要因であるのに，この視点は無視され，3.11の教訓が活かされていない。将来有望になる（100年に一度の大変革との見方もある）技術・産業の芽を育てようという姿勢は感じられない。産業界はずいぶんと近視眼的になってしまった。

2-2　2014年再エネ法改正の検証
―固定価格買い取り制度の精神は不変

　本節では，2014年8月に発効した改正再エネ制度について解説する。市場原理を導入し，コスト抑制を図る大幅な改正とされ，大きな注目を集めた。その後も再エネ制度見直しは続いているが，2014年改正は現行制度（2016年8月時点）を形成している。また，2010年代入り後に継続して行われた大きな改正を引継ぎ集大成化するものであり，ドイツの「不断の見直しサイクル」を検証する意味もある。

1　EEG2014の印象と背景

（1）　ドイツの再エネ推進策をめぐり議論が迷走

　ドイツのエネルギー制度，特に再エネ普及策に関しては，評価が分かれる。再エネは普及しているが，エネルギーコストは上がり，産業は競争力を失っている。その結果，EEGは大幅に見直された，という議論がある。大規模火力発電の稼働率が下がり，その投資意欲は減退しているとの声も上がる。

　確かに，ドイツの政策を巡り様々な議論があるが，かなり誇張がある。日

本の報道をみていると,「ドイツは2014年改正にてFITを廃止し,市場原理を導入した」という類の報道が多い。「エネルギー政策の失敗を認め,再エネ推進を断念した」との報道まである。失敗との認識が定着したかのような雰囲気もある。

　一方,ドイツの再エネ電力比率は,2014年は26%(2015年は30%)に達し,2030年の50%の目標は十分視野に入っている。EUは,2015年12月のCOP21にて,2030年目標としてCO2削減40%,再エネ率27%(発電では45%)を表明している。真実はどうなのか。本節は,これの検証でもある。

(2) 2014年再エネ法改正の背景

　EEG2014の背景について整理してみる。

　直接の要因としてEU政府から出された競争環境整備に係る勧告がある。EU政府の中でもエネルギー政策を担当しているエネルギー総局(DG-Energy)ではなく,競争政策を担当している競争総局(DG-Competition)からの勧告である。主な論点は二つである。エネルギー多消費型産業を再エネ賦課金(EEG-Levy)の適用除外としていることが公平性に欠くこと,(EU加盟国の)外国企業の再エネ市場参入を促すことである。前者は,大企業の負担を軽くする「産業特権」を不公正な扱いとして問題視し是正を要求している。後者は,外国資本を含めた入札制の導入に結び付く。その結果,改正内容には新たな視点が盛り込まれた。

　また,国内要因として,再エネ賦課金が急増していることがある。再エネ普及に伴い賦課金が増え,電気料金が高くなったこともポイントである。これに関しては,太陽光発電の普及をいかに制御するかが焦点であるが,2012年の改正でかなりの程度実施されており,当改正はそれをさらに進めたということである。市場との直接取引,機動的なタリフ改定が主要項目である。コスト抑制と不公平是正を睨む対策として,賦課金適用ベースの拡大を実施している。

　以下,主要な改正点を見ていく(表2-3)。市場との調和・コスト抑制対策としての「直接取引導入」(1.2.2),競争促進・不公平是正対策としての「入札制度の試験的実施」(1.2.3),タリフの弾力的な変更を促しコスト抑制を狙

表2-3 ドイツ2014年再エネ制度変更の概要

項　目	2014EEG（2014年8月施行）		
タリフ	ブリージングキャップ （ターゲット・コリドー）		総量目標（規制）
	年間目標導入量	タリフ調整	
太陽光	240～260万kW	毎月1.1%	（5200万kW：FIT枠）
陸上風力	240～260万kW	四半期毎0.4%	なし
洋上風力	なし		6.5GW（20年），13GW（30年）
バイオマス	100万kW	四半期毎低減	なし
賦課金ベース拡大			
適用除外縮小	*エネルギー多消費型産業に賦課金の15%賦課，総額上限あり		
自家発電分	*賦課金の30%（15年），40%（16年）賦課。化石燃料は100% *10kW未満・発電事業者は非対象，産業は経過措置あり		
競争原理導入			
強制的な直接販売 （選択制から拡充）	*500kW以上（14/8月），100kW以上（16年） *FIP：タリフが市場価格を下回る場合は補填		
新規開発の入札制	*連邦グリッド規制機関がルール設定後，地上太陽光にて実証 *2017年から全再エネ導入について検討		

（出所）各種資料より山家作成

う「ブリージングキャップ制度の拡張」（1.2.4），不公平是正・負担軽減対策としての「賦課金適用ベースの拡大」（1.2.5）の4項目に分類して，解説する。

2 「直接取引」の強化

(1) 強制的な直接取引へ移行

EEG改正の最大のポイントは，再エネを市場に組み込む（インテグレートする）「直接取引（Direct Marketing）」の導入である。500kW以上の再エネ電源については，FIT制度は基本的に2014年8月1日より（以降に認定されたものから）市場取引に移行する。これまでも，送電会社を通さずに直接市場と取引することを「選択できる」制度が導入されており，すでに風力の8割程度は直接取引に移行している。今回の改正は，「強制的な直接取引」の導入である。

FITは，再エネの種類（技術）毎に，投資誘因が働くような水準で，20年

間固定の価格（タリフ）で発電電力量を販売できる制度である。購入者は送電事業者（ドイツでは4社ある）であり，彼らはそれを電力取引市場に販売していた。取引市場価格は，一般的にタリフよりも低く，その差は賦課金として電力消費者に転嫁される。送電会社は，系統運用者として需給変動を自ら吸収できる。また，インフラ会社であり基本的にコストを保証される規制事業である。

ドイツがFITを開始した2000年当時は，再エネ電力比率は，水力を含めて7％程度であり，賦課金も少額であった。この民間投資に働きかけるFIT制度のインパクトは大きく，順調に再エネ投資は拡大し，2014年には26％にまで拡大した。その主役は風力と太陽光であり，2015年3月1日時点でそれぞれ3900万kW，3700万kWに達している（日本は2014年11月時点で風力280万kW，太陽光2020万kW）。

(2) 直接取引制度と市場プレミアムの意味

再エネの規模が大きくなり，発電総量に占める再エネの割合が増えるにつれて，市場に及ぼす影響が無視できなくなってくる。市場取引，賦課金水準そして需給制御に及ぼす影響が大きくなり，そのインパクトを抑えるため「市場と調和する制度」が求められるようになる。

切り札として導入されたのが直接取引である。これは送電会社が引き取るのではなく，再エネ事業者が直接市場に販売するものである。取引市場（卸市場）向けが多いが，トレーダーや小売り事業者に販売してもよい（図2-5）。2014年改正の目玉施策であるが，実は既に2009年から，従来のFITと選択できる制度として導入されていた。市場価格とタリフの差を補填する「市場プレミアム」，変動する市場取引のリスクを軽減する「マネジメントプレミアム」等が整備され，直接取引の拡大を促してきた。

直接販売は，当然ながら販売価格が変動し，リスクが生じる。販売価格がタリフよりも上回れば利益を得るが下回れば損をする。ここ数年，市場価格は顕著に下がってきているが，そうしたトレンドの中では直接販売を選択するものは少ない。そこで，2012年より，市場価格を上回る利益は享受し下回る損失は補填する制度を導入した。

図2-5 ドイツの2014EEGスキーム

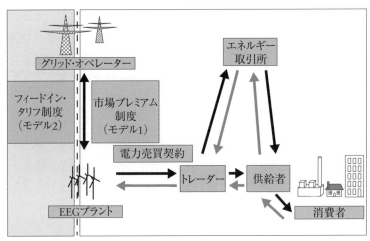

（出所）"Successful support to renewable energy -Feed-In Tariffs and market-based systems" Dr. Dorte Fouquet, 31/03/2015

　この補てんはマーケットプレミアムと称され，従来のFITに対してプレミアム制度あるいはFIP（フィードインプレミアム）と称される。これを機に，直接取引が増えていく。風力に至っては8割程度まで上がっていた。しかし，名称は異なっても，FITからFIPへ変わっても，タリフが想定する販売収入が長期間維持されることに変わりはない。事実上のFITといえる。

(3) 市場調和のメカニズム
　一方で，市場と調和するシステムもビルトインされている。
　FIPは，市場価格とタリフとの差額を補填する仕組みであるが，市場価格は1カ月の平均値が採用される。すなわち，1カ月後の精算となり，乖離の程度を意識した行動・運営を促す効果が期待される。
　また，あらかじめ市場に提示している販売計画値を守る義務が生じる。実際に乖離が生じた場合は，ペナルティーが課される。これを回避するためには気象予想技術を磨く，調整電力を調達する必要が生じる。
　このリスクに対しては，別途「マネジメントプレミアム」が導入された。変動リスクに立ち向かうインセンティブであるが，気象予想等のノウハウが

高まるにつれて縮小されていく。ドイツでは，2011年より15分単位の短時間市場取引も可能となり，調整電力の入手がより容易になっている。

また，供給過剰で取引市場が負の価格となる場合，それが6時間を超える分については，タリフとの差額は補てんされない。この措置により，事業者が自ら出力抑制を行うインセンティブが働くことになる。

(4) 再エネアグリゲーターの登場

ここで登場してきたのが，個々の再エネ事業者に代わって市場取引を行うアグリゲーター（パワートレーダー）である。個別の取引をまとめることでスケールメリットが働き，リスク適応力が高くなる。平滑化効果が働き，総体的な出力変動が緩やかになり，気象予想が容易になる。いわゆる「再エネアグリゲーター」であるが，規模の利益を目指して統合が進んだ結果，現在は7～8社が存在する。

このように，プレミアム制度は「市場連動と収益保証の合わせ技」といえる。

それでは，2014年改正では何が変わったか。「新規開発に関してはFIP制度が強制的に適用される」こと（だけ）である。タリフは，事実上，長期間固定で維持される。既に風力はほとんどの事業者がFIPに移行しており影響はないとしている。要するに，FITの基本線は変わっていないのだ。

なお，小規模事業者は，当面直接販売の適用除外となる。まず，500kW未満は従来通りFITが適用される。2016年からは100万kW未満となり，直接販売の適用が拡大される。

3 入札制度の試験的実施

(1) 2015年より実証事業開始

新たに提案されている「入札制度」は，前述のように2014年5月に策定されたEUガイドラインに配慮したものである。まずは実証事業を行い，その状況をみながら制度設計を検討することとされた。2015年より試験的に導入される。同年は，地上太陽光発電事業について，3回実証事業を行う。太陽光が選ばれたのは，計画から運転開始までのリードタイムが短く，許認

可取得が簡単であり，投資額も比較的少額だからだ。制度設計は連邦インフラ規制庁が検討し，募集を行う。

第1回入札は4月に行われる。募集額の上・下限，販売価格水準の上・下限が提示され，販売価格水準で競争が行われる。低い価格から順次その条件で決まる方式（いわゆるザラ場），募集量に係る限界事業の条件が全ての事業に適用される方式（いわゆるメリットオーダー）を含めて，試される。決定した価格は，長期間固定される。

この結果を参考に，特に問題がないと判断されれば，原則全ての再エネについて2017年末までに入札制度が導入される。なお，太陽光の入札システムが他の電源にそのまま適用されるとはみられていない。例えば風力は，リードタイムは5〜6年と長く，許認可関係も複雑である。

(2) 課題①──価格は下がるか

早くも判明してきた課題がある。入札決定から実際の事業化まで2年間の余裕をみており，その間入札価格が固定化される。技術開発が進みコストが下がっていく中で，決定された価格が維持されることになる。後述するように，ドイツは，太陽光は1カ月毎に，風力は4カ月毎に機動的にタリフを見直す制度が既に導入されており，効果を上げている。入札制度は価格低下を抑制する改悪制度ではないか，という批判である。風力等は，リードタイムがより長くなる。

もともと，ドイツ国内では，入札制度導入に対しては反対意見が多かった。コストがむしろ下がらないという批判が強くあった。トライアルアンドエラーの結果，FITが最も効率よくコスト低下を招き普及効果があった，という主張である。実際に，再エネ普及という点では世界的にみてもFITが最も効果を上げている。競争原理は，一見正しそうであるが，募集方法により左右され，行政手続き等に手間暇を要する。また，一般に地理的あるいは技術的な枠を設けることから，買い手市場に陥りやすい。そうなると投資誘因が働きにくくなり，規模の経済性が薄れる。

これと似たような例が，過去に日本でもみられた。FITの前の制度であったRPS（Renewables Portfolio Standard）制度である。同制度は，電力会社が販売

する電力量の一定割合を再エネ由来とする義務を課すものだが，1.35％という低い水準に設定された。売り手と買い手の交渉により価格が決まるが，募集する側である電力会社の圧倒的な買い手市場となった。販売価格は低水準を余儀なくされ，透明性に欠けた制度運用もあり，開発事業者は低収益にあえぐことになった。再エネは普及せず，コストも下がらず，結局FITに置き換わることになった。

(3) 課題②——地元住民の参加が困難に

また，手続きが複雑で時間がかかり財務力や事務処理能力に乏しい中小事業者は不利になる，とされる。入札に参加するデベロッパーは，事業実績（トラックレコード）や財政状態の情報を提出し，開発が遅延する場合に罰金等が求められる。価格低下への疑問に加えて，ドイツの再エネ普及を支えてきた地元市民やその組合は不利な立場におかれる，という批判も多い。「エネルギー民主主義の危機」である。市民・コミュニティーの活躍をどう担保するかが争点となる。

改正では，2017年以降は全ての新規事業への入札制導入を予定しているが，試験事業の検証次第では，導入されるかどうか不明である。いずれにしても，入札で決まった価格は長期間補償されることになる。

(4) 入札制度の実証結果

試験的な入札は，2015年度に500MW，2016年400MW，2017年300MWの規模で実施される。2015年度は3回実施される。

第1回は，4月に行われ157MWが落札された。応募数は170件のうち落札数は25件で，選に漏れたのは145件あった。落札した案件の契約価格は，それぞれの入札価格が適用される（ペイアズビット）。平均落札価格はkWh当たり8.93セント（当初発表は9.17セント）で，当時のFITタリフ9.07セントを下回るが，9月1日時点のタリフ8.91セントを上回る。建設時点となる2年後の2017年初めのタリフは8.5セントと予想される。入札はかえって高くつくという懸念を裏付けるものとなった。また，多数の落選案件の存在は，事業拡張の余地がまだあるものの活かされていない，との批判も強

まった。

　第2回の入札は，8月に行われた。入札総量558MWに対して160MWが落札された。件数では，136件の応募に対して落札数は33件である。今回は，落札中の最高値が全事業に適用されるとの条件の下で行われ，低価格で応募しやすい環境を整えたとしている。前回に引き続き，落札案件を大きく上回る案件が選に漏れる結果となったが，応募総数は170件から136件へと少なくなった。最高落札価格は8.49セントで，1回目の中間値8.93セントよりは，0.5％低い。9月1日時点のFITタリフの8.91セントは下回ったが，建設時点となる2017年の初めの8.5セント，最終運開時期である2017年8月の8.43セントは上回る。

　最高価格を全案件に適用したこと，それにもかかわらず応募総数は減ったこと，太陽光の年間普及目標量を大きく下回っていること等から，入札制度の真の目的は，コスト低下ではなく太陽光事業の開発量を直接制御できる仕組みを作りたかったのではないか，との憶測も生じている。

　なお，1，2回の入札とも地元住民や組合等コミュニティーの応募者の全てが，落札できなかった。多様な落札者の確保という点でも課題を残した。

(5) 競争下でも再エネは普及するが，担い手が変わる可能性

　このような市場原理導入に関しては，大きな変更のように見えるが，再エネはすでにコスト競争力がついてきており，普及自体が妨げられる可能性は小さいとする見方が多い。風力のほとんどは市場に売電されており，多くの風力事業者は，何とかやっていける（manageable）と判断している。太陽光のタリフも大規模事業で10セント/kWhを切っている。高いと言われた太陽光も，既にグリッドパリティー（小売り料金と同等かそれ以下の水準）に達しており，自家消費需要を取りこむことができる。主要電源としての地位を確立しつつあるのだ。政府は，将来の再エネ普及目標を変えていない。

　一方で，市場原理の導入に不安を示すものもある。代表的な見解は「市場原理を採用しても，再エネは普及せずにコストも下がらない」というものである。

　また，新規投資の担い手に関しては，様々な意見がある。ドイツの再エネ

の担い手は，2分の1は市民，農民，組合等の地域の主体である（資料2-6）。FITのコストが保証され，系統に確実に接続される環境が効いていた。市場変動リスクが出てくると規模の経済が働きやすくなり，量を集めうる主体に有利になるとの見方が多い。一方で，競争の結果，利幅が小さくなれば，一定の収益率を前提とする民間事業者は再エネに投資する魅力を感じなくなり，ある程度の収益があればよしとする地域事業者の出番が増えるとの見方もある。

　実証事業の入札結果を見ると，小規模事業者にもある程度配慮する方式がとられているにもかかわらず，地元を主とする小規模事業者の応募が減っている。

4　ブリージングキャップ制度の拡張

(1) 再エネ発電の合理的な普及水準を設定し，機動的にタリフを変更

　2014EEGの3番目の特徴は，ブリージングキャップ（Breathing-Cap）制度の拡張である。年間導入目標量を一定幅に設定し，導入実績をみながら買い取り価格の引き下げ幅をきめ細かく変更する。年間導入量とそれに対応する価格低減率をあらかじめ決めておく。この制度は，既に2013年度改正にて，太陽光発電について導入済みである。これを陸上風力まで拡張するものである。

(2) 太陽光——2012・2013年度に措置済み

　太陽光発電は，2009年から2011年までに毎年750万kW超という予想を遥かに上回る設置量があり，発電コストは大幅に下がった。しかし，これにタリフの低下がついていけず，再エネ賦課金高騰の主要因となった。賦課総額の4割は太陽光である。この反省にたち，2012年以降，累次にわたり太陽光に関する制度変更が行われ，2013年からは，設置量とタリフ変更をきめ細かく連動させるブリージングキャップ制度が導入された。

　年間普及目標量について，ある程度の幅を持って設定する。これに収まる場合の年間および月間の下げ率を決めておく。これを上回る場合は下げ率を大きく，下回る場合は下げ率を小さくとる。こうしたマトリックスをあらか

じめ決めておく。普及量と価格を関連付けて設定するとともに，機動的な変更と予見性を兼ね備えたシステムといえる（表2-4）。ターゲットとする増加量は，年間250万kW（240〜260万kW）であり，この水準だと毎月1.1％タリフが引き下げられる。なお，FITに係る総量を5200万kWとする規制が2012年に導入されていたが，これも引き継がれる。

(3) 陸上風力──機動的にタリフ変更されるが，普及も配慮

　これを陸上風力にも適用する。風力はリードタイムが長いので4か月毎の見直しとする。年間のターゲットを250万kW（240〜260万kW）とし，この範囲に入る場合は四半期毎にタリフを対前年比0.4％引き下げる。ターゲットを下回る設置量の場合は，タリフは引き上げを含めて調整される。タリフが変更される場合は，投資計画の妨げにならないように，少なくとも5か月前までに公表される。なお，陸上風力に関しては，FITの総量規制は導入されない。

　一方，低コスト電源である風力を過度に縛らないような配慮もある。更新投資（リパワー）が行われた場合の出力増加分は，ブリージングキャップの対象外となる。この点は，地方（州政府）が最もこだわったところであり，陸上風力に対する地方の期待の大きさがうかがわれる。同じ風力でも，大規

表2-4　太陽光FIT・ブリージングキャップ

年間普及量（GW）	月間タリフ低下率（％）	年間タリフ低下率（％）
7.5〜	2.8	29
6.5〜7.5	2.5	26
5.5〜6.5	2.2	23
4.5〜5.5	1.8	19
3.5〜4.5	1.4	15
2.5〜3.5	1.0	11.4
2.0〜2.5	0.75	9
1.5〜2.0	0.5	6
1.0〜1.5	0	0
〜1.0	-0.5	-6

（出所）"Last round for new solar FITs in Germany" 28.03.2012 by Craig Morris http://www.renewablesinternational.net/last-round-for-new-solar-fits-in-germany/150/510/33483/

模事業者が実施することになる洋上に比べて，陸上は地域が主体であり，コストが低いからである。大型化をはじめ風車技術が格段に進歩してきており，設備更新に伴い収益増大が見込まれている。初期に実施された投資は20年のFIT期間終了に近づいているが，風況のいい地点である場合が多く，リパワーへの期待は大きい。

　風況が特によくない場合でも，需要地に近い，インフラ投資を伴わない等のメリットが認められる事業は，有利なタリフが適用されているが，これは継続される。また，現状タリフは20年間一律の水準であるが，当初期間を高く，残りの期間を低くする「フロントヘビー」の仕組みを個々の発電機毎に適用する。これは，洋上発電に導入済みであり，全体の負担を増やすことなく，事業性を高める手段として好評であるが，これを陸上にも適用する。

(4) 優遇される洋上風力

　なお，洋上風力は，まだコストが高い段階であり，本制度の適用はなく，累計目標値だけを定めている。2020年に650万kW，2030年に1500万kWである。2020年の650万kWは，これまでの目標値1000万kWに比べると見劣りするが，先行事業の設備利用率が安定して40〜50％と陸上の2倍程度を記録しているため目標出力を引き下げたとの解説もある。洋上風力の設置量をコントロールする手段として，接続するケーブル容量の割り当てを行う。また，入札制度を利用することも検討されている。また，現在，洋上のFITは，当初の一定期間のタリフを高くする一方で期間を短縮する制度が導入されているが，好評だったこともあり継続される。

　このように，洋上風力はかなりの配慮を受けている。再エネが量的に普及するための鍵を握るという面もあるが，この巨大事業を遂行できる事業者は，大手の電力会社や重電メーカー等に限られ，エネルギー転換で苦しんでいる（とされる）これらの事業者に配慮したとの見方もある。

　バイオマス発電は，普及が進んで国内燃料が不足してきており，タリフも高い。これ以上コストが下がらないとの想定の下で，年間導入量100万kWを目標とし，4半期毎に低減幅を見直す「ブリージングキャップ的」な運用としている。

(5) FIT 総量規制は太陽光のみに適用

　前述のように，ブリージングキャップ制度はFIT適用総枠ではない。あくまで年間普及の目標帯である。総枠が設定されたのは太陽光だけで，水準は5200万kWである。人口が日本の6割程度であることを考えれば，大きい数値と言える。

　このように，主要再エネである太陽光と陸上風力の年間導入目標に幅を持たせたことから，再エネ普及目標全体に幅が生じることとなった。2025年の40～45％，2023年の55～60％である。これは，ターゲット・コリドー（Target Corridor）と称される。

5　賦課金適用ベースの拡大

(1) エネルギー多消費型産業の特権縮小

　FITの賦課金が適用される範囲を広げることで，賦課単価（kWh当たりの水準）を抑制する仕組みも実施される。まず，不公平な扱いであると問題視されていた適用除外措置を縮小する。エネルギーを多く消費する事業者は，国際競争力を維持するとの視点で，賦課金が免除されていた。

　産業用の電力需要の約2分の1は優遇されている。現行賦課水準6セントのうち1セントは免除分とされ，この免除分は一般消費者に上乗せされる。これは，EU当局より，他の加盟国の事業者に対して不公平な取り扱いであると指摘されていた。EUとドイツとの交渉は難航したが合意に至った。賦課金の15％までは適用する。適用除外を受けている2100社中のうち400社は除外が廃止される。残りの事業者も，賦課単価の15％相当を負担させる。具体的には，粗付加価値に占める電力コストが一定割以上ある事業者に対して，1GW時を超える電力量について通常の15％分を賦課する。

　一方で，賦課額に上限を設ける。他にも細かい交渉・調整があり，産業の免除総額は変わっていないと言われる。エネルギー多消費型産業の優遇措置を削るのは容易ではないことを改めて示している。

　問題は，国内事業者との間の不公平性である。免除分は，家庭や中小事業者等に上乗せされる。特に国内で競合する中小事業者は，大手ライバルの免除分をも負担する（クロス・タリフ）ことになる。弱者が強者を優遇させる

ような不公平な仕組みは，憲法違反の疑いもあるとして NGO 等は問題視している。後述の自家消費に係る賦課金の優遇措置とともに，今次改正案の中で問題となっている。

なお，kWh 当たりの再エネ賦課金の水準が真の再エネコストを示しているのかについては，多くの議論がある。例えば，定義上卸価格が下落するにつれて，コストは大きくなるが，卸価格は様々な要因で変動する。

(2) 自家発電力への適用

太陽光発電のコストが急低下する一方で，家庭用電気料金の水準が上昇した結果，太陽光タリフ 12 セントに対し料金は 28 セントと，完全にグリッドパリティーになっている（2014 年 1 月時点）。事業者も，高騰した電気料金を支払うよりも，コジェネや風力の自家発を設置・使用する方が有利になる。

こうした状況下，自家発電による自家消費が増えてきている。自家発電は再エネ賦課金の適用を受けず，この増加は一般消費者の kWh 当たりの賦課水準の上昇を招く（しわ寄せされる）ことになる。また，送配電線利用量の減少も招き，送配電会社の収入は減少し，インフラ投資に影響が生じるとの懸念も高まっていた。

そこで，賦課金ベースの拡大を図るべく，自家発電力分にも賦課金を課すこととした。水準は，賦課金の 30％でスタートするが，2016 年には 40％に引き上げる。なお，石炭，天然ガス，石油等を燃料とする自家発電に対しては 100％の適用となる。

10kW 未満の発電や発電事業者は非対象で，産業には経過措置がある。10kW 未満非対象に関しては，太陽光発電の自家消費は 2012 年より優遇措置が取られていたことへの配慮と考えられる。変動する電力の系統への逆潮流は，ネットワーク運営を難しくする面がある。また，需給状況に応じて行動を変える「スマートグリッド的な消費者の活動」を促すという側面もあった。

自家発電力への賦課は，再エネ以外の電源をも対象とするという意味で，再エネ賦課金の領域を超える。再エネ普及のための手段というよりも，イン

フラ維持という色彩が強くなる。Grid-Defense という言葉も使われる。これは，系統との売買差分にのみ料金が課される「ネットメータリング」の場合に特に顕著になるが，アメリカで問題が顕在化する州も出てきている。アメリカでは，多くの州がネットメータリングを導入している。

6　2014年改正の検証

(1) 知見に富む真剣議論の経緯

以上，2014年EEG改正のポイントを解説してきたが，市場原理導入に該当する「直接取引」や「ブリージングキャップ」は既に導入されている制度の拡張措置である。その多くは2012年の「太陽光発電関連見直し」で導入されている。再エネが普及するにつれて課題が顕在化してくるが，その対策を常に考慮し，議論し，毎年のように実のある改正を行う。こうした積み重ねの上に，ドイツの再エネ普及は現実のものになってきている。

また，「入札制」は，試験的事業を開始してはいるが，コストが下がらない等多くの問題点が指摘されており，本格導入に至るかは不透明である。

(2) FITは実質維持

以上のようにFIT制度はかなり見直されることになるが，タリフあるいは落札価格は長期間固定されることに変わりはない。長期間の販売価格保証という意味で，事実上FIT制度は変わっていないのである。これは，再エネの市場結合（マーケットインテグレート）とFITが必ずしも矛盾しないことを示している。背景には，投資誘因を無くしては元も子もないという判断がある。

ドイツは，途中段階の目標値に幅を持たせたが（ターゲット・コリドー），再エネ普及目標を全く変えていない（表2-1，図2-6）。再エネ普及目標については，発電量比率で2020年35％以上，2030年50％以上，2050年80％以上との目標を堅持している。2025年40～45％，2035年55～60％と，途中時点で太陽光と風力にターゲット・コリドーが設定されたことから幅が生じているが，基本線は変わらない。競争原理導入の影響を不安視する向きもあるが，再エネの競争力はついてきており，2020年の35％，2025年の45％は確

図2-6. 再エネ電力シェアの実績と将来目標（ドイツ）

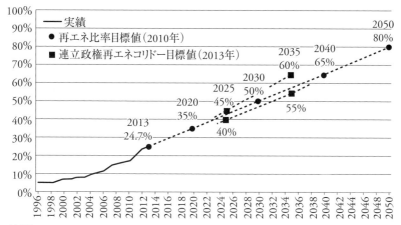

（出所）"Entwicklungen in der deutschen Stromund Gaswirtschaft 2013" BDEW 14/01/2013

実に達成できるトレンドにある。

結論は，FIT は事実上続いているということである。「市場との調和」を徐々に組み込んでいるが，「事業収益を安定化させて投資を誘引する」という FIT の主要な狙いは，本質的に変わっていない。

(3) 再エネ賦課金増大には歯止め

ドイツ経済大臣は，2014 改正により，再エネ賦課金の負担総額は 2020 年までは既存設備の積み上がりにより漸増するがそれ以降は安定するとしている。再エネ急増への歯止め（コリドー設定）とタリフの機動的な変更のルール化，不十分ではあるが賦課金適用除外の縮小，自家消費への賦課金適用等による。

長期的に考えると，20 年を経過した設備は FIT の対象から外れ，賦課金の計上はなくなる。新規の設備はコストが格段に低くなっており，既存電源のコストと遜色はなくなる。2000 年より導入しているので，数年のうちに期限の到来する事業が出てくる。

(4) 卸価格低下は続くが小売り料金低下を促すかは不明

　一方，電力卸価格の低下傾向は今後も続く。再エネ普及は，引き続き供給力増加効果を通じて卸市場下落圧力となる。再エネ増加量をより厳格に制御するにしても，再エネ全体の普及目標はいささかも後退していない。目標量に達しない場合は，速やかにタリフ引き上げとなるし，風力リパワー等のコリドー対象外事業がある。また，風力，太陽光の今後のコスト低下や原油価格上昇，炭素価格引き上げ等による火力発電コスト増加を勘案すると（欧州ではこの考え方は一般的），助成なしで自律的に普及することも遠い将来の話ではない。

　卸価格が下がるにつれて小売料金が下がる可能性については不透明である。インフラ整備コストが増加するなかで，小売市場の競争環境を整備する必要がある。独禁法規制当局の強化，強制的に競争を促進する措置，そして小売り事業者の変更率向上策等である。電力消費者は，一般的に保守的と言われているが，教育・宣伝等を通じて，購入先の変更を促すことも重要になる。それが電力料金低下を促して消費者の利益になるからだ。今回の改正には，こうした視点が見当たらない。

(5) 残る課題——不公平性と小売市場の競争環境

　再エネ推進派からは，「再エネコストの低下に合わせてタリフを下げていくのはまだ理解できる。しかし，再エネ普及の恩恵を受けている特定産業を引き続き適用除外で守るのは納得いかない」とする声が上がっている。憲法違反として司法に提訴する動きもある。

　また，小売料金上昇の真の原因を突き止めてそれを防止する手立てを講じようとしているようには見えない。料金高問題，コスト問題に真正面から立ち向かうには，避けて通れない課題である。今後，小売市場の競争を促す政策に焦点があっていくことになろう。

(6) EUの強い意向で競争を促す

　ドイツの「エネルギーシフト」政策は世界的に注目されており，その見直しの影響も大きい。電力市場や料金，エネルギー産業構造等のドイツをめぐ

る動向は，EU全体に共通している。また，政策変更の背景として「産業の競争力を失わずに，コストをかけずに再エネ普及を促す，そのために大人になりつつある再エネに競争原理を適用していく」とするEUの意向がある。ドイツの再エネ政策にEUの意向が強く反映されたのは初めてとの意見もある。お互いに利用した可能性がある。いずれにしても，ドイツの推進策は間違いなくEU全体に波及していく。

このように，ドイツは，市場原理を導入することで再エネコストをさらに引き下げようとしている。これは，発電に占める割合が3割に達し，電力市場に大きな影響を与える「成人」になってきたことが背景にある。

日本として留意しなければならないのは，EUでは再エネは既に「成人」になりつつあるということだ。普及の途についたばかりの「子供」で，再エネの内外価格差が大きい日本では，価格差の原因究明と解消を進めつつどう普及させるか，いかに早く追いつくか，に注力すべきである。

7　補論　EEG2016案の概要

「不断の見直しサイクル」は続いている。本節は，補論としてEEG2016案の概要を紹介する。

最大の改正点は，入札制（tender）の全面的な導入である。再エネ電力の売買価格水準を入札で決める。ペイアズビッド方式が採用され，落札価格は個々の応札水準となる。落札水準は20年間保証される。落札された事業は，一定期間内に稼働させる必要がある。太陽光の場合は2年間である。入札実施主体は連邦政府組織であるネット規制庁（BnetzA）である。入札回数は，年間3〜4回が予定される。

制度開始時期は2017年1月であり，全体キャップ（総枠）はターゲット・コリドーの上限値が採用される。当面は，2025年の45％となる。

対象技術は風力，太陽光，バイオマスであるが，750kW未満の中小規模事業は適用除外となる。個別にみると，太陽光は，入札量は年間60万kW。ルーフトップソーラー等小規模事業は適用除外となるが，直接消費20MWh以上の需要家は2.05セント/kWhの電力税，2セント/kWhのサーチャージが賦課される。

洋上風力は，2030年までに累計15GW開発するとの目標は不変で，入札は2021年以降適用される。年間の入札数量はその都度決定される。陸上風力は，入札量は年間280万kWで，リパワーが増えてくる2020年以降は290万kWとなる。バイオマスは，入札量は，2017～2019年は年間15万kW，2020年以降は20万kWである。

入札制度は，2014EEGにて試験的に導入された。太陽光で4次わたる実証を行った結果，コスト，参加状況等で問題なしと判断した。背景としては，再エネ普及のペースが急すぎるとの判断がある。再エネ比率は，2015年には33％（国内消費ベース）を記録し，2016年は35％程度になる。目標トレンドを大きく上回る水準であり，インフラ整備やコスト，周辺国の対応等が追い付かなくなる懸念があった。

留意しなければならないのは，再エネ普及目標値は不変であること，再エネは最大シェアになっていること，そして入札制度は販売価格を20年間保証するものであること，である。

参照文献
・「ドイツエネルギー変革の真実」山家公雄　2015年　エネルギーフォーラム
・「FIT継続で2030年再エネ50％を実現するドイツ」山家公雄　2015年5月12日　日経BPオンライン

イギリスの再生可能エネルギー政策 Chapter 3

長山浩章

3-1　英国における再生可能エネルギーの現状

英国においては水力資源は北部スコットランドに，CCGT（コンバインドサイクルガスタービン）は中南部に均等に分布している。

図 3-1　2014 年における英国の電力供給システム

注：100MW 以上の全ての発電プラントおよび再生可能エネルギーについては 30MW 以上の規模の発電プラント
出典：DECC（2015）"Digest of United Kingdom Energy Statistics 2015".

容量（MW）では，陸上風力発電が2014年末の時点では再生可能由来の電源の全容量の35％を占める。太陽光PVが22％，洋上風力発電が18％，水力が7％を占める。洋上風力発電は，2009年にOFTO（Offshore Transmission Owners：洋上送電事業者）制度が導入されて以来急速に伸びている。（図3-2）
バイオエネルギーが全容量の18.4％を占めるが，その主なものは植物由来の

図3-2　英国における再生可能エネルギー電源の設備容量

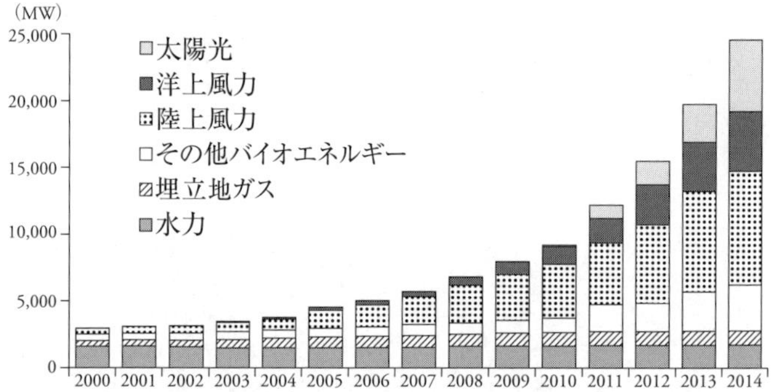

注1：全ての廃棄物発電プラントは含まれるバイオ由来であるなしに関わらず，同プラントで混焼された。
注2：水力は大規模及び中小，波力，潮力を含む（2014年8.7MW）
出典：DECC（2015）"Digest of United Kingdom Energy Statistics 2015",

図3-3　英国における再生可能エネルギー電源の発電量

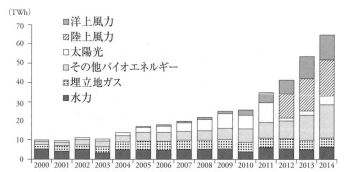

注：水力は波力，潮流を含む（2013年で0.002Thw）
出典：DECC（2015）"Digest of United Kingdom Energy Statistics 2015"

バイオマス (9.1%), 埋立地ガス (4.3%) である。

家庭における PV 設備の数は，2010 年の FIT 導入に伴い飛躍的に増加した。しかしながら，増加率は 2012 年 8 月以降，太陽光モジュールの価格低下に伴う FIT 価格低下とともに鈍化している。

図 3-4 は 2014 年 12 月末に稼働中の風力発電所の位置であるが，北部及び北アイルランドに集中して存在する。特にスコットランドでの風力発電所の

図 3-4　英国におけるウィンドファームの位置（2014 年 12 月 31 日）

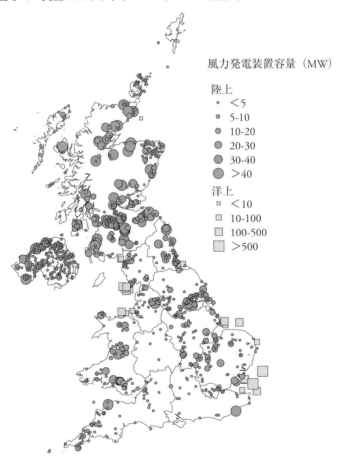

出典：DECC（2015），"Digest of United Kingdom Energy Statistics 2015"

増加は南北送電線の不足を顕著化するとともに，ナショナル・グリッドによる風力発電事業者への出力抑制費を拡大させている。陸上風力は適当な立地場所が減少してきていること，送電線建設の遅れ，環境問題からの地域住民の反対，また技術進展によるグリッド・パリティの達成により洋上風力開発へと産業の重点が移行している。

3-2　英国における電力セクター改革

1　英国における電源構成の現在と将来

　図 3-5 にあるように 1970 年代は石炭が，原子力は 1975～1988 年まで建設されたが，1995 年の Sizewell B 以降建設されていない。これに代わって 1990 年代にコンバインドサイクルガスタービン（CCGT：Combined-Cycle Gas Turbine），2000 年代に入り風力発電の運開が増加している。

　2016 年現在では，容量ベースでガスが約 30％，石炭が 30％，原子力が 10％であるが，既設原子力 16 基は，1995 年に運開した PWR1 基（Sizewell B）を除き，2020 年代前半に寿命がくる。また英国石炭生産者連盟の覚え書き[1]（2011 年 3 月）でも，28GW の石炭火力発電所の容量のうち，8GW を 2015 年末までに閉鎖し，残りの 20GW については 2023 年以降も運転する場合は，産業からの排出に関する指令（IED：Industrial Emissions Directive）の勧告に従い，特に NOx について，追加の除去のための投資を行うものとしている。このように石炭火力は環境規制により，今後，基幹電源の役割を果たせない[2]。こうした理由により再生可能エネルギーの大幅増，新規原子力発電の導入，既設炉の寿命延長を想定しているが，それでも，2020 年以降ピーク時に需給ギャップが生じることが想定されている。

---

1) 英国石炭連盟の覚え書き（memorandum submitted by the Confederation of UK Coal Producers） http://www.publications.parliament.uk/pa/cm201012/cmselect/cmenergy/1065/1065we04.htm（2016 年 12 月 10 日参照）

第3章　イギリスの再生可能エネルギー政策 | 103

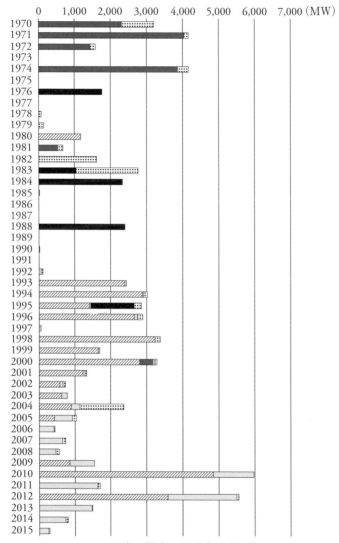

図3-5　英国における運転開始年別電源別発電所

注1：石炭（Coal）には石炭とバイオマス（Biomass）の混焼火力（Multi-fuel）を含む
注2：その他（other）には，揚水発電（Pumped storage），シンプルサイクルのガス火力（Gas），バイオマス（Biomass），石油火力（Oil），水力（Hydro）等を含む
注3：2015年5月末までの数値
出典：DECC（2015）"Digest of United Kingdom Energy Statistics"より筆者計算

英国ではエネルギー・気候変動省（DECC：Department of Energy & Climate Change）の Reference シナリオによる 2035 年にかけての電源構成の予測では 2035 年に再生可能エネルギーと原子力発電で発電量の 80％近くを占めることになる（図 3-6）。CO_2 排出量という視点からは望ましい電力構成であるが，ベース電源の原子力と間歇性のある再生可能エネルギーが大半を占めると負荷変動に追従する調整電源が不足することになる。

他方ナショナルグリッドは経済成長や費用分担，持続性から 4 つのエネルギー将来シナリオ（Consumer Power, Gone Green, No Progression, Slow Progression）をたてて（表 3-2），各シナリオにあわせて長期のシステム運用計画，予備力必要量などを算定している。

このうち，Gone Green シナリオでは政府の強い規制の下，高い環境目標がたてられ，政府の財政支援も大きい。図 3-7 にあるように原発も推進され，洋上風力と共に，CCS 電源も増加する。

また Gone Green では 2030 年以降は原発，風力の供給力が増加により国際連系線を使って英国から電力が輸出されることになる。（図 3-8）

現実的には Gone Green シナリオと Slow Progression の中間になるという意見があった[3]。

2）この他，既存および新規の火力発電所には環境面での規制が課されている。
現存の発電所のオペレータは，遅くても 2004 年 6 月 30 日に提出された Environment Agency に提出される宣言書に同意せねばならず，その宣言書は，20000 時間以上発電所は稼働させず，遅くとも 2015 年 12 月 31 日には閉鎖しなければならないというもので，2008 年 1 月 1 日から 2015 年 12 月 31 日まで有効である。(Environmental Permitting Guidance-The Large Combustion Plants Directive for Environmental Permitting (England and Wales) Regulation 2010 2010. March, Defra, P.13)
現存の火力発電所には，2008 年 1 月 1 日から以下 3 つのコンプライアンスの選択肢が与えられる。(DEFRA (2010) "Environmental Permitting Guidance-The Large Combustion Plants Directive for the Environmental Permitting (England and Wales) Regulation 2010, p.11")
・新規発電所に対する依存度をベースとした排出限度値のコンプライアンス
・排出量削減計画（NERP：National Emission Reduction Plan）のもとで，欧州連合域内排出量取引制度（EU-ETS）内で操業を行う
・排出限度値のコンプライアンスか排出量削減計画（NERP）から離脱する場合は，2008 年 1 月 1 日から 2015 年 12 月 31 日まで，操業を 20000 時間以内に制限する

図3-6 英国における電源構成予測

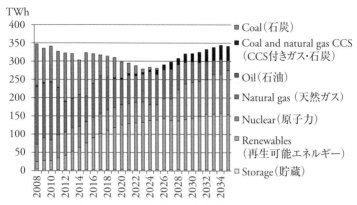

注：Reference シナリオ：中レベルの経済成長と化石燃料価格をベースにし，現在施行されている政策と今後計画されている政策を十分に考慮した電源構成
出典：DECC Updated Energy & Emissions Projections - September 2014 Annex G: Major power producers' generation by source

表3-1　2020年における再生可能エネルギーの容量予測[注1]

〈技術〉	2020
先端変換技術（with or without CHP）	c.0.2-0.3
嫌気性消化ガス（with or without CHP）（>5MW）	c.0.3-0.4
バイオマス変換利用技術	1.7-3.4
コジェネ専用バイオマス（with CHP）	c.0.3-0.6
廃棄物発電（with CHP）	c.0.4
地熱（with or without CHP）	<0.1
水力（>5MW）	c.1.7
埋め立て地ガス	c.0.9
洋上風力	8-15
陸上風力（>5MW）	11-13
下水消化ガス	c.0.2
大規模太陽光（>5MW）	2.4-4
潮流発電	c.0.1
波力	

注1：本表のもとは Annex D: Report from the System Operator National Grid（https://www.gov.uk/government/uploads/system/uploads/attachment_data/file/267614/Annex_D_-_National_Grid_EMR_Report.pdf）におけるいくつかのシナリオをもとに作成された表である。
注2：c. は circa（数字の前につけて「およそ〜」）の略。
出典：DECC（2015）Electricity Market Reform Delivery Plan

表 3-2　各シナリオの特徴

シナリオ	特徴
Gone Green	・環境ターゲットが財政的限界により制約を受けないシナリオ。新技術が導入，社会に受容され全ての低炭素再生可能エネルギー目標が期間通りに達成される。 ・適度な経済成長，高いレベルの社会繁栄の下で，消費者は新設備・新技術を購入し，産業・商業上の利用者は投資資本を有する。高いレベルの環境配慮が経済の全てのセクターで見られる。 ・ヨーロッパ内での調和と確かな政策により環境政策は欧州全てに拡大する。再生可能エネルギーや低炭素発電など新しい技術の割合が多い。 ・社会全体が Going Green 政策に積極的に携わる意識がある。
Slow Progression	・遅い経済成長が市場環境を制約するシナリオ。脱炭素社会達成のための長期低コスト策に資金が投じられる。 ・ヨーロッパ内での調和の下で低コストエネルギー政策が政治的焦点になる。 ・技術面では，中レベルの革新により再生可能エネルギーと低炭素技術の融合を目指す。
No Progression	・可能な限りコストを抑えながら，供給の安定性を達成するシナリオ。遅い経済発展の下で従来のガス・電気が市場を独占し新しいエネルギー使用法への革新の可能性は制限される。 ・一貫しない政府見解と環境エネルギー政策への関心の欠如が政治的な特徴。低炭素政策への支援は低い。 ・社会はコストに敏感で，将来より現在をより重視する。
Consumer Power	・比較的豊かな社会で，研究・開発，投資のスピードが速いシナリオ。技術革新においては，消費者のニーズやその生活の質の向上に焦点が置かれる。 ・環境ターゲットには比較的余裕をもって取り組める。政府は供給の安定や低炭素技術に焦点を置く。 ・政府の意識的な判断によるのではなく，消費者運動や消費者の生活の質向上という観点から Going Green の意識が芽生える。

出典：National Grid（2015）

注
シナリオ 1　「Gone Green」　社会の繁栄　高　環境配慮　高
シナリオ 2　「Slow Progression」社会の繁栄　低　環境配慮　高
シナリオ 3　「No Progression」社会の繁栄　低　環境配慮　低
シナリオ 4　「Consumer Power」社会の繁栄　高　環境配慮　低
"Future Energy Scenario July 2015" より作成

図 3-7　各シナリオによる 2050 年までの電力供給の推移

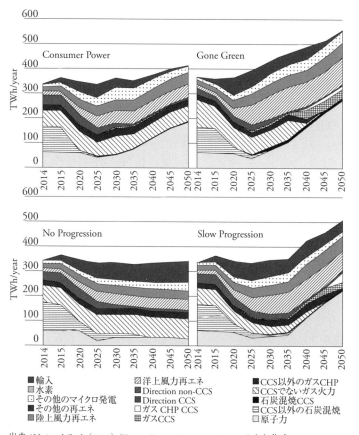

- ■ 輸入
- □ 水素
- □ その他のマイクロ発電
- ■ その他の再エネ
- ▨ 陸上風力再エネ
- ▨ 洋上風力再エネ
- ■ Direction non-CCS
- ■ Direction CCS
- □ ガス CHP CCS
- ⊞ ガス CCS
- ■ CCS以外のガスCHP
- ▨ CCSでないガス火力
- ■ 石炭混焼CCS
- ☰ CCS以外の石炭混焼
- □ 原子力

出典：National Grid（2015）"Future Energy Scenarios July 2015" より作成

図3-8 各シナリオにおける国際連系線による電力の純輸出(入)

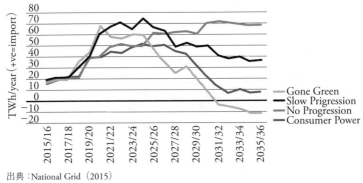

出典：National Grid（2015）

2 英国における電力セクター改革と再生可能エネルギー導入促進策のこれまでの流れ

表3-3は英国における電力会社のこれまでの変遷をまとめたものである。英国では1926年，中央電力庁（Central Electricity Authority）およびNational Gridが設立された。1947年には当時英国内にあった625の電力会社が12の地区配電局に統合され，電気事業，ガス事業が国有化された。1957年に中央電力庁が解体され国有発送電公社（CEGB：Central Electricity Generating Board）と地区配電局が設立された。英国イングランドとウェールズでは，1989年に電力法（Electricity Act）により，電力部門の自由化が始まった。強制プールが導入され小売自由化が開始された。1990年に民営化の流れの中で，国有発送電公社（CEGB）が発送電分離され，発電会社のナショナルパワー（National Power），パワージェン（PowerGen），ニュークリア・エレクトリック（Nuclear Electric）の3社に分割された。送電事業はナショナルグリッド社1社に所有権が分離された。配電・小売事業はそれまでの国有の配電局がそのまま地域電力会社（REC：Regional Electricity Company）として民営化された。スコットランドでは，1990年に南スコットランド電力庁（SSEB）と北スコッ

3）2016年9月市場関係者インタビュー

トランド水力電力庁（NSHEB）が発送配電を行うスコティシュパワー（SP）社とスコティッシュハイドロエレクトリック社（Scottish Hydro Electric），原子力発電を行うスコティッシュ・ニュークリア社（Scottish Nuclear）の3社に分割，民営化された。

1998年にガスも完全自由化され，1999年には小売の全面自由化がはじまった。

2000年に公益事業法（Utilities Act 2000）において，一事業者が配電ライセンスと小売供給ライセンスは同時には持てない，つまり，両部門の法的分離が定められた。そして，2001年3月に新電力取引調整制度（NETA：New Electricity Trading Arrangement）により，強制プールモデルから，相対取引モデルに移行した（その後，2005年にスコットランドも含まれた英国電力取引送電制度（BETTA：British Electricity Trading and Transmission Agreements）に移行した）。

大きな市場支配力を持つ企業の存在をなくすため，ナショナルパワー社とパワージェン社が持っていた石炭火力発電所をAES等のIPPs（Independent Power Producers）に売却させた。原子力発電も他の発電と同じように，小売供給事業者との相対契約，あるいはUKPX（UK Power Exchange）等民間電力取引所への参加によって電力を販売することになった。NETAへの移行によって，原子力発電所（ガス冷却炉／マグノックス炉）は他の同じベース電源との競争を余儀なくされ，ガス火力発電所間の価格競争により電力価格が下落したことからブリティッシュエナジー（BE）の経営破綻につながった。（その後2002年にBEには緊急財政支援がなされる。）

現在，英国の電力市場は系統運用者のナショナルグリッドが需給調整を行うバランシング・メカニズムと，電力取引所から構成される。英国では2000年頃に北海ガス生産がピークを迎え，新規ガス発電所の建設が停滞したことから，中小の小売事業者は電力を卸市場から調達できなくなり，外国資本を含む大規模な，垂直統合の発電・小売会社に集約された。2015年現在，発電の6割，小売供給の9割を六大事業者が占めており，そのうち4社が外国資本の傘下にある。六大事業者（Big 6）とはRWE Power（独），E.ON UK[4]（独），EDF Energy[5]（仏），Scottish Power（スペイン），残り2社はSSEおよびCentricaの6社（Big 6）である。

1989年から2000年までイングランド及びウェールズで「非化石燃料義務（NFFO：Non-Fossil Fuel Obligation）」が導入・活用された。このスキームは当初は再生可能エネルギー振興を目的としていたが，その後原子力発電を維持するための財政的仕組みとして導入されたと解釈されている（Mitedcell 1955; Connor 2003）。同様のメカニズムがスコットランドではSRO，北アイルランドでは（北アイルランド）NFFO（NI-NFFO：Northern Ireland NFFO）が導入された。

　非化石燃料義務（NFFO）は1989年電気法第32条「非化石燃料資源からの電力」で規定され，2000年まで実施された。NFFOでは原発事業者と再生可能エネルギー事業者に対して基本的にもっとも安い入札価格をつけた事業者から買取契約が結ばれ，一定の買取価格での支払いが保証される（Connor 2003）ものである。NFFOは，買収価格の低減効果があった。

　さらに1989年のElectricity Actで化石燃料課徴金（FFL：Fossil Fuel Levy）が導入された。この課徴金により全ての化石燃料経由で消費者に負担が転嫁された。これは1996年まで電力料金を10％上げたが，そのほとんどが原子力の補助金（廃炉費用＋バックエンド費用）としてあてられた（Connor 2003）。1996年に化石燃料課徴金（FFL）は廃止された。

　2002年4月に再生可能エネルギー義務制度（RO：Renewables Obligation）が発効した。これは全ての電力小売供給者に，毎年適切な再生可能エネルギー源から得た電気の比率を上げるか，罰金を払うかを義務付けるものである。この比率は合計販売額から計算される。

4）PowerGenがE.ONに至る変遷については以下のとおり。1995年9月，Hanson社がEastern社を買収　1996年7月，Eastern社（Hanson社の子会社）がPowerGenとNational Powerから発電所を購入（石炭火力発電所，内訳　PG：2GW, NP：4GW）。1997年2月，Hanson社がEastern社を手放す。1998年9月，TXUがEastern社を買収，社名をTXU Europeに変更。2002年7月，E.ONがPowerGenの買収を完了。2002年10月，PowerGen（E.ONの子会社として）TXUの英国の資産（英国における電気・ガス供給事業と発電資産）を買収。2002年11月，TXU Europe倒産。2004年6月，PowerGenが社名をE.ON EUに変更。

5）EDF社の配電部門は2010年10月にUK Power Networks Holdings Limitedに売却された。同グループは香港の長江実業家のインフラ企業のコンソーシアムにより所有されている。

表3-3 英国における電力セクター関連法案と政治的な動きおよび再生可能エネルギー気候変動関連政策

	電力セクター自由化関連法案と政治的な動き	再生可能エネルギー気候変動関連
1926	中央電力庁（Central Electricity Authority）および National Grid 設立	
1947	国内の625の電力会社が12の地区配電局に統合される。電気事業，ガス事業の国有化される。	
1957	中央電力庁が解体され国有発送電公社（CEGB）と地区配電局が設立される	
1989	Electricity Act（電気法）成立，電力部門の自由化始まる	NFFOが同電気法32条「非化石燃料義務からの電力」により規定され，2000年までにイングランド及びウェールズで実施された。
1990	1990年電気法（Electricity Act 1989）が施行され，CEGBを発電3社と送電1社に分割・民営化。強制プール制度が導入される。小売自由化が開始される。	
1998	ガスの完全自由競争化	
1999	電気市場の完全自由競争化（小売全面自由化）	
2001	（Utilities Act 2000）公益事業法成立	
2001	新規電力取引制度（NETA：The New Electricity Trading Arrangements）が開始され，イングランド・ウェールズ強制電力プールは廃止	
2002		NFFOに代わり，公益事業法により非化石燃料電力購入に替り再生可能エネルギー義務制度（RO：Renewable Obligation Order：グリーン証書）がEnglandおよびWalesで発効：全技術平等付与
2003		エネルギー白書「英国のエネルギーの将来：低炭素経済の創設：Our Energy Future-Creating a low Carbon 2006」を発行
2005	Energy Act 2004（2004年エネルギー法）施行 再生可能エネルギと原子力発電を促進する方針へ NETAがスコットランドまでカバーすることにより英国電力取引送電制度（BETTA：The British Electricity Trading and Transmission Arrangements）に名称変更	
2006		The Energy Challenge 2006
2008	Energy Act 2008（2008年エネルギー法）が施行	2008年気候変動法（Climate Change Act） 6月に UK Renewable Energy Strategy（英国再生可能エネルギー戦略）コンサルテーションが発表される DECC（Department of Energy and Climate Change）が10月成立
2009		「The UK Renewable Energy Strategy」を発表 4月からROは技術別に発行（Banding）
2010	5月戦後初めて保守党と自由民主党の連立政権ができる。これにより環境重視の政策にかじを切ることになる。	FIT導入
2011	7月に電力市場改革（EMR：Electricity Market Reform）に関する白書が出される。	DECCがRenewable Energy Road Mapを策定（2015年5月まで Update）
2012	英国政府が差金決済取引（CfD）による価格買い取り制度導入容量メカニズム導入を検討（2015年4月よりCfDの支払いが始まる）	10月にDECCは"Increasing the use of low-carbon technology"を政策として発表し，2020年までに英国のエネルギー需要の15％を再生可能エネルギー由来のものにするようコミットを行っている。
2013	12月18日，エネルギー法案の第一次法案（Energy Act 2013）が女王の裁可を経て法制化。（CfDの基盤となる電力市場改革法案（EMR）を含む）	
2014		5MW以上の再エネ電源にFIT-CfDが適用される
2015	5月の総選挙で保守党が単独政権になる。	政権変更を受けてエネルギー政策は現状中心からコスト中心へ転換
2016	英国のEU離脱が国民投票により決まる	DECCがBEISに改組

出典：各種資料より筆者作成

図3-9　英国の各電力会社の変遷

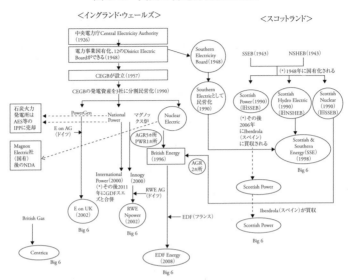

注：（　）内数字は設立年
出典：各種資料より筆者作成

　2005年に施行されたElectricity Act 2004は原子力を用いた活動の促進のために使われた。汚染された施設サイトの除染を準備するため、また再生可能エネルギーの使用を発展、促進させるための法案（Act）である。更に2008年英国気候変動法（Climate Change Act）により1990年ベースラインに対し、2050年までに少なくとも80％の温室効果ガスを削減する目標が課せられた。

　英国はEUの再生可能エネルギー利用促進指令（「National Renewable Energy Action Plan for the United Kingdom」（2009/2//EC））において、2020年までに全エネルギー消費に占める再生可能エネルギーの比率を15％にまで高めることが目標とされている。

　この目標達成のため、2008年6月に「英国再生可能エネルギー戦略」のコンサルテーションが公表された。RPS目標の引き上げの議論とともに、小規模発電施設向けの固定価格買取制度の導入が論点として挙がった。

　2009年7月15日に「The UK Renewable Energy Strategy」を発表し、具体的なアクションプランを提示した。

「2008年エネルギー法」が2008年11月成立した。これを受けて，2008年10月に新たに設置されたエネルギー・気候変動省（DECC）の国務大臣に対して，5MWを超えない[6] 小規模低炭素発電（small-scale low-carbon generation）を促進するための財政支援措置を導入する権限を付与することになった。これを受けて2010年より固定価格買取制度（FIT）が導入されることとなった。2009年4月施行の政令によって英国のRPS制度である再生可能エネルギー義務制度において，エネルギー源ごとの支援レベルの差異化（Banding）を導入することになった。

2010年5月戦後初めて保守党と自由民主党の連立政権ができる。これにより環境重視の政策にかじを切ることになる。

英国電力取引送電制度（BETTA）においては低炭素技術による電源が優先されているわけではないため，2011年7月電力市場改革法案EMR：Electricity Market Reform）が出された[7]。（電力市場改革案では，低炭素での発電，安定供給，価格の適正維持に係る政府の目標に取り組むことが目標とされている。）[8] 政府の電力市場改革法案（EMR）プログラムはイギリスの老朽化した電力インフラをより多様で低炭素のエネルギーミックスで代替するのに必要な投資を促進するためのパッケージを提供するものであり，現在から2020年まで，最高で1100億ポンドの資本投資を必要としている。EMRは差額清算型固定価格買取制度（FIT-CfD）と発電容量市場制度（Capacity Market）の二つの新たなメカニズムを提供することによってこの大きな投資を容易にするように計画されている。EMRは消費者にとって最小限のコストで政府の目標を達成するために，できるだけ早く低炭素技術の競争を可能にすべく意図された[9]。

2011年7月DECCは，Renewable Energy Roadmapを策定（その後2015年5

---

6) 対象とする発電施設の最大容量は政令によって定める（但し5,000kWを超えてはならない）

7) DECC (2011) "Planning our electric future: a White Paper for secure, affordable and low-carbon electricity"

8) DECC (2011) "Planning our electric future: a White Paper for secure, affordable and low-carbon electricity" https://www.gov.uk/government/publications/planning-our-electric-future-a-white-paper-for-secure-affordable-and-low-carbon-energy（2016年12月10日参照）

月まで Update) し，2020 年における主要 8 技術（陸上風力，洋上風力，バイオマス発電，海洋エネルギー，バイオマス熱利用ヒートポンプ，再生可能燃料，太陽熱）の導入見直しが示された。

2012 年 10 月にエネルギー気候変動省[10]（DECC：Department of Energy & Climate Change）は "Increasing the use of low-carbon technology" を政策として発表し，2020 年までに英国のエネルギー需要の 15％を再生可能エネルギー由来のものにするようコミットを行った[11]。

電力市場改革（Electricity Market Reform）の柱のひとつとして，CfD（Contract for Difference 差額精算制度）の枠組みの検討が再生可能エネルギー及び原子力向けに進展し，2013 年 10 月 21 日，ヒンクリーポイント C 原子力発電所に関して英国政府と EDF が Strike Price を含む CfD 契約（つまり，差額清算型固定価格買取制度（FIT-CfD））及び政府債務保証（Infrastructure Guarantee Scheme）に関する基本合意を公表した。なお，システムオペレーターである National Grid と EMR の市場設計デザインに関して発生することが予想される利益相反（Conflict of Interest）はコントロール可能であるとエネルギー・気候変動省と OFGEM は結論づけた。なかでも EMR に関するところ，特に容量市場を実行するスタッフは隔離（Ring-Fenced）することとされた[12]。

その後 2013 年に国会を通過した 2013 年エネルギー法（Energy Act 2013）の中では以下の 4 つの施策が打ち出された。

1) 炭素価格の下限値（CPF：Carbon Price Floor）の改定

低炭素電源をコスト的に優位にするために，2013 年 4 月 1 日から炭素価格の下限値（CPF）を導入した。英国の CPF は欧州連合域内の排出量取引制度（EU-ETS：European Union Emission Trading Scheme）に英国独自の炭素価

---

9) "Investing in Renewable Technologies（2013 DECC）" より翻訳抜粋
10) 2016 年の英国国民投票に EU 離脱がきっかけで，2016 年 7 月 13 日に誕生したメイ新政権により DECC は BIS（ビジネス・イノベーション・技術省）と合併し，BEIS（ビジネス・エネルギー・産業戦略省）となった）
11) https://www.gov.uk/government/policies/increasing-the-use-of-low-carbon-technologies（2018 年 12 月 10 日参照）
12) DECC（2013, June）

格支援値(CPS：Carbon Price Support)を加えたものになっている。

2013-2030年の長期期間でCPFは19ドル(正味現在価値)の便益と英国の産業競争力を損わせない水準ということで、30£/tCO$_2$とされた。

2020年におけるCPFの30£/tCO$_2$は2030年には70£/tCO$_2$に上昇するが、これは300億〜400億ポンドの低炭素発電への投資をもたらすことになり、これにより7.5〜9.3GWの容量が増えるとしている[13]。

英国の産業の競争力強化や家庭用電力価格を下げること、同時に低炭素電源への投資を増やすため2014年3月19日に発表されたBudget 2014により、CPF rateの変更が発表され1tのCO$_2$に対する炭素価格支援値(CPS) rate[14]は2016-2017年から2019-2020年まで最大で18ポンドまでとされる予定である。[15] この背景には、欧州連合域内排出量取引制度(EU-ETS)の価格水準が低いことがあげられる。

2) 差額清算型固定価格買取制度(FIT-CfD)の導入
3) 石炭発電への炭素回収貯留技術(CCS：Carbon Capture & Storage)の実質的義務付け
4) 容量市場(Capacity Market)の創立

2013年12月18日、CfDの基盤となる電力市場改革法案(EMR)を含むエネルギー法案の第一次法案(Energy Act 2013)が女王の裁可を経て法制化された。

2015年5月の総選挙で保守党が単独政権を握ったことで、エネルギー政策はこれまでの環境性より経済性重視へ転換されることになり、政府は陸上風力や太陽光発電への補助終了の前倒しなどの再生可能エネルギー支援策の変更がなされた。

---

13) HM Revenue & Customs (2011 March), p.5
14) CPS (Carbon Price Support) = (炭素価格目標値－市場価格) X 排出係数 対象とする発電事業者はCPSを(英国)国内政策気候変動税(CCL：Climate Change Levy)の一部として払わなければならない。
15) HM Revenue & Customs "Carbon price floor: reform and other technical amendments, p.1, 19 March 2014

同時に風力・太陽光の急速な普及などにより政府の補助金のコストが上昇し，LCF（後述する低炭素電源向け支援予算）を超過する恐れがある。

しかしながら，英国政府は，CCS はエネルギー依存の産業の長期的な競争力や脱炭素化，そして国の経済に必要不可欠な北海産業の存続を確保するうえで重要な役割を担うと理解している。しかしながら現在 CCS には費用がかかりコストを下げる必要があるとも認識している[16]。

このため英国政府は赤字削減策の一環として，政府支出を優先させ 2015年 11 月に 2 つの CCS プロジェクトの支援中止を発表した。

3-3　英国における再生可能エネルギーへの投資促進策

1　電源別投資促進策

英国において電源を新規に建設する事業者は相対取引以外は電源ごとに表3-4 のような制度適用を考えることになる。長期 STOR 契約（英国における Reserve Service の一種）を持つ電源は容量市場オークションに参加できない。しかし実情は長期 STOR 契約よりも容量市場オークションによる収入が大きいため，STOR 契約を保有している電源は，ほとんどの電源が STOR の長期契約はせず容量市場オークションへ参加することを選択しており，これが容量市場参加への制約になることはない。

なお，Frequency Response（周波数調整）等のアンシラリーサービス契約は容量市場における契約に優先する。容量市場のストレスイベントでは全体の容量を確保する必要もあるものの，ブラックアウトを避けるために瞬間瞬間の周波数を保つことの方が優先されるからである。

---

[16] House of Commons Energy and Climate Change Committee（2016）
The future of carbon capture and storage in the UK: Government Response to the Committee's Second Report of Session 2015-16

表 3-4　英国における電源別制度適用

	CfD-FIT	RO (Renewable Obligation Cetificate)	容量市場 (Capacity Market)	需給調整市場 (Balancing Market)	卸市場 (Wholesale Market)
新設原子力発電	○				○
既存原子力発電			○		○
新設CCGT（ガス）			○		○
既存石炭発電			○		○
再生可能エネルギー（50kW以上）	○	○（2017年4月以降の新規適用を認めず）	×	×	○
DSR（デマンドレスポンス）			○		

出典：筆者作成

2　再生可能エネルギーへの投資促進策

現在の英国の再生可能エネルギー発電に対する支援策は，主に以下の3つである。

① 固定価格買い取り制度（FIT：Feed in Tariff）：再エネ事業者は固定価格で小売供給会社事業者に売却
② 差額精算方式の固定価格買い取り制度（FIT-CfD）：再エネ事業者は，電力販売収入と，プレミアム（入札を決められたStrike priceと参照価格：Reference priceとの差分）を受け取る
③ 再生可能エネルギー義務制度（RO：Renewable Obligation）：RPS（Renewable Portfolio Standard）制度であり，再エネ事業省は卸市場もしくは相対でグリーン証書（英国ではROC（再生可能電力購入義務証書））を取引する。証書の取得は，小売事業者に義務付けられる。

3つの支援策の仕組みは図3-10にある通りである。

設備容量や時期によって適用可能な制度が異なるが基本的には表3-5の通りに規模別に適用がなされる。

図3-10 再生可能エネルギー発電への支援制度の概要

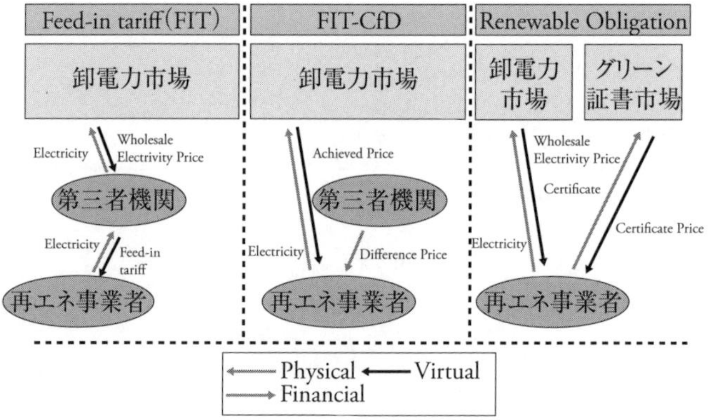

注：Difference Price：Strike Price（事業者の英国政府と合意した価格）と Reference Price（市場価格）の差
　　Achieved Price：実際に発電事業者に取引成立した取引成立価格
出所：Fabio Genoese（2014）"The role of support schemes for renewables in creating a meshed offshore grid" を一部修正

表3-5　英国の再生可能エネルギー発電への支援制度の概要

	2015年度	2016年度	2017年度
50kW以下	FIT	FIT	FIT
50kW超～5MW以下	FITまたはRO	FITまたはRO	FIT
5MW超	ROまたはFIT-CfD	ROまたはFIT-CfD	FIT-CfD

出典：JETROロンドン事務所，2015年9月「英国の電力市場について」

3　ROC（再生可能電力購入義務証書制度：Renewable Obligation Certificate：ROC）

(1) ROCの仕組み

　Renewables Obligation Orders under the Utilities Act 2000 は2002年に議会承認を得た。ROC義務は50kW以上の再生可能エネルギーによる発電を増加するインセンティブを高め，気候変動目標に貢献することを目的とするものである。ROにおいて最適なエネルギー源は，風力，潮力，埋立地（Landfill）ガス，下水ガス，地熱，水力，光電池，廃棄物からのエネルギー，バイオマス，エネルギー作物そして嫌気性処理によるものである。
　ROCは公認の再生可能エネルギー発電所を持つ事業者が適切な再生可能

エネルギーを発電した場合に与えられる証明書である。これは電気のうちある一定部分が再生可能エネルギー由来のものだという証拠になる。[17]

ROの実施を監督するOfgemは，再生可能電力購入義務証書（Renewables Obligation Certificates（ROCs））を，再生可能エネルギー発電者に対して与える。発電事業者には，発電量・技術に応じた枚数の証書（ROC）が発行される。一方，電力小売供給事業者は売電電力量の一定割合に対してROCを購入できることが義務づけられており，発電事業者からROCを購入する。

これらの証書は発電者から直接認可のある電気供給者や取引者に販売することができる。電気供給者は，得たROCをOfgemに提示することで，自らが義務に従っているということを示す[18]。小売業者が報告期間（1年）の間に義務を果たしたことを示す十分なROCを示せなかった場合には，ペナルティとしてバイアウト資金に，（不足分と）同等のお金（バイアウト価格）を支払わなければならない。

スキーム維持にかかる運営費用はこの資金から調達され，残った資金は小売業者に，個々の義務を果たすことで得たROCの数の比率に応じて，再配分される[19]。小売業者はこのような資金の再配分を考慮に入れてROCを買うかバイアウト基金に貢献するか決定する。全体の制度スキームは図3-11の通りである。

スコットランドにおいてはイングランド・ウェールズに適用されるThe Renewables Obligationと類似のRenewables（Scotland）Obligationが2002年4月に発効した。北アイルランド[20]は同様のスキームを2005年4月に導入した[21]。

小売供給業者に対するROの義務量（販売に占めるシェア）は2002年度の3%から2010年度10%，2015年度15.4%と年々引き上げられてきた。

表3-6は2013-2017年におけるイングランド・ウェールズにおけるROC

---

17) Gabrielle Garton Grimwood and Dr Elena Ares（2016）"Energy: The Renewables Obligation" p.3, 6より

18) Digest United Kingdom Energy Statistics 2015

19) https://www.ofgem.gov.uk/environmental-programmes/ro/about-ro

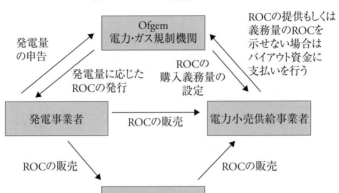

図3-11　ROC制度のスキーム

注：ROCは調達義務量
　　バイアウト価格は政府が決める1枚あたりのペナルティ
出典：UK Trade & Investment（2014）"UK Offshore Wind: Opportunities for trade and investment" を参考に作成

価格である。政府が支援を行いたい技術には高いROC価格がつけられている。

(2) ROCへの差異化（バンディング：Banding）の導入

初めてこの義務が導入された時点では，再生可能エネルギーによる発電1MWhあたり1枚のROCが与えられていた。2009年には，ROに差異化（バンディング：banding）が導入され，様々な技術がそれぞれコストや大規模展開の可能性に応じて異なる数のROCを与えられるようになった。

具体的には，以下のような支援レベルの差異化が実施された。
・技術開発途上にある洋上風力，波力，潮力発電への支援の引き上げ
・既に十分な支援を受けている埋立地ガス，バイオマス（化石燃料との混焼）

---

20) 厳密にいえば，2005年までROはイングランド・ウェールズ・スコットランドのみでしか適用されていないが，統計においては北アイルランドの再生可能エネルギーについてもROの適用下にあるかのように扱われている。

21) Digotot United Kingdom Energy Statistics 2015 より抜粋

表3-6 2013-2017年におけるイングランド・ウェールズにおけるROC価格

バンド	13/14 support (ROC/MWh)	14/15 support (ROC/MWh)	15/16 support (ROC/MWh)	16/17 support (ROC/MWh)
先端ガス化／熱分解	2	2	1.9	1.8
嫌気性消化ガス	2	2	1.9	1.8
バイオマス混焼（低レンジ）	0.3	0.3	0.5	0.5
バイオマス混焼（中レンジ）*	0.6	0.6	0.6	0.6
バイオマス混焼（高レンジ）*	0.7	0.9	0.9	0.9
バイオマス混焼（低レンジ）CHP付き*	0.8	0.8	1**	1**
バイオマス混焼（中レンジ）CHP付き*	1.1	1.1	1.1**	1.1**
バイオマス混焼（高レンジ）CHP付き*	1.2	1.4	1.4**	1.4**
バイオマス混焼液化されたバイオマス	0.3	0.3	0.5	0.5
バイオマス混焼液化されたバイオマスCHP付き	0.8	0.8	1**	1**
バイオマス混焼エネルギー作物の（低レンジ）	0.8	0.8	1	1
バイオマス混焼エネルギー作物とCHP（低レンジ）	1.3	1.3	1.5	1.5
バイオマス変換（station or unit）	1	1	1	1
バイオマス変換（station or unit）とCHP	1.5	1.5	1.5	1.5
バイオマス専焼	1.5	1.5	1.5	1.4
CHP付きバイオマス専焼	2	2	1.9	1.8
エネルギー作物専焼	2	2	1.9	1.8
廃棄物発電CHP付き	1	1	1	1
地熱	2	2	1.9	1.8
地圧	1	1	1	1
水力	0.7	0.7	0.7	0.7
埋立地ガス	0.2	0.2	0.2	0.2
埋立地ガス（熱回収）	0.1	0.1	0.1	0.1
マイクロ発電	2	2	1.9	1.8
陸上風力	0.9	0.9	0.9	0.9
洋上風力	2	2	1.9	1.8
下水消化ガス	0.5	0.5	0.5	0.5
ビル据え付型太陽光	1.7	1.6	1.5	1.4
地面設置太陽光	1.6	1.4	1.3	1.2
標準ガス化／熱分解	2	2	1.9	1.8
防潮堰	2	2	1.9	1.8
人工ラグーンの潮力発電	2	2	1.9	1.8
潮流発電***	5	5	5	5
波力***	5	5	5	5

* solid and gaseous biomass and energy crops を含む
** これら支援はRHI（再生可能熱への支援）が利用可能でない場合にのみ，適用される
*** それぞれの発電所に対して30MWを上限としてそれを超える分に対して2ROCが与えられる．

などのエネルギー源への支援の引き下げ

こうした支援レベルの差異化が行われたのは，原則としてバンディングの実施が公表された 2006 年 7 月 11 日以降に認定を受けた設備である。ただし，設備容量 50kW 以下の小規模発電設備や，バイオマス混焼設備等については，それぞれバンディングの適用の可否に条件が付されている。

この例として，洋上風力は 1MWh あたり 2ROC 与えられるのに対し，陸上風力では 1MWh あたり 0.9ROC しか与えられない。

(3) ROC の制度変更

RO 制度下では卸価格市場もグリーン証書市場も市場の需給バランスにより変動することから事業者にとっては事業リスクを見直しにくかった。こうしたことから RO はフェーズアウトされている。既存の発電施設については 2037 年まで支援を受け続けることができるが 2017 年 3 月 31 日以降の新しい発電所については適用されない。[22]

その他，以下のように前倒しで RO の適用が外されている。

1) 英国全土で 2016 年 4 月 1 日以降設置の新しい風力発電所に対する RO を廃止する立法によって，陸上風力発電に対する新しい公的な補助金を終了させた。終了時期は 1 年前倒し (2017 年 4 月 → 2016 年 4 月) された。但し 5.2GW までの陸上風力発電については猶予期間が適用される可能性がある。この猶予期間とは政府が，すでに建築許可や高圧配電網設置についての申し込みと受諾，土地の所有権についての証拠を持っているプロジェクトについては認めるものである。[23]

2) 英国全土での新規の 5MW かそれ以下の太陽光発電プロジェクトに対する RO を予定より早く廃止する。これは 2016 年 1 月から，新しい発電所と，現在ある総容量 5MW までの発電所に付け加えられる設備について適用される。[24]

---

[22] CEER (2015) "Status Review of Renewable and Energy Efficiency Support Schemes in Europe in 2012 and 2013", p.23

[23] https://www.gov.uk/government/news/changes-to-onshore-wind-subsidies-protect-investment-and-get-the-best-deal-for-bill-payers (2016 年 12 月 10 日参照)

3）2015 年 8 月 1 日以降に設置される新しい再生可能エネルギーに対しては，これまでの国内気候変動課課金（CCL：Climate change Levy）についての再生可能エネルギー事業者への免除がもはや適用されていない。[25]

4　FIT

固定価格買い取り制度（FIT）[26] は，2010 年から適用され 5MW 以下の発電容量の小規模設備を対象にした固定価格買い取り制度でバイオマス，バイオ燃料，燃料電池，太陽光（PV），水力（波力・潮力含む），風力，太陽エネルギー，地熱，発電容量 50kW 以下の CHP，嫌気性処理（AD：Anaerobic Digestion），に関して，発電量に応じて代金が支払われる。施設内で使われず電力網に出された（export）発電分に関しては売電金額が保障され支払われる。表 3-7 にあるように，FIT 価格は発電技術タイプ，規模別に定められている。

FIT 導入後の初めの 5 年間（2010 年 4 月から 2015 年 3 月）で，68 万以上の設備，合計して 3.5GW の設備容量が同スキームのもとに登録された。これは当初の予想（2020 年までに 75 万設備）をはるかに超え，当初の予算計画を上回るものとなった[27]。

FIT は発電を専門としていない事業者を対象にした制度で，リターン率は彼ら事業者にとって望ましいものでなければならない[28]。従い全ての事業者に平等に 4〜9％程度のリターンが保証されるような料金設定がなされる。コンサルテーション料金は，2015 年 8 月に開始されたコンサルテーション

24）DECC（2015）"Consultation on changes to financial support for solar PV", p.7
https://www.gov.uk/government/uploads/system/uploads/attachment_data/file/447321/Solar_PV_within_the_RO_consultation.pdf（2016 年 12 月 10 日参照）

25）https://www.gov.uk/government/publications/climate-change-levy-removal-of-exemption-for-electricity-from-renewable-sources/climate-change-levy-removal-of-exemption-for-electricity-from-renewable-sources（2016 年 12 月 10 日参照）

26）固定価格買い取り制度（FiTs）の政策情報及び統計調査に関しては以下のアドレスから確認できる。
www.gov.uk/government/organisations/department-of-energyclimate-change/series/feed-in-tariff-statistics

27）Digest United Kingdom Energy Statistics 2015

表3-7　FITの New Generation Tariffs

料金（ペンス/kWh）		設備容量	コンサルテーション料金	新規適用料金（2016　1月より）
太陽光		<10kW	1.63	4.39
		10 - 50kW	3.69	4.59
		50 - 250kW	2.64	2.70
		250-1000kW	2.28	2.27
		> 1000kW	1.03	0.87
		Stand alone	1.03	0.87
風力		<50kW	8.61	8.54
		50-100kW	4.52	8.54
		100–1500kW	4.52	5.46
		>1500kW	0.00	0.86
水力		<100kW	10.66	8.54
		100-500 kW	9.78	6.14
		500-2000kW	6.56	6.14
		>2000kW	2.18	4.43

出典：DECC（2015）"Review of the Feed-in Tariffs Scheme"

で話し合われたもので，既存データ（コスト，負荷率）をもとにDECCが計算したものである。これをもとに事業者との話し合いにより新規適用料金が2015年12月に改訂された。太陽光については4％から4.8％，風力は5％から5.9％，水力9％から9.2％にリターンが引き上げられた[29]。

これらの料金を決定するにあたり政府は提供されるインセンティブについて，EUの国家補助の承認制限内に収めつつも，設置にかかるコストを反映したものになるよう変更した[30]。

DECC（2015）[31] によれば，コンサルテーションでは新しい逓減メカニズムが提案された。そこでは料金が各四半期ごとに自動的に削減され，2019年1月までに一部の設備については完全に終了し，スキームに対する新しい申請に対して発電料金（generation tariff）は支払われなくなる（Export tariffは残

---

28) DECC（2015）"Review of the Feed-in Tariffs Scheme", p.25

29) DECC（2015）"Review of the Feed-in Tariffs Scheme", p.25

30) DECC（2015）"Review of the Feed-in Tariffs Scheme", p.11

31) DECC（2015）"Consultation on a review of the Feed-in Tariffs scheme"

図3-12 英国における住宅用太陽光のFIT買取価格の推移

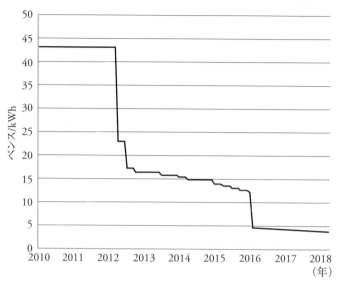

注：2010年4月〜2015年12月は4kW以下，2016年1月以降は10kW以下。
出典：OFGEM, House of Commons Library等から作成

る）。小規模太陽光PVに関しては，2015年に大幅に支援が削減された（図3-12）。風力，水力，嫌気性消火ガスといったPV以外の料金については，1年ごとに減らしていく（もし最初の半年間における設置が期待より多ければ，6か月後の状況次第で減らされていく）。

5　徴収調整フレームワーク（LCF：Levy Control Framework）

英国においてはDECCと財務省は2011年に徴収調整フレームワーク（LCF：Levy Control Framework）により，電気料金に転嫁される原子力，再生可能エネルギーを含む低炭素電源への支援（FIT-CfD）の上限枠を定めた。この上限設定には事業者を，FIT-CfDで安定したキャッシュフローを確保しつつも，LCFのもとで限られた予算をめぐって再生可能エネルギー事業者，原発事業者をより低いストライクプライス（SP）で競争させる目論見がある。2013/14年度のリミットが31.8億ポンドで2020/21年まで76億ポンドまで増加する。

表 3-8　再生可能エネルギー向け LCF の推移（既存の発電能力に対する割り当ての決まった予算と新規再エネプロジェクトへの予定予算）

(百万ポンド)

100 万ポンド 11/12 価格	2015/16	2016/17	2017/18	2018/19	2019/20	2020/21
LCF 上限	4,300	4,900	5,600	6,450	7,000	7,600
執行済み予算見積り						
FIT スキーム	760	760	760	760	760	760
RO	2,895	2,795	2,795	2,795	2,795	2,795
新設への予想支出						
FIT スキーム	40	125	200	260	315	365
RO	460	790	985	1,160	1,160	1,160
Early CfDs（FIDeR ICs）	30	280	355	780	1,040	1,155
LCCC 運営コスト	10	15	15	15	15	15
新設への LCF 上限と大規模低炭素電源に対して潜在的に残された予算	105	135	490	680	915	1,350
内 CFD 予算の計上額	50	270	350	350	350	350

注1：実績については，2013～20 年度は予想値
注2：CfD 予算が現在までに発表した額
注3：Early CfDs（FiDsRICs）は大規模再エネプロジェクトへの投資契約
注4：二者協定を通じて付与される CfD についての予算も含まれていない
注5：LCCC（Low Carbon Contracts Company）は DECC 所有の FIT-CfD 契約の管理を行う事業体
出典：DECC（2014）"Annual Energy Statement 2014"

　新設原子力発電所が稼働予定の 2021 年以降も，上限枠は拡大される必要がある。
　この Ley Control Framework に関する費用を消費者の電気料金に上乗せすることを想定している。2015/2016 年から 2020/2021 年の各年の電力向けの Levy（徴収）の最大許容額は 2013 年 7 月時点では決まっていない。
　表 3-8 は RO，FIT スキーム，大規模再エネの最終投資費契約初期の CfD の下での新設の再生可能エネルギー発電所のために支出される資金額について示している。同表では，他のスキーム（FIT と RO）の下での計画案について必要な資金が LCF の上限額から差し引かれた後に，将来の再生可能エネルギーや二酸化炭素の回収保留について支出可能な LCF 基金がどの程度残っているかを示している。
　現在 LCF から除外されているのは容量市場，Warm House Discount, ECO

(Energy Companies Obligation)である。これらについては消費者の勘定に基づく税金により賄われているにも関わらず2016年9月現在除外されている[32]。容量市場がLCFに入るかは決まっていない。(2016年9月時点)

尚，最新のOffice of budget responsibilityの数値では容量市場で2020〜2021年に11億ポンドの支出が見込まれている[33]。

6　インバランス政策の変更の再生可能エネルギーに与える意味

英国は再生可能エネルギーでも100MWを超える場合は，計画値同時同量を達成しなければいけない。

英国の容量市場(Capacity Market)はOFGEMから2014年5月に最終決定がだされたCash out Reform(インバランス価格の制度見直し)と一体となってすすめられている。Cash out Reformでは，インバランス価格においてこれまでの二重価格(Dual Price)から系統利用者のインバランスが不足のポジションでも余剰のポジションでも同じ単一料金(シングルプライス)を用いる方式に変更された。これまでは系統システム全体が電力余剰か電力不足化かの状況と事業者のポジションによりインバランス清算方法が異っていた。このため系統を良くさせる貢献を行っても市場価格で決済されていたが，今後は需給調整の価格シグナルを出すためにポジションに係わりなくより先鋭的な限界価格が適用されることになった。具体的にはインバランス価格の計算のもととなる需給調整市場でのPAR(Price Average Reference)を約定価格のそれぞれ高い方，低い方から500MWhの加重平均値をとっていたが2015年11月から50MWhに変更するもので，より変動が大きくvolatileになる。さらに2018年11月からは1MWhになる。

大規模再エネ事業者は計画より，生産余剰になることが多いため，有利な見直しであるといえる。

---

32) http://www.publications.parliament.uk/pa/cm201516/cmselect/cmenergy/542/54207.htm
　(LCFに関する英国議会のHP)(2016年12月10日参照)

33) http://www.publications.parliament.uk/pa/cm201516/cmselect/cmenergy/542/54207.htm (2016年12月10日参照)

7 大規模再エネプロジェクトへの投資契約（FIDer：Final Investment Decision Enabling for Renewables）

　後述の FIT-CfD が本格的に実施されるまでの間，FIDeR（英国の再生可能エネルギー支援方策）の下で8つの大規模再エネプロジェクトの直接契約が政府と結ばれた（表3-9）。8つのプロジェクトは欧州委員会（EU）の国家補助（State Aid）の審査にかけられる必要があるが2016年9月現在 Drax 社のバイオマスプロジェクト以外は既に EU の承認を受けている。

　同プロジェクトは Drax 社の6つある発電所群のうちのひとつを完全にバイオマスに転換するプロジェクトで2027年まで稼働し，3.6TWh の電力が毎年供給される見込みである。240万トンの木材ペレットを毎年必要とし，これはほとんど米国と南米から輸入される。

　同プロジェクトは欧州委員会からは価格や原材料などの面で過当競争，不正競争を招く恐れがあると懸念されている[34]。

　EU における国家補助ルールは国が特定のプロジェクトへの支援に際してその特定の事業者が不公正に有利な地位を得ることの無いように審査を行う。Drax 社のプロジェクトに対しては投入される公的資金が必要な範囲内に収まっているか，過当競争を招くものにならないか確認しようとしている。また，同プロジェクトが EU のエネルギー，環境目標の達成という面からみたプロジェクトのメリットが，バイオマス市場の競争を潜在的にゆがめることに繋がりかねないというデメリットを凌駕しているのかどうかについても検討をしている。

　同プロジェクトの経済的パフォーマンスの評価があまりにも保守的だと考えられ，委員会は実際のリターン率が（事前）評価よりも高くなる可能性があり，過当競争を招く恐れがあると考えている。

　さらに，必要となる木材ペレットの量は，同国の市場の大きさを考えればあまりにも多く，Drax 社のプロジェクトによる需要増加でバイオマス市場の競争が大いにゆがめられる恐れがある。(以上，EU 委員会（2016年1月5

---

[34] State aid: Commission opens in-depth investigation into UK public support for Drax power plant (Brussels, 5 January 2016) http://europa.eu/rapid/press-release_IP-16-2_en.htm（2016年12月10日参照）

表3-9 政府との投資契約がなされた大規模再エネ事業リスト

プロジェクト	技術	目標運開時期	目標容量	契約期間／契約終了年	行使価格（2012年価格）ポンド/MWh	政府補助（2012年価格：10億ポンド）
MGT - Teesside	Biomass CHP	2018年3月	299	15 years	125	1.2
Drax - Unit 1	バイオマス変換利用技術	2016年2月	645	2027	105	1.7
RWE - Lynemouth	バイオマス変換利用技術	2015年12月	420	2027	105	1.1
SSE – Beatrice Phase 1 Phase 2	洋上風力	2018年3月 2019年3月	280 384	15 years	140	1.9
DONG - Burbo Bank extension	洋上風力	2017年3月	258	15 years	150	0.9
DONG - Walney extension Phase 1 Phase 2	洋上風力	2017年3月 2018年3月	330 330	15 years	150	2.0
Statoil/ Statkraft – Dudgeon Phase 1 Phase 2 Phase 3	洋上風力	2017年3月 2017年8月 2017年12月	90 210 102	15 years	150	1.2
DONG - Hornsea 1 Phase 1 Phase 2 Phase 3	洋上風力	2019年3月 2020年3月 2021年3月	400 400 400	15 years	140	3.2
Total			4,548			13.35

出典：Grant Thornton UK LLP.（2015）"Independent evaluation of FID Enabling for Renewable Executive Summary"

日 DRAX プロジェクトへの State Aid）より抄訳）

8 FIT-CfD

EMRにより導入されたFIT-CfDは2017年4月からROの代わりとなる新たなスキームである。（ただし、新しい再生可能エネルギー計画は2014年からRO失効の2017年3月までの間、支援の仕組みを選択することができる。）

FIT-CfD（Contracts for Difference）は、市場価格と行使価格（Strike Price）の固定価格水準の間の変動する差額を政府が支払うことによって、発電事業者が直面するであろう投資リスクを減らすものである。反対に市場価格が行使価格を上回った場合、発電事業者側が払い戻しをすることになる。

英国におけるFIT-CfDが狙うところは、事業者に投資上の事業リスクの

軽減というインセンティブを与えながら，再生可能エネルギー間だけでなく，原子力発電所との間でも競争を促進し，技術進歩によりコスト低減を促進させるところにある。

FIT-CfD のメカニズムは，小売供給事業ライセンスを有する全ての事業者から，販売電力量のシェアに応じた課徴金（Supplier Obligation）として LCCC（Low Carbon Contracts Company：FIT-CfD の管理会社）が毎日徴収し，徴収分は小売料金へ転嫁させる。（どの程度転嫁するかは事業者判断による。）卸市場価格が下がるほど参照価格（Reference Price）水準も下り，課徴金額が増加することになる。これは小売料金の上昇のインパクトを与えることになる。

FIT-CfD 英国では，技術成熟度によって 3 つの POT 分けを行い，それぞれを対象として入札を実施している。

POT1 は陸上風力，太陽光など確立された技術，POT2 は海上風力，潮力など確立途上の技術である。POT3 はバイオマス転換である（表 3-10）。洋上風力は POT2 で陸上風力は POT1 であるが技術開発途上のものほど，高い買い取り価格であり，また経年ごとにその水準は下る。表 3-11 は，これらの技術と FIT-CfD 政府行使価格および ROC における価格づけの関係を示したものである。

(1) FIT-CfD の参照市場価格（Reference Price）

事業者の収入は卸市場に売却した取引成立価格（Achieved Price）と，事業者が英国政府と合意したストライク価格（Strike price）と参照価格の差（Difference Price）になることから，ストライク価格だけでなく，参照価格の水準も重要である。英国では電源別に異なった参照価格を使用する（表 3-12）。ベースロード発電技術については BMRP（Baseload Market Reference Price）と，間欠性のある発電技術については IMRP（Intermittent Merket Reference Price）が適用される [35]。BMRP については 6 カ月先ベースロード価格（Baseload season forward prices），IMRP については前日市場の 1 時間おきの価格である N2EX，APX-UK の Day-ahead hourly prices が使用される。

DECC（現 BEIS）は再生可能エネルギー契約における将来の FIT-CfD について，前日の市場価格がマイナスであった場合（ただし 6 時間かそれ以上継続してマイナスである場合のみ）は事業者への時間ごとの支払いを止めるような

表3-10 政府の買い取り価格（権利行使価格）（2012年の価格）
（2013年12月の最終計画案にて発表）

ポンド/MWh

技術類型	POT	2015/16	2016/17	2017/18	2018/19
先端変換技術（with or without CHP）	2	155	150	140	140
嫌気性消化ガス（with or without CHP; >5MW）	2	150	150	140	140
バイオマス変換利用技術	3	105	105	105	105
コジェネ専用バイオマス（with CHP）	2	125	125	125	125
廃棄物発電（with CHP）	1	80	80	80	80
地熱（with or without CHP）	2	145	145	140	140
水力（>5MW and <50MW）	1	100	100	100	100
埋立地ガス	1	55	55	55	55
下水消化ガス	1	75	75	75	75
洋上風力	2	155	150	140	140
陸上風力（>5MW）	1	95	95	90	90
太陽光（>5MW）	1	120	115	110	100
潮流電力（0-30MW）	2	305	305	305	305
波力電力（0-30MW）	2	305	305	305	305

出典：DECC（October 2014）Budget notice for CfD allocation round 1
注：バイオマス変換利用技術
　　様々な種類のバイオマスを再生可能エネルギー源として利用する技術は多くある。転換技術により，エネルギーを熱や電気の形で直接か，或いは液体生物燃料や可燃性のバイオガスなどほかの形式に転換し，直接エネルギーを発する。
　　熱による転換とは，バイオマスを他の化学物質に転換するうえで熱が重要な役割を果たすメカニズムである。
出典：Biomass Energy Centre
　　　http://www.biomassenergycentre.org.uk/portal/page?_pageid = 75,15179&_dad = portal&_schema = PORTAL（2016年12月10日参照）及び
　　　：DECC "Contract for Difference: final allocation framework for the October 2014 allocation round（1 September 2014）" pp.38-40（2016年12月10日参照）

規定を加えると提案している。

(2) FIT-CfDの予算

　FIT-CfDの予算は技術区分ごとに組まれる。POT 3のBusiness Conversionは通常のバイオマスのため，POT1の既存技術のグループに入れることも議

---

35) CEER（2016）"Key support elements of RES in Europe: moving towards market integration" p.86

表3-11　CfD-FITのストライク価格とROC価格の関係

	技術タイプ	CFD/FIT 政府行使価格ポンド/MWh（2016/2017）	ROC/MWh
POT1（確立された技術）			
	廃棄物発電（with CHP）	60	1
	水力（>5MW and <50MW）	100	0.7
	埋立地ガス	55	0.2
	下水消化ガス	75	0.5
	陸上風力（>5MW）	95	0.9
	太陽光（>5MW）	115	1.4
POT 2（確立途上の技術）	先端変換技術（with or without CHP）	150	1.8
	嫌気性消化ガス（with or without CHP; >5MW）	150	1.8
	コジェネ専用バイオマス（with CHP）	125	1.8
	地熱（with or without CHP）	145	1.8
	洋上風力	150	1.8
	潮力（0.30MW）	305	5
	波力（0.30MW）	305	5

出典：DECC "Contract for Difference: final allocation framework for the October 2014 allocation round（1 September 2014）" p.38
https://www.gov.uk/government/publications/contract-for-difference-final-allocation-framework-for-the-october-2014-allocation-round-1-september-2014（2016年12月10日参照）
DECC "Renewables Obligation banding levels: 2013-17"
https://www.gov.uk/guidance/calculating-renewable-obligation-certificates-rocs（2016年12月10日参照）

論されたが，POT1に通常バイオスマスを入れると陸上，洋上風力が入りにくくなるため，別枠のPOT3にされた。通常技術のバイオマス変換（Biomass Conversion）は中長期的にはフェーズアウトされるべきものであるとされ，バイオマス変換に対する支援はスタートの日に拘わらず2027年に停止することにしている。POT3の予算枠は（2016年8月現在）決まっていない。

(3) FIT-CfDの予算におけるプロジェクト落札状況

表3-14にあるように2014年に行われた第1回目の分配ラウンドにおいてはPOT1，POT2で25プロジェクト2141MWの契約が2015年3月に結ばれた。技術別では洋上風力1162MW，陸上風力749MW，廃棄物発電95MW，先進変換技術バイオマス63MW，太陽光PV72MWであった。第2回目の入

第3章　イギリスの再生可能エネルギー政策　133

表3-12　FIT-CfDにおける技術別適用参照価格

技術類型	BMRP：Baseload Market Reference Price	IMRP：Intermittent Market Reference Price
先端変換技術	X	
嫌気性消化ガス	X	
コジェネ専用バイオマス（with CHP）	X	
バイオマス変換ステーション	X	
埋立地ガス	X	
下水消化ガス	X	
廃棄物発電（with CHP）	X	
地熱	X	
水力	X	
洋上風力		X
陸上風力		X
太陽光		X
潮流発電		X
波力		X

出典：DECC（2014）"Contract for Difference: Final Allocation Framework for the October 2014 Allocation Round"

表3-13　FIT-CfDの予算（2014年配分）

100万ポンド

	Delivery Year 2					
（2011/12 prices）	15/16	16/17	17/18	18/19	19/20	20/21
CFD予算（2014配分）	50	220	325	325	325	325
POT 1（確立された技術）	50	65	65	65	65	65
POT 2（確立途上の技術）	-	155	260	260	260	260
POT 3（バイオマス変換）	未定					

出典：DECC（2014）"Draft Budget Notice for CfD Allocatopm Round 1"

札は2016年から2017年に延期されている。これはヒンクリーポイント原子力発電所等の正式着工のタイミングを見極めているためである。325（百万ポンド）の予算のうち，315（百万ポンド）が使われる。表3-15にあるようにストライク価格に対して大きな節約があったことが示されている。

9　英国における新たな動き

出力に間欠性のある再生可能エネルギーの急増のため，調整力不足が顕在

表3-14 FIT-CfDの予算におけるプロジェクト落札状況（第10月の分配ラウンド）

技術		2015/16	2016/17	2017/18	2018/19	合計容量(MW)
先端変換技術	ポンド/MWh			119.89	114.39	
	MW			36	26	62
廃棄物発電（CHP付き）	ポンド/MWh				80	
	MW				94.75	94.75
洋上風力	ポンド/MWh			119.89	114.39	
	MW			714	448	1162
陸上風力	ポンド/MWh		79.23	79.99	82.5	
	MW		45	77.5	626.05	748.55
太陽光	ポンド/MWh	50	79.23			
	MW	32.88	38.67			71.55

出典：DECC（2015）"CFD Auction Allocation Round One- a breakdoun of the outcome by technology, year and clearing price"

表3-15 ストライクプライスと適用価格の比較と節約率

Technology	政府決定行使価格（ポンド/MWh）	最低行使価格（ポンド/MWh）	政府決定行使価格からの最大節約%
太陽光	120	50	58%
陸上風力	95	79.23	17%
廃棄物発電（CHP付き）	80	80	0%
洋上風力	140	114.39	18%
先端変換技術	140	114.39	18%

出典：DECC（2015）"CFD Auction Allocation Round One- a breakdoun of the outcome by technology, year and clearing price"

化し，英国の周波数変動許容範囲50Hz±0.2Hzの維持はますます困難になっていく見通しである。

　こうした背景からナショナルグリッドは周波数を調整する電源確保に強い必要性を示しておりエンハーンスト市場（Enhanced Frequency Response Market）が生まれることとなった。これは現状のFirm Frequency Response（FFR）であるプライマリー市場（10秒以内に応答，20秒継続放電），セカンダリー市場（30秒以内に応答，30分継続放電）に加えてそれより早く，1秒以内に応答（15分継続）するものである。

　2016年8月26日に発表のあった落札者の平均は，9.4ポンド/MWh（1.27円/kWh）と低いものであった（入札前の市場の予測では20-25ポンド/MWh）。

落札先をみると EDF エナジー・リニューアブル，バッテンフォール，E.ON といった資本コストの低い大規模な企業関連が多く，この背景には欧州大陸の陸上風力発電が一段落し，新しいビジネスチャンスを求める動きがあると思われる。

　また，配電系統に太陽光発電所などが大量に連結されることにより，低中圧の部分で調整を行う必要があり，英国配電会社もこれまでのように単に配電線を管理する DNO（Distribution Network Operator）より，電力の需給バランスを柔軟に対応する体制を確立する DSO（Distribution System Operator）方向へと転換をすすめる動きを見せている。

参考文献

Baringa（2015）"Negative pricing in the GB wholesale electricity market" p.9
CEER（2015）"Status Review of Renewable and Energy Efficiency Support Schemes in Europe in 2012 and 2013"
CEER（2016）"Key support elements of RES in Europe: moving towards market integration"
Connor, Peter M.（2003）"UK Renewable Energy Policy: A Review," Renewable & Sustainable Energy Reviews, Vol.7, No.1, pp.65-82.
Climate Change Act（2008）
DECC（2011）"Planning our electric future: a White Paper for secure, affordable and low-carbon electricity"
DECC（2011）Statutory Security of Supply Report, 2011, Nov. Business Plan 2012-2015
DECC（2013 July）"Annex D: Levy Control Framework Update"
DECC（2013 June）"Electricity Market Reform: Capacity Market- Detailed Design Proposals"
DECC（2013 August）"Energy Market Reform – Contract for Difference: Contract and Allocation Overview"
DECC（2013 December）"Energy Market Reform Delivery Plan"
DECC（2013 December）"Investing in renewable technologies - CfD contract terms and strike prices"
DECC（2013 December）"Electricity Market Reform: Update on Terms for the contract for Difference"

なお，本研究の一部は科学研究費助成事業（学術研究助成基金補助金）（基盤研究（C）（一般）課題番号（16K03622）の助成を受けた。

DECC (2013 December) : "Electricity Market Reform: Capacity Market – Detailed Design Proposals"
DECC (2012) "Energy Security Strategy"
DECC (2014) "Annual Energy Statement 2014"
DECC (2014) "Consultation on the management of overseas origin nuclear fuels held in the UK"
DECC (2014) "Contract for Difference: Final Allocation Framework for the October 2014 Allocation Round"
DECC (2014) "Draft Budget Notice for CFD Allocation Round1"
DECC (2015) "CFD Auction Allocation Round One- a breakdown of the outcome by technology, year and clearing price"
DECC (2015) "Digest of United Kingdom Enery Statistics 2015"
DECC (2015) "Review of the Feed-in Tariffs Scheme"
DEFRA (2010) "Environmental Permitting Guidence" The Large Combustion Plants Directive for the Environmental Permitting (England and Wales) Regulation 2010, p.11"
DTI (2003) "Energy white paper-our energy future-creating a low carbon economy"
DTI (2006) "The Energy Challenge Energy Review Report 2006"
Energy Act 2008
Gabrielle Garton Grimwood and Dr Elena Ares (2016) "Energy: The Renewables Obligation"
HM Government (2019) "The UK Renewable Energy Strategy"
HM Treasury (2014, July) "Report to Parliament under the Infrastructure (Financial Assistance) Act 2012"
HM Treasury Infrastructure UK (2010) "National Infrastructure Plan 2010"
HM Revenue & Customs (2011 March) "Carbon price floor consultation: The Government Response"
HM Revenue & Customs (2014 March) "Carbon price floor: reform and other technical amendments"
House of Commons Energy and Climate Change Committee (2016) "Low carbon network infrastructure First Report of Session 2016–17"
Mitchell, Catherine (1995) "The Renewables NFFO: A review", Energy Policy, Vol.23, No.12, pp.1077-1091.
National Audit Office (2003) "The New Electricity Trading Arrangements in England and Wales"
National Grid (2015 July) "Future Energy Scenarios July 2015"
TSO (The Stationery Office) Infrasructure (Financial Assistance) Act 2012
UK Parliament (2013) "Energy Act 2013"
UK Trade & Investment (2014) "UK Offshore Wind: Opportunities for trade and

investment" https://www.gov.uk/government/uploads/system/uploads/attachment_data/file/437077/Offshore_Wind.pdf（2016 年 12 月 10 日参照）

再生可能資源国家・アイスランドの緑化熱電戦略による応戦

Chapter 4

加藤修一

4-1　はじめに―――再生可能資源国家・アイスランドの意思

　冷戦終結の記念碑的なホフディーハウス[1]は，北極圏に近いアイスランド共和国にある。"北"は何かしらのロマンをかき立てると述べたのは，20世紀最大の歴史学者アーノルド・J・トインビーである。彼は，文明の興亡盛衰について「挑戦と応戦」（challenge-and-response）の理論を示している。「挑戦」とは，ある社会が自然環境の激変や戦争によってその存亡にかかわる困難に直面することであり，「応戦」とは，この困難な課題に対して創造的にその脅威を乗り越えようとすることだとしている。このように自然環境や戦争等による外からの挑戦と創造的な指導者（creative minority）という2つの条件により文明は発生すると指摘した。挑戦は，文明に危機をもたらし，状況に振り回されて有効な応戦ができなかった文明は衰退し滅亡する。衰退する文明に共通することは「自己決定能力の喪失」であると指摘している。

　今日，人類は，自ら蒔いた種である気候変動という大きな「挑戦」を受けて"混乱の極み"に陥っている。人類の盛衰に係る事態である。創造的な指導者によってどのように「応戦」ができるかが，問われている。その応戦の要のひとつは省エネを下地にしつつもGHG（温室効果ガス）の発生が少ない持続可能なエネルギーへの大転換を行うことである。即ち伝統的な枯渇燃料経済からの脱皮であり，石油文明からの転換である。アイスランドにおける最近数十年間のエネルギー政策は豊富な再生可能資源を支えにして転換を進めて来ており，持続可能な社会を創造する応戦[2]の文脈に沿った対応とみることができる。ささやかな転換の流れではあるが，未来の大河をつくる端緒

1）1986年10月に東西の首脳レーガン大統領とゴルバチョフ書記長が冷戦終結の会談をした迎賓館
2）2012年国連持続可能な開発会議（リオ＋20）において，「持続可能な開発及び貧困根絶の文脈におけるグリーン経済」と，「持続可能な開発のための制度的枠組み」が議論され，前年には国連環境計画（UNEP）がおこなった国際青年会議においてグリーン経済を「人々の幸福，社会的公正，環境保護を同等の重みをもってとらえる，真に持続可能な，唯一の一体的枠組み」と位置付ける宣言を採択している。本章の標題に含まれる緑化熱電の緑化は，グリーン経済の道であり，以上の趣旨にそったものである。

となる可能性は，決して小さくない。

　アイスランドにおける転換の流れは，1970年代のオイルショックを教訓に，また京都会議（COP3）の意義を踏まえ化石燃料からの離脱を目指し，1998年には「水素社会」の構築を宣言するに至る。2008年には金融破綻の直撃を受けながらも教訓的対応をとり近隣国と比較して急速に回復し，改めて実体経済における再生可能エネルギー（以下，再エネ）の存在価値をも高めている。今日，大きく変貌した惑星・地球に存する再生可能資源に基づき地球社会をリードしている国であると言えよう。その「応戦」の意思は，持続可能性革命[3]に沿う野心的な試みである。この試みが，"近代"を乗り越える糸口になるならば，新しい地球文明の曙光になる。アイスランドは北海道の1.2倍ほどの大きさだが国土を覆う氷河は，欧州最大のものを含めて国土の約11％に及ぶ。東西のプレートがぶつかり，200を超す活火山が中央部の溶岩台地を形成した。樹木が育ちにくく，農地に適さない国土である。約32万人が住む。地下資源は見当たらず，生鮮食料品や石油製品を全量輸入に頼っている。さながら資源を使い尽くした"未来の地球"のような荒涼としたところもある。しかし地球が供給する豊かな地熱資源から電力と蒸気・温水の生産・供給が可能であり，暖房は広く普及している。氷河の融解水は貯水池に流れ，水力発電に利用される。アイスランドの電力は100％再エネ由来である。猛烈な風は発電に有望であり，次世代の海洋エネルギーにも期待がかかる。再生可能資源の潜在量は膨大である。再エネの地球社会に果たす役割は大きい。未来のアイスランドは，地球・太陽資源を生かした電力輸出や水素社会に狙いを定めている。本章では，アイスランドの再エネの特性と政策，潜在量と電力，国際連系線の諸課題などに触れる。

3）Jorgen Randers は "A Global Forecast for the Next Forty Years 2052", Chelsea Green Publishing Co., USA, で「現代社会を支配しているパラダイムには，「化石燃料に基づく持続的経済成長」などの信念が含まれる。持続可能な社会を構築には現代社会の発展を支えるいくつかのものを根本から変える必要がある。化石燃料から太陽エネルギーに移行し地球の物理的限界に則した安定性のあるパラダイムに変える必要がある。・・・産業革命に次ぐ新しい革命，持続可能性革命が必要」と指摘

4-2　EUエネルギー指令とアイスランドのエネルギー政策

1　EUエネルギー連合に見る戦略——「Roadmap 2050」・「EESS」とアイスランドの対応

　アイスランドは，EU加盟国ではない。しかしアイスランドとEUとの連携は緊密である[4]。アイスランドのエネルギー政策は，EU指令等に基づいている。図4-1は，長期的な戦略の概要である。EUの「Roadmap 2050」（COM, 2011）は，EU加盟国が今後の政策選択を行う際の提案であり，経済成長とエネルギー消費を切り離すデカップリングをEU全域に広げる戦略である。2050年を目指した5つのシナリオ[5]による費用・便益分析によると，2050年に1990年比で温室効果ガス（GHG）の排出削減量を80％から95％に引き上げ，低炭素社会を実現することが骨格である。5つのシナリオに共通するのは，再エネの最終消費に占める率を"少なくとも55％"にする大量導入である。特に，「再エネの普及シナリオ」に至っては75％である。更に省エネルギーは，一次エネルギー需要を2050年までに32～41％削減することを必要としている。電力の役割は大きく，電化率を現行の20％強から40％近くまで高めないと低炭素社会の実現はできない。そのためにも国境間の基幹送電線による送電量を2020年までに40％に拡大することとなっている。また，シェール革命から「米国がエネルギー自立に向かうにつれて軍事的プレゼンスを下げた場合，ヨーロッパは脆弱になってしまう」とのアンソニー・ギデンズ等の指摘がある。EUは域内のエネルギー安全保障に危機を感じて，EUコミッションは，域外依存度[6]を抑制する「ヨーロッパエネル

---

[4] 欧州経済領域（EEA）は，欧州自由貿易連合（EFTA）加盟国がEU未加盟でもEU単一市場に参加できるように，1994年にEFTAと協定した枠組み。EEAとEU加盟28ヶ国が欧州共同体の枠組に参加。アイスランドはEEAにも参加している。

[5] 省エネ，テクノロジー多様化，再生可能エネルギー多様化，CCS実現遅延，原発の比率低下の5シナリオは，日本の大事故以降に改訂された。

[6] 域内エネルギー輸入依存53％（1日10億ユーロの域外支払）とEU総輸入額の5分の1。原油90％，天然ガス3分の2，核燃料40％を域外依存している。

ギー安全保障戦略（EESS）」[7]を準備した。徹底した域内供給多様化計画である。エネルギー，特にガスの発電技術を改革して域外依存，特にロシア依存[8]を抑制することが主題である。また域内の電力の国際連系線は，再エネが豊富な市場，例えば太陽光や風力の豊富なドイツのような市場が，電力輸出を行いCO_2削減を含めて代替する。再エネの大量導入は，例えば英国の電力グリッドから化石燃料発電が離脱（深刻な課題）を強いられることもあり，その場合は発電所有者を支援する価格戦略も必要としている。さらにヨーロッパの電力網や海底送電線事業は，再エネの大量送電の役割も大きいことから，風力発電の自然変動に対して，水力発電等の柔軟性が必要となる。スウェーデンなどの水力発電，特にノルウェーの水力発電（設備容量は3000万kW超）を使うことでCO_2削減にも貢献する新しい電力市場[9]となる。ノルウェーとEU間の5つの国際連系線は，2020年までに500万kWになり，相互融通体制は市場を支える[10]。アイスランドも膨大な水力，地熱，風力電源等の潜在力を持ち，期待されている国際連系線IceLink事業は，EUのエネルギー安定供給に優れたオプションのひとつである。この様にEESSは，域内エネルギーマーケットの完成やエネルギー生産と供給の安定性，さらにはそのための蓄電容量や国際連系線を強化するが，加盟国のエネルギー選択を尊重しつつ相互の緊密な共通利益の促進や"連帯の原則"を踏まえている。またEUエネルギー連合（第4-1図）をも支えている。

---

7) European Energy Security Strategy: ECが2014年6月指示の域内エネルギー市場の完結など7本の重要政策を示した。

8) EU輸入の内ロシア依存は，天然ガス3分の1，原油3分の1，核燃料40％，ロシアのガス輸出の71％はEU向けである。

9) Stromspeicher（電力貯蔵技術）会議（2011）は，"ノルウェーはヨーロッパのバッテリーになりえるか"と，再エネの大量導入の対応を議論した。

10) ETSO（European Transmission System Operators，欧州系統運用者協会）によればEU諸国の国際連系線の整備は，2020年までには自国の設備容量の10％，2030年までには15％の数値目標がある。

図4-1 EUエネルギー指令などの動きとアイスランドの再生可能エネルギー政策（概要）

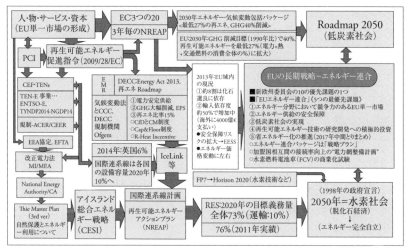

出所：EUおよびアイスランド政府関係資料より，著者作成（2015）

2　EU指令・決定とアイスランドのエネルギー政策

「アイスランド再エネアクションプラン（NREAP）」はEU指令（2009/28/EC），EC決定（2009/548/EC）に基づいた総合エネルギー戦略である。EU全体の再エネの最終エネルギー数値目標は，2020年に20％である。一方，アイスランドの実績はすでに国家目標の73％を達成して76％である。このようにアイスランドのエネルギー戦略の主体は，再生可能資源由来の電力，熱の普及拡大にある。

「EU指令」に基づくNREAPは，経済改革省（MII）が管轄し，国家エネルギー庁（NEA），TSO（Landsnet社，送電事業者），エネルギー予測委員会（EFC）の協力を得ている。また，競争ルールなどは，EEA協定に基づいて商務省下の競争庁（ICA），エネルギー規制庁（IERA）が担っている。再エネ導入が遅れている運輸，水産業分野は，「運輸部門のための代替エネルギー導入」に基づき，現行の0.35％から2020年に10％への拡大を目指して経済的刺激策，行動プログラムや詳細なアクションプランを実施している。さらに多様な税控除等の経済手法により輸入依存の極小化を進めている。

エネルギー予測委員会はエネルギー効率の視点から電力予測，化石燃料予測，地熱資源予測を検討した。例えば，旅客移動は航空機依存が大きく，観光客の急増で化石燃料の消費が増大していることから新しい総合エネルギー戦略（CES）をアイスランドエネルギー戦略（NREAP）に反映させている。具体的には「追加効率シナリオ」に詳しい。さらに首相府は，「Iceland 2020」[11] を発表し，ダイナミックな社会を目指して持続可能性の視点から15の数値目標，例えば5トン以下の新車は2020年までに再エネ利用75％を目指す等を示した。

　国会は，「アイスランドの持続可能な繁栄」をテーマに，クリーンな自然環境，持続可能なエネルギーの使用，持続可能な教育の3本柱を策定し，以下の様なエネルギー政策を定めた。

1) 輸入エネルギーを再エネに転換すること
2) アイスランドのエネルギーは，社会や公共のためになる持続可能性を確保すること
3) 地熱や水力資源は，予防的かつ保護的アプローチに基づいて開発すること
4) エネルギー戦略は，分散型工業，エコロジカルで有益なハイテク産業の開発を目指し強化すること
5) エネルギー戦略は，持続可能な利用を優先し，地熱地域の酷使を避けること
6) より良いエネルギー利用を推進するためには，持続可能な地熱蒸気を使用して，インダストリアル・パーク，園芸ハウス，リサイクル等を開発すること
7) ヨーロッパとアイスランドとのエネルギー国際連系線は十分精緻な研究を進めること

---

11) Iceland Gov., (2011) Iceland 2020:governmental policy statement for the economy and community-Knowledge, sustainability, welfare に詳細な記述

これらはアイスランドの未来を方向づける強い意思の表明であり，世界をリードする「モデル社会」[12]の推奨である。かつて金融立国を目指した片鱗はなく，実体経済のグリーン経済化の強化が鮮明である。特に，再エネの使用と持続可能性，予防的アプローチ[13]や環境保全を前提にした「繁栄」にその目的はある。まさに化石燃料による経済成長によるものではなく，Rio+20のアジェンダのグリーン経済や幸福指標に基づく持続可能な幸福への志向であり，持続可能性革命である。この政策は政府とも十分調整され，50のアクションプランは，ロールモデルとして，世界に推奨されている。

4-3　アイスランドのエネルギーの基本諸元と特色

1　第一次エネルギーと自給率——教訓となったオイルショック

　アイスランドは20世紀中頃までの主要なエネルギー源は国産泥炭と羊の糞と輸入炭であり，ヨーロッパの最貧国のひとつであった。しかし戦後，再エネの導入をきっかけに著しい発展を遂げ，2014年の1人当たりGDPは世界10位（日本23位），5万2000USドルの富裕国である。アイスランドの第1次エネルギーの自給率は86％（2011年），残りは，石油輸入である（表4-1）。自給率86％の全量は，再生可能資源由来である。電力も再生可能資源由来100％である（表4-2）。1970年代のオイルショックによって国内経済が大混乱した。この経験を踏まえて，エネルギー安全保障や国民生活の安定を求めて，国内の再生可能資源を活用し，化石燃料からの離脱政策を進めてき

---

12) "The STRENGTHENING OF THE GREEN ECONOMY IN ICELAND Sustainable Prosperity a model society", Parliamentary Committee on the Strengthening of the Green Economy, に詳細な記述

13) 大竹千代子他（2005）予防原則——人と環境の保護のための基本理念，所収（5.4 予防原則にかかわる国会質問：加藤修一），pp.204-235，合同出版

14) Daisaku Ikeda（2012）For a Sustainable Global Society: Learning for Empowerment and Leadership に Rio+20 などを詳述

表4-1 第1次エネルギー自給率が16.4%から85.4%（全て再エネ）に大転換

年	ピート	水力	地熱	(ピ+水+地)	石油	石炭	(石油+石炭)	合計
2011	0.0	45.0(19.1)	156.1(66.3)	201.1(85.4)	30.5(12.9)	4.0(1.7)	34.5(14.6)輸入	235.6
2010	0.0	45.3(19.4)	155.2(66.3)	200.5(85.6)	29.6(12.6)	4.0(1.7)	33.6(14.3)	234.1
2000	0.0	22.9(17.9)	73.9(57.6)	96.8(75.5)	27.4(21.4)	4.0(3.1)	31.4(24.5)	128.2
1990	0.0	15.0(17.6)	44.2(51.8)	59.2(69.4)	23.4(27.4)	2.7(3.2)	26.1(30.6)	85.3
1980	0.0	11.0(19.7)	26.7(46.5)	37.7(65.7)	18.8(32.8)	0.9(1.6)	19.7(34.4)	57.4
1970	0.0	5.1(15.3)	11.4(34.1)	16.5(49.4)	16.8(50.3)	0.1(0.3)	16.9(50.6)	33.4
1960	0.0	1.9(9.7)	4.4(22.4)	6.3(32.1)	12.6(64.3)	0.7(3.6)	13.3(67.9)	19.6
1950	0.0	0.6(4.9)	3.0(24.4)	3.6(29.3)	6.1(49.6)	2.6(21.1)	8.7(70.7)	12.3
1940	0.2(3.6)	0.2(3.6)	0.5(9.1)	0.9(16.4)	0.8(14.5)	3.8(69.1)	4.6(83.6)	5.5

注）単位：PJ（10^15）
出所：Orkustofnun（National Energy Authority of Iceland, NEA）統計より著者作成

表4-2 100%が再生可能資源由来の電力 （2014年実績）

	設備容量 万kW（%）	発電量 億kWh（%）	消費電力構成率		備 考
水 力	198.6万kW（72.0）	128.73億kWh（71.0）	77%	94%	
地 熱	66.5万kW（24.1）	52.39億kWh（28.9）	17%		
風 力	0.3万kW（0.1）	0.08億kWh（0.08）	計5%		火力発電は極小
化石燃料	10.6万kW（3.8）	0.02億kWh（0.02）			
合 計	276.0万kW（100）	181.00億kWh（100）	99%		1%：不明

注）風力発電は国営電力会社の実証事業。
出所：National Energy Authority of Iceland（NEA），ENERGY STATISTICS IN ICELAND 資料より著者作成

た。言い換えれば，輸入資源を最大限減らし国内の再エネ資源を活用し輸出を増やしてきた歴史とも言える。2008年には，金融破綻が国家を存亡の恐怖に陥れたが，これも教訓として受け止め克服しつつあり，その過程で実体経済を支える再エネの存在感が再認識されている。再エネは，自然変動の影響を受けるが，各種電源の電力網における平滑化や電源のフレキシビリティ，ICTを駆使するシステム制御[15]等により電力の需要・供給のインバランスの直接的な影響は少ないものと考えられる。

---

15) IRENAの報告書「Renewable Power Generation Costs in 2014」によれば基本的に再生可能エネルギーの技術的制約はなく（no technical barriers），制度等の仕組みの課題と指摘

2　アイスランドの再エネ政策——膨大な再生可能資源の潜在量と課題

　2000年頃，再生可能資源潜在量の利用率は，20〜25％程度であった。産業省と環境省は，特別運営委員会を設置し，再エネのマスタープラン（MPHGER）を策定・公表している（表4-3）。これは1997年に決定し，1999年から策定を積み重ねて，2017年までの第3フェーズを設定し，「アイスランド水力・地熱再生可能資源マスタープラン（MPHGER）」となる。開発オプション（表4-3）にいたる政策決定は，経済的，社会的，戦略的環境アセス[16]等の視点から十分検討される。特に地域還元についてNGO，ステイクホルダーなどが，再エネの社会受容性を含めた丁寧な調整を行うが，特に再エネの持続可能な使用に注意を払っている。

　アイスランドの課題は，潜在する膨大な再生可能資源の持続可能な使用にある。現行の設備容量は約280万kW，発電量は約180億kWh。潜在量は，水力300億kWh，地熱200億kWhの計500億kWhとの試算がある（表4-4）。また，既に開発が進み始めた「先進的な地熱発電プロジェクトIDDP」（Icelandic Deep Drilling Project）による追加量がある。さらに今後期待されてい

表4-3　第3次水力・地熱発電マスタープラン（MPHGER）

アイスランドのMPHGER		大規模水力発電	地熱発電	風力発電	備考
第1フェーズ（1999〜2003）		20箇所（高地地域）	8箇所（高温地域）	−	
第2フェーズ（2004〜2010）	2004〜2007 精査と情報収集	・30〜40の主要な箇所…66（内38地熱） ・開発（56％），保留（19），保護（25） −カテゴリー化 ・環境，自然，野生生物，景観，文化財，古代遺跡，伝統的土地利用，野外活動，漁業，狩りなどへの精査と配慮		−	・4WG設置 ・開発済 20〜25％
	2008〜2009 新運営委員会，再評価等				
	2010 第2次完結				
第3フェーズ（2013〜17）	・運営委員会など ①科学的知見	運営委員会で81地点を検討中。カテゴリー化が審議中。再アクセス5，開発・保護23，29未決定。		対象にする	4技術委員会の設置
※第2フェーズの精査等		②事業の責任体制： ③評価過程：			

出所：アイスランド環境省（2015）経済・技術改革省，運営委員会等の資料より著者作成

---

[16] 2008年，大規模貯水池型水力開発は，国土の約3％が水面下になり，生物多様性の劣化などの国民的議論があった。

る風力や海洋エネルギー,海水圧発電[17]等の開発による追加量も見込める。首都圏の都市廃棄物を活用したバイオマス熱電併給も検討中である。全体として,現行の数倍を超える潜在量がある。これらのアイスランド経済に与える役割[18]は大きく,将来の資源レントは小さくない。また,国営電力会社の風力発電の実証事業(2013~)は設備利用率が約40%と英国のRound 3[19]を超える有望な成果を得ている(表4-5)。(言うまでもなく風力発電の地域展開には,自然破壊と開発のデカップリングが重要である。)地熱,水力にこの風

表4-4 緑化電力の基本数値と潜在量

	①設備容量(万kW)	②発電量(億kWh/年)	平均設備利用率(%)	潜在量 潜在発電量①*	潜在発電量②
水力資源	198.6	128.63	73.94	300億kWh・年	300億kWh・年
地熱資源	66.5	52.45	90.04	200億kWh・年	460億万kWh **
Fuel 燃料	11.4	0.03	—	—	—
風力資源				現在,実証事業中	
廃棄物資源	メタン発酵の熱電併給			2016年~ 約3万トン資源	
海洋資源	潮汐,波力,海流発電の膨大な潜在量				
合計	276.7	181.16		500億kWh・年	760億kWh

*政府2002年調査等。**アイスランド政府HPに潜在設備能力580万kWとある。なお,①,②は2013年値。
出所:国営電力会社資料,潜在資源量2002年値については,NEDO海外レポート(2007)より,著者作成

表4-5 風力発電の実証事業

	稼働風速(ピーク効率)	平均設備利用率	稼働率	停止速度	備考
2基のタービン	15~28m/s 開始風速は3m/s	約40%	98%	34m/s	高さ=77m
計 1800kW	年間発電量=630万kWh				

出所:国営電力会社資料より,著者作成

---

17) EUのTCZM(統合的沿岸管理)の8原則を踏まえた海水の圧力を利用するバッテリー最新技術
18) GAM Management, Landsvirkjun's Renewable Energy Potential and its Impact on Iceland's Economyに詳しい
19) Round 3は英国の領海内のThe Crown Estateが2009年に開発を開始した32GW洋上風力発電プロジェクト。既にRound 1(1.5GW)とRound 2(7.1GW)の合計8.6GWが稼働中。Round 3が完成すると1・2・3の総合計は4000万kWを超える洋上風力である。

力資源を加えた3本柱は，実体経済を安定化させ，持続可能性を高めることができる。今後，供給力増加と消費量の均衡を考えるとEUグリッドへの連系が鍵である。国営電力会社は，従来から地熱と水力が主体で自然変動電源とは無縁であった。寡占状態にある国営電力LV社がフラットで安定した状態で多消費産業に供給してきた。EUとの連系による便益（後述）は大きいが，EUが自然変動電力の大量導入時代を迎える現在，EUグリッドの混雑問題や不安定などEU電力網との連系が国内電力網に与える影響は，無視できない。アイスランドのTSO（Landsnet社，送電事業者）は対応を研究中である[20]。

4-4 アイスランドの再生可能エネルギーの特性と電熱展開

1 膨大な潜在量をもつアイスランドの再生可能エネルギー

アイスランドは，1970年代から再エネ発電へ転換を進めエネルギー政策先進国として脚光を浴びてきた。アイスランドの再エネ（電力）は，今までに触れてきたことや後述する件を含めて，次のような特性を持っている。安価で安定し，CO_2の環境負荷が小さく気候変動対策に寄与でき，環境上の制約が小さく，国民1人当たりの発電量が世界一であり，EU諸国における自然変動電源（VRE）の大量導入に伴う課題があるが，アイスランドにおいては，水力・地熱が主体であることから自然変動（VRE）の大量導入に伴う課題が基本的に存在しないことである。たとえば，アイスランドの大規模貯水池型発電は，総発電量の77％を占めており柔軟性が大きい。さらに地熱・水力に加えて，風力や海洋エネルギー等の膨大な潜在量がある。すでに述べたように風力発電の実証事業は，優れた成果をあげている。一方，国内の電力市場が小さく，しかも孤立系統であるため市場規模に比較すれば膨大な再生可能資源

---

20) NEA (2012) National Report to the Agency of Cooperation of Energy Regulators and to the European Commission: Iceland

の潜在量を生かせない状況である。そこで国際連系線とEU電力網との結合によって緑化電力を輸出することが長年の課題である。国際連系線は，気候変動対策に優れた緑化電力の拡大[21]になり，相互間でWin-Winのビジネスモデルを作り上げることが，アイスランドの電力特性を生かす方法である。

2 永続的な地球の熱資源を活用する熱政策

アイスランドには，電源，熱源がある。熱源の99％は再生可能資源由来である。利用は18世紀初頭から始まった。今日，MPHGERやNREAP等に基づいてエネルギー庁（NEA）が取り組んでいる。一般住宅の暖房・冷房（GeoDH）は，89％が地熱，10％が水力発電である。温度帯別のカスケード的利用[22]が盛んである。地方のほんの一部で化石燃料が使用されてはいるが，GeoDHの熱政策の成果が格段に大きい。NEAによれば，暖房の石油依存が抑制され，年間で化石燃料輸入80万トンは不要となり，年間GDPの3％（図4-2）の国富流出（約5億ドル）もなくなった。再エネによる自給率85％の達成によって国富流出の停止効果が見られたのは，暖房部門だけではない。また，化石燃料を使わず地熱発電と地熱暖房を導入したことにより年間のCO_2削減量は，それぞれ430万トン，290万トン，計720万トンになる。仮に地熱暖房を化石燃料で供給すると，現行のCO_2排出量に追加量が出る（図4-3）。これによって劇的に回復したのは，深刻な大気汚染である。大気の清浄化は，健康維持に欠かせない。これは国家・国民にとって重要な価値である。このような点もGeoDHの効果は大きい。さらにアイスランドは，地熱発電からでる大量の温水を巧みに利用してきた。現在，国営電力会社は，先進的な地熱発電プロジェクト（IDDP）を進めており，高温で大量の温水が期待できる。IDDPは既存地熱発電とは異なり，地中の深々度のマ

---

21) EUCOM（2015）82final, ENERGYUNIONPACKAGE等によれば10％（2020年），15％（2030年）の国際連系線整備の目的は低炭素化にもある。

22) アイスランドの技術者Baldur Lindalは効果的な熱利用を行うために温度帯別利用のLindal図式を提案した。

23) 国営電力会社は2013年に20ヶ所の潜在力調査と「再生可能資源の保護と開発に関する法律」に基づく67ヶ所の開発マスタープランを示した。

第 4 章　再生可能資源国家・アイスランドの緑化熱電戦略による応戦 | 153

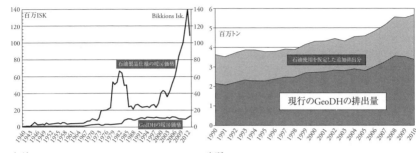

図 4-2　GeoDH の経済便益
（石油暖房費と地熱暖房費の比較）

図 4-3　暖房—全量石油にすると追加
　　　　CO_2 をうむ

出所：National Energy Authority of Iceland, 2014　　出所：National Energy Authority of Iceland, 2014

グマ熱を利用して高温高圧の蒸気で発電効率を上げるもので世界初の試みである。2009 年に試錐したボーリング孔（IDDP-1）は，約 3 万 6000 世帯に供給可能な約 3.6 万 kW の能力がある。このような熱利用を含めたエネルギー開発[23] エネルギー安全保障を高める一方，豊富な経験・技術を生かし，EEA の再エネ支援制度の活用や，東欧，国連大学の UNU-GTP[24] との協働を進めることになった。現在，アイスランドは世界中の地熱保有諸国とエネルギー協定（MoU，17ヶ国）を交わし，グローバル化を進めている。気候変動対策を含めた島嶼国，途上国へと IRENA[25] との連携が期待されており，アイスランドの地熱発電の先進的な取り組みは高く評価できる。ここでアイスランドの地熱エネルギーに関して重要な点を付け加えるならば，オープンイノベーション[26] による国際的にも評価されるようになった地熱産業のクラスター[27] である。アイスランドの産業変容の経緯を理解するためのキーワー

---

24) UNU のアイスランドプログラムには，水産業（UNU-FTP），地熱（UNU-GTP），土地修復（UNU-LRT）の自然資源とジェンダー平等（UNU-GEST）がある。
25) Olivier Urbain ed., (2014) A FORUM FOR PEACE – Daisaku Ikeda's Proposals to the UN, I.B.TAURIS
26) ハーバードビジネススクールの Henry Chesbrough は自社に閉じこもらず，他社や大学，地方自治体，社会起業家などが持つ技術やアイデア，サービスなどを組み合わせ，革新的な研究成果，製品開発，サービス開発につなげることをオープンイノベーションと定義づけている。アイスランドのイノベーション戦略は優れていると言える。

ドである[28]。

3 大量で安価な電力と立地する多消費産業——再生可能資源の適正利用と威力

アイスランドの電力多消費産業は，再エネ大量利用産業でもあり，81万トン（世界の2%弱，2013年）のアルミ精錬やフェロシリコン（鉄鋼原料）の生産を誇っている。この様な多消費産業を抱えていることから国民1人当たりの消費電力は世界一である。貿易輸出額構成率は，漁業63%，アルミニウム精錬19%（2002年）からアルミニウム精錬45%，漁業36%（2008年）になった。アルミニウムの生産には，安価で大量の信頼できる電力が必要である。日本の再エネの地産地消の課題は，発電地における電力消費が少なく地消が必ずしも十分機能していないが，昔のアイスランドも同様であった。そこで国を挙げて消費地を発電地域（国内）に作り解決を図った。海外からの産業誘致⇒電力需要地を戦略的に作ることが，アイスランドのエネルギー政策の基本である。この需要地の創出は間接的な電力輸出となり，貿易収支に貢献している。仮に化石燃料使用の電力[29]とすれば，年間約900万t/CO_2の排出（日本の約180万世帯分[30]）がゼロとなる大削減になる。さらに情報化社会の今日，アイスランドは，情報通信のハブ的存在との評価が高く，データセンター（DC）の立地が進み，国際的なハブ化構想が進んでいる。この背景は，アイスランドの電力特性と冷涼地が，DC立地に適していることによる。現在のアイスランドは，内発的な発展の姿を示しているが，その鍵は足元に眠る再エネの適正利用と威力にある。

---

27) ハーバード大学のMichael E. Porterは，特定分野における関連企業，専門性の高い供給業者，サービス提供者，大学・研究機関や業界団体，自治体等が地理的に集中し，協力すると同時に競争して，イノベーションを創出する産業群をクラスターであると規定している。

28) 京都大学大学院経済学研究科再生可能エネルギー経済学講座の第41回研究会資料を参照のこと（HP掲載）

29) 産業環境管理協会（Simple-LCA）はアルミニウム炭素集中度11kg・CO_2/kgとしている。

30) 日本の家庭の年間CO_2排出量は，世帯当たり約$5tCO_2$。全国地球温暖化防止活動推進センターによる。I.B.TAURIS

図 4-4　平均的な産業用電気料金　　　　図 4-5　平均的な家庭用電気料金
　　　　　　（2013 年）　　　　　　　　　　　　　　　（2013 年）

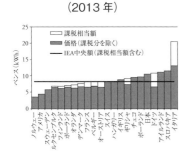

出所：IEA, Askja Energy, The Independent Icelandic Energy Portal

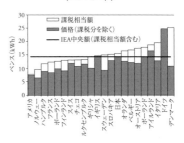

出所：IEA, Askja Energy, The Independent Icelandic Energy Portal

4　安価で安定した信頼できる電力——近隣 EU 諸国の産業・家庭用電気料金の価格

　英国は，国際連系線の拡大を計画しており，アイスランドの電力特性に関心を持っている。アイスランドからの距離はデンマーク等より英国が近く，その分国際連系線の事業費用や電気料金も安くなる。図 4-4，図 4-5 は，2013 年のヨーロッパ等の電力料金である。グレーの部分は，送電費用を入れた電力料金である。白色は VAT（不価値税）や環境税を加えた電気料金である。2013 年の英国の産業用電気料金（税込）は，80 ポンド / 千 kWh（内卸価格 35 ポンド = 55US ドル），家庭用は 150 ポンド / 千 kWh（内卸価格 65 ポンド = 100US ドル）であった。アイスランドでは，全電力発電量の約 80％はア

表 4-6　英国に対して比較優位にあるアイスランドの電気料金（US $ / 千 kWh）

	英　　国		アイルランド	アイスランド		
	電気料金	卸売料金				
産業用電気料金	126USD	55USD	英国より高い	−		
家庭用電気料金	236USD	100USD		−		
PLATTS 資料より	−	70USD	80USD	卸値　注 2	国際連系線利用コスト	
（卸価格）注 1）				25USD	35〜40 USD	
				上記の合計　60〜65（USD）		

注 1）PLATTS（McGRAW HILL FINANCIAL）(2011)　注 2）アイスランド多消費産業卸売料金，注 3）原文£表示，US $ = 1.57 × £
出所：Posts from the 'Wind Power' Category (2014) THE INDEPENDENT ICELANDIC ENERGY PORTAL より著者作成

ルミニュウム精錬業などに使用され，国営電力会社（LV社）の提示する一般公募の12年契約は43USドルと安価である。またオプション価格は，25USドル/千kWh程度（表4-6）と低価格であり，ここにも関心を持つ理由がある。

アイスランドの電力輸出価格を単純に想定してみると，国際連系線の料金（敷設費用と資金調達費用等）を35～40USドル/千kWh程度（表4-6）とすると，合計卸価格は，60～65USドル/千kWh（表4-6）に収まる。一方，英国やアイルランドは，55（産業用卸値）～100USドル/千kWh（家庭用卸値）である。ただし，1200kmの転換・送電ロスの9％[31]を考え合わせると，アイスランドの競争力は必ずしも十分に大きいとはいえない。連系線効果について更なる精査が必要である。

英国は，サッチャー政権以来，電力改革に取り組み，EUを先導した。英国気候変動法（2008年）は，2℃未満に向けた削減政策である[32]。さらに電力市場改革（EMR, 2013/3）を策定したが，電力部門の低炭素電源投資を進め

図4-6　英国の産業・家庭用電気料金の推移

出所：Quarterly energy prices, DECC

---

31) Redpoint Energy Ltd（2013）Impacts of further electricity interconnection on Great Britain によると送電ロスは100km当り0.75％
32) EUの大気汚染規制への対応は，1) 旧式石炭火力の閉鎖と原子力発電の老朽化による安定供給の不安，2) 野心的な脱炭素化目標（GHG排出量：1990年比2025年半減，2050年80％減），3) 再エネ目標数値は，最終エネルギー消費の15％（2020）である
33) 電力安定供給，GHG大幅削減，再エネ比率

第4章　再生可能資源国家・アイスランドの緑化熱電戦略による応戦 | 157

るインセンティブ政策を進めても，目標[33]の達成は厳しい。次いで詳細なEMR（2014年）の目標が達成されたとしても再エネと原子力はCfD（差額決済契約）[34]による補助金と化石燃料はCapacity Marketの補助金漬けになり，その分電気料金が上昇しかねない。現行の英国の家庭・産業用料金は，EU平均より低いが，2000年代中頃から上昇し始め最近5〜6年間で約2倍（図4-6）と，今後も上昇は避けられない。これは，国際競争力を弱め，経済への影響も大きく，今や政治問題となっている。アイスランドオプションも対策のひとつであるが，工期を4年程度とすると，運転開始は，2022年頃になる。

5　CO_2の環境負荷が小さく高品質——低炭素社会の構築に寄与

最近の全球的な気候変動は，人類の過重な行動が巡りめぐった末の環境リバンドである。気候変動は，人類社会に対する「挑戦」であり，今日ほど実

図4-7　2020年再エネ数値目標のを既に超過したアイスランド

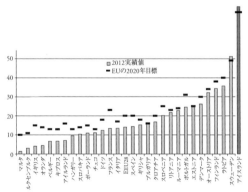

注）図中の■は2020年最終消費エネルギー目標，柱状は実績値
出所：EUROSTAT（2014）ASKJA ENERGY（The Independent Icelandic Energy Portal），The Icelandic National Renewable Energy Action Plan（MII: Ministry of Industries and Innovation）

34）英国は2014年に従来の再生可能電力購入義務証書制度（ROC）に変えて，CfD（Contract for Difference）制度を導入し，2015年にオークションを開始した。

効的な政策体系が求められる時はない。「応戦」する強いリーダーシップを持ち，再生可能資源を戦う武器に作り上げた国が，アイスランドである。今後，EUの気候変動対策の規制が進む中で，アイスランドの存在は大きい。最近のヨーロッパ各国の再エネ導入実績値（図 4-7）を見てみると，アイスランドが 2020 年の目標値 72％を既に超過し，76％を達成していることがわかる。英国は，最下位から 3 番目の 4.2％と，目標値 15％達成が厳しい。英国は新政策を導入し新目標数値を達成させる気候変動対策を強化した。炭素集中度が小さい再エネ，即ち緑化電力の大量導入である。パリ協定や国内法により 2050 年までの「応戦」の成果が逐次問われるが，小国・アイスランドの行動はささやかでも"21 世紀的課題"に有効な「応戦」を行っている。

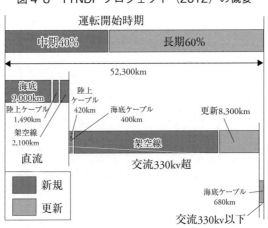

図 4-8　TYNDP プロジェクト（2012）の概要

出所：ENTSO-E, Ten-Year Network Development Plan 2012, 平成 24 年度国際連系に関する調査・研究報告書（2013）一般財団法人日本エネルギー経済研究所

4-5　IceLink 事業による「応戦」——アイスランドの孤立系統の克服

1　再エネの最大導入に向けた国際連系線の強靭化戦略

　国際連系線の基本的な経済価値は，国際貿易論で示される[35]。アイスランド事業者も加盟する ENTSO-E（欧州 TSO 調整団体）は 10 年間の電力網開発計画を EU エネルギー規制庁（ACER）と調整し，2030 年目標の「TYNDP2014」を示した。図 4-8 は，TYNDP プロジェクト（2012 年）の総延長は，5 万 km を超える。系統増強は，8 割が再エネ発電の系統制約の解消が目的で，総投資は総額 1,040 億ユーロのうち，海底送電ケーブルは約 1 万 km，230 億ユーロと強化する。

　同様に英国国営グリッドは，英国の電力輸入は増えると想定し，投資（35 億ポンド）の多くを送電線増強に使い，電力のピークレベルや再エネ発電の調整を行う。過去に最大需要の電力マージンが 15％ を超えた経験（2011～2012 年冬期）から，電力マージン，容量対策と考えられている。英国の 2020 年の再エネの導入目標は 15％，2013 年の実績は 5.2％ である。4 本の国際連系容量は，現在，400 万 kW（2013 年）で総電力供給量の 3.2％（2012）は輸入[36]である。ENTSO-E の国際連系線比率は，2020 年 10％，2030 年 15％ である。英国の 5.3％（2013 年）は，25 カ国中下から 5 位である。今後，400 万 kW（2020 年），800 万 kW（2030 年）と，容量拡大を強いられる。北欧からの天然ガスパイプラインを含めたエネルギー輸入は，エネルギー安全保障の改善だけでなく，電力価格の抑制，CO_2 削減にもなるが，経済活動の安定に重要である。

　60 年前に提案された IceLink 事業（表 4-7）は 30 年前から財務的な FS

---

[35] Poyry Management Consultin (2014) Near-Term Interconnector Cost-Benefit Analysis: Independent Report, Ofgem

[36] フランス間（200 万 kWkW）の英国の輸出入（44.5 億 kWkWh, 175 億 kWkWh）は輸入超過，オランダ間（100 万 kWkW）の英国輸出入量（1.34 億 kWkWh，65.16 億 kWkWh）も輸入超過である。

図 4-9　アイスランドと EU 間の国際連系線の想定ルートと事業効果

出所：国営電力会社資料（2012）

表 4-7　IceLink 国際連系線の社会経済厚生効果

英国側の期待	アイスランド側の期待
・RES 目標値への削減費用，EU 削減量目標 ・エネルギー安全保障の向上 ・ベースロード電源の調整能力や信頼性 ・水力による風力・太陽光の中断対応 ・価格変動の平滑化 ・分かりやすい再エネと統計的な移転 ・EU のグリーン目標値への再エネ達成 ・風力，太陽光の安価な電力 ・収入最大化のための柔軟性担保（貯水池利用）	・エリア内エネルギー市場における競争の強化 ・エネルギー安全保障の向上 ・エネルギーシステムにおける増加効率性 ・最大に使用できる水力発電の柔軟性の向上 ・より可能な高価費用の発電所の立地 ・アイスランドの増大する電力需要対策

出所：アイスランド国営電力会社等資料（2014）等より，著者作成

表 4-8　提案中の国際連系線の容量・総事業費用と IceLink 事業

提案されている国際連系線	送電容量 （万 kW）	総事業費 （百万 USD）	千 kW 当りのコスト （百万 USD）
① IceLink	100 の場合	2543	2.54
② HVDC Norway-UK（akaNSN）	140	1947〜2590	1.38〜1.85
③ Denmark Interconnector	140	2198	1.57
④ NorthConnect	140	1947	1.38
⑤ IFA2	100	911	0.91
⑥ Project NEMO /Belgium　Int.	100	816	0.82
⑦ ElecLink	100	518	0.52

注：原文£表示，USD = 1.57 × £
出所：British think tank Policy Exchange（2014）Getting Interconnected-How can Interconnectors compete to help lower bills and cut carbon？　等より著者作成

表 4-9　設備容量コスト
　　　　　（百万 USD/ 千 kW）

①国際連系線	0.52～2.54
②陸上風力	2.51
③洋上風力・Round3	4.09
④原発	6.77

注）原文は£表示，USD = 1.57 × £
出所：British think tank Policy Exchange（2014）Getting Interconnected-How can Interconnectors compete to help lower bills and cut carbon? 等より著者作成

表 4-10　平均設備利用率

発電施設	設備利用率（%）
①原発	76～86
②石油	75～89
③ Gas CCGT/GasCHP	81～89
④水力	78～90
⑤石炭 / バイオマス	86～90
⑥ OCGT	87～97
⑦揚水システム	93～99

出所：British think tank Policy Exchange（2014）Getting Interconnected-How can Interconnectors compete to help lower bills and cut carbon? 等より著者作成

（Financial Statement）を続けている（表 4-7）。世界最長の千 km を超え，80 万 kW ～120 万 kW の送電容量，50 億 kWh/ 年の送電量である。投資額は，186 万 kW ～約 300 万 kW に対応する（表 4-8，表 4-9）。計画（図 4-9）は，アイスランドの LV 社と TSO が行い，環境アセスメントは政府が行う。LV 社は，電力輸出を経営拡大と考え調査研究を進めているが，課題は設備利用率（表 4-10）等に左右されるが，採算性そのものにある。LV 社と TSO の共同研究調査（2009～2010）[37] は，経済的にも可能と指摘しているが，今後，更に技術的・経済的な詳細調査研究を 4～5 年程度，結論に 4～5 年，発電，ケーブルの導入，関係事業等の検証を行い，運用開始は 2022 年頃になる。アイスランド大統領は，英国政府に財政支援を要請し，英国は調査研究や開発の協力事業として 2012 年に政府間覚書（MOU）を交わした。今後，費用分析などや海床の探索技術開発や海底送電線事業の財政計画等の検討を行う。技術開発は，ABB 社の海底送電の最新技術によるところが大きい。今後，国際連系線の所有権，融資，数タイプの長期契約方式に基づいた新規販売などのシナリオ分析が必要である。最近，世界的に著名な会計事務所である KPMG は「100 のグローバルインパクトインフラ整備計画」[38] に IceLink

---

37) Landsvirkjun Power Company（2016）Submarine Cable to Europe : Overview of Icelink に詳しい

事業を記載し，英国の電力グリッドを意義のある事業と評価している。

2　アイスランドの大規模貯水池型水力発電の柔軟メカニズム——英国の安定装置

英国の第1次エネルギーは，2000年以降は輸入超過[39]，電力も輸入超過（4％）である。一方，北海は2020年代に資源枯渇になるとの試算もあり，アイスランドからの輸入電力への関心は高い。原発は常時変動に十分対応する調整が難しいといわれている。一方，貯水池型水力発電は，ガス発電と同様に系統に応答できる柔軟性[40]を持ち，英国の既設風力と比較して信頼できる電力輸入である。輸入電力をベースロード電源として扱う議論もあるが，英国にとって経済的，政治的にも一方的に総電力の基幹部分といわれるベースロードに輸入電力を充てるのはエネルギー安全保障上からも難しいと判断されている。アイスランドの電力が持つ特性が，双方向の送電やピーク対応の調整に必要との議論が進んでいる。国営グリッドは，電力マージンが厳しくなれば，将来電力輸入がさらに必要となり，アイスランドの柔軟性[41]に着目し英国に増大する自然変動電源の風力発電対策を考えている。また国内の新規ウインドファームの発電特性や天候予測を可能とする詳細な研究を進めている。

2013年12月，約10％の風力供給が経済的技術的な問題を起こしたが，強風時には余剰電力の蓄電が，微風時には他電源のバックアップが必要である。英国単独のバランシングは難しく，アイスランドの地熱発電や水力の柔軟性が優れている[42]ことから，英国とアイスランドを連系することが重要である。水力は，氷河等の融解水が流れ込む貯水池があり信頼性が高く，開

---

38) KPMG（2014）Infrastructure 100 World Markets Report。KPMGはオランダを本部とする世界148か国に11万人余のスタッフを擁する知的専門家集団で，世界4大会計事務所の一つ。

39) 英国産業貿易省DTI資料石油製品を含む石油＋天然ガスの総額，CIFベース価格において2000年から輸入超過

40) IEA/ OECD（2011）Harnessing variable renewables: a guide to the balancing challenge". Paris

41) Askja Energy: THE INDEPENDENT ICELANDIC ENERGY PORTAL（2011）IceLink Offers flexibility Rather Than Baseload Power

42) Nordic（2014），Nordic Development Plan,P12

表 4-11　英国内の新規発電価格とアイスランド価格

新規の発電機種	US $/千 kWh	倍率
アイスランド国営電力会社	43	1.0
①風力（オフショアー）	233〜326	5.4〜7.6
②太陽光	194〜279	4.5〜6.5
③ CCS 付き火力	155〜240	3.6〜5.6
⑤風力（オンショアー）	124〜171	2.9〜4.0
⑥ CCS 付きガス火力	93〜202	2.2〜4.7
⑦バイオマス	93〜186	2.2〜4.3
⑧原発	85〜132	2.0〜3.1

出所：EU（2015）Energy Policy/ Askja Energy-The Independent Icelandic Energy Portal 資料より著者加筆作成

発オプションは膨大であることからこうしたシステムを構築する可能性はある。需要増減やシステムの安定性維持に効果があり，英国の電力需要が小さい時はアイスランドへ送電し，揚水発電の発想に基づき電力量を水量増に置き換える[43]。巨大な蓄電池（グリーンバッテリー）[44] になる。これを利用し英国側のピーク需要等に対応させ英国の電力網を安定させ[45]，社会経済的便益の増大をも考え[46]，IceLink 事業は技術的，商業的，政治的に可能と国営グリッド社は判断している[47]。

3　アイスランドと英国間の国際連系線等の電気料金価格の比較

英国の電気料金は，電力改革直後は下落したが，その後上り続け，電気貧困者の増加が深刻化している。消費者にとって，アイスランドの地熱，水力電力は，英国内の新規の風力ファームや原発電力よりも安価（表 4-11）であり，期待が大きい。背景には欧州の上昇する電気料金と，CO_2 排出が少ない

---

43) リバーシブルな固有の柔軟性を持つアイスランド型逆流水発電システムに変換を計画中

44) Anne Therese Gullberg（2013）The political feasibility of Norway as the "green battery" of Europe, Energy Policy, Vol.57, pp.615-623

45) DECC（2013）More interconnection: improving energy security and lowering bills Roger Andrews（2015）UK Electricity Interconnectors– a Double-Edged Sword, Energy Matters

46) Askja Energy（2014）IceLink Offers Flexibility Rather Than Baseload Power by Askja Energy on September 1

47) National Grid（2014）Interconnectors

図 4-10　炭素集中度ゼロのアイスランドの電力

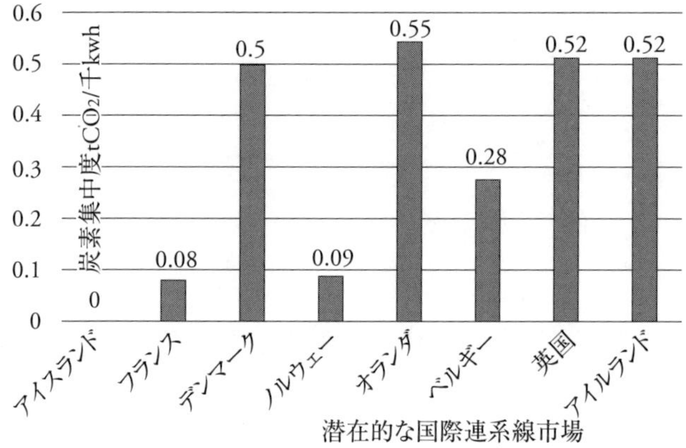

(縦軸：炭素集中度 tCO₂/千kwh)

- アイスランド: 0
- フランス: 0.08
- デンマーク: 0.5
- ノルウェー: 0.09
- オランダ: 0.55
- ベルギー: 0.28
- 英国: 0.52
- アイルランド: 0.52

潜在的な国際連系線市場

出所：British think tank Policy Exchange（2014）Getting Interconnected-How can Interconnectors compete to help lower bills and cut carbon？　等より著者作成

再エネの需要増大にある。ENTSO-E は，2014 年にアイスランドの TSO と調査研究を行い，年間便益（SEW）や電力供給の柔軟性の拡大は，政治的，財政的効果が大きいと指摘している。IceLink 事業は英国内の電気料金の抑制策のひとつであり，LV 社は英国の新規の風力発電の価格に関心がある（表 4-11）。洋上風力の最小価格は，233US ドル／千 kWh，CCS 付ガス発電は，93US ドル / 千 kWh であり，アイスランドは 12 年間長期契約の価格が，43US ドル / 千 kWh，オプション価格に至っては 23〜37US ドルと低価格である。IceLink 事業はこの価格差に注目している。アイスランドの送電コストが 3 倍であっても総輸出コストは英国内の新規発電と比べても優位[48]である。英国国営グリッドは，6 億 kWh/ 年の電力量を輸入するとして，その輸入分に相当する発電施設を立地しないとしている。一方，英国は再エネ導入を 2020 年までに現在の 540 億 kWh から 4 倍増しの 2340 億 kWh に高め，CO_2 排出量を半減させることを目指す。さらに，2025 年までに全ての石炭

---

[48] McKinsey Scandinavia（2012）Charting a Growth Path for Iceland
[49] DECC は 2015 年，エネルギー安全保障が第一であるが，適正な価格，安全性，クリーンな供給は 21 世紀的政策と発表

火力を閉鎖するとしている[49]。この様な動きは，より一層アイスランドの緑化電力の価値を高めるものであり，IceLink 事業の評価を高めるものである。アイスランドにとってはまさに千載一遇のチャンスである。

　図 4-10 は，近隣国の炭素集中度である。ノルウェーの国際連系線の 1 トン CO_2 当り節約コスト（表 4-12）は 27US ドルと最小。アイスランドの削減コストは，今後の調査研究を待つ以外にないが，総事業費が大きいことから節約コストに跳ね返る可能性がある。またノルウェーの発電事業と比較すると，労働生産性等で劣っている[50]。投資効率の問題や毎年約 15％程度の電力量が余り，余剰電力量が多いと指摘されている。このような生産性に影響を与えている要因について，EU 電力グリッド連系前に改善措置を講じて国際競争力を更に強化すべきである。IceLink 事業は，アイスランドの緑化電力の特性を生かしたものであり，再エネの導入拡大の際に発生する電力グリッドの安定性の問題にも対応できる。英国・アイスランド間の社会経済的厚生効果は大きく，経済社会的便益は年間 2 億 9000 万〜4 億 7000 万ユーロとの評価もある[51]。EU 国際連系線は，PCI や CEF（図 4-1）に基づく国境横断プロジェクトであり，単一市場化や EU 電力グリッドの機能強化を目指している。

4　IceLink 事業に関する国民的議論と事業リスク等と提案

　国際貿易論によれば，国際連系線によるアイスランド全体の総余剰は増加するが，不利益も生じる。最近の世論調査によると 69％が反対と厳しい状況におかれている。この中で Arison Bank の研究報告[52]は，焦点である家庭の電気料金，事業リスク，雇用，環境影響の検証と提案を行った。現在，年間 20 億 kWh の未使用電力量を抱えている中で家庭消費量の 5 倍相当の 50

50）McKinsey Scandinavia（2012）Charting a Growth Path for Iceland, pp.70-74 でノルウェーと詳細な比較分析

51）Earth Island Institute（2011）the undersea electric cable project to Europe. Earth Island Journal 等より

52）Icelandic Arion Bank（2015）Aluminum and electricity export might not what should matter for Iceland , Market Research Note

億 kWh/ 年は過大である。これが，現在の卸価格を 2 倍強の 80US ドル / 千 kWh に押し上げ，電気料金請求は 40％上がると推定している。この対策として，Arison Bank は，国際連系線の開通前に国内の製造業等が長期的契約を交わすことや，電気料金の VAT の免税，当事業によるリターンとして電気料金に補助金をつけるなどの改善策を提案した。何よりも省エネを含めた配電事業等の改革の断行を主張している。さらに事業の所有形態によるとしながらも，配当は財務省や公共団体の保健・教育，税金カット，負債支払や，家庭電気料金の抑制に使えること。また事業資金については，カウランユーカル水力の 2 倍（28.5 億 US ドル）と大きく，財政リスクは大きいが，精緻な調査により克服できない課題ではないと結論づけている。今後，事業効果について，雇用創出，インフラ整備にこだわらないやり方として，価値創出と住民への還元策を考えるべきである。配当を利用した特別資源基金を創設し，住民に可処分所得の支給を提案している。それは，住民の喜びとアイスランドの経済社会に配当の流れができ，持続的繁栄に寄与する提案でもある。このような実例としては，アラスカ恒久基金（APF）があり，2015 年の 1 人当たり配当は年間約 2000US ドルになる。また，将来の"資源枯渇"に対応したノルウェー政府石油基金[53]もある。これは枯渇資産を金融資産に変えて，一定の投資倫理規定を踏まえて，将来につながる果実を社会の繁栄に使う仕組みとなっている。以上は，アイスランドの再エネから生じる価値の使い方と持続的な繁栄のあり方に新鮮な視点を提供している。

4-6　緑化電力による低炭素社会の構築──先導的な「モデル社会」による応戦

1　緑化電力と急速な脱炭素化

　アイスランドの 2030 年までの CO_2 削減目標は 40％（1990 年基準）であ

---

[53] 原油の価格変動の安定化を目的に 1990 年設立。運用はノルウェー石油産業等，社会的責任投資を進め，運用残高は 6000 億 US ドルである

第4章　再生可能資源国家・アイスランドの緑化熱電戦略による応戦

表4-12　国際連系線等とCO_2節約コスト

英国の選択オプション	節約コスト US $/t・CO2
GB～アイスランド国際連系線	—
GB～ノルウェー　同上	27
GB～ベルギー　同上	66
原発	83
オンショアー（風力）	114
Round3 オフショアー（風力）	133
GB～フランス（ElecLink）	163
GB～フランス（IFA2）	287

出所：British think tank Policy Exchange（2014）

表4-13　再エネ導入と年間2000万トンのCO_2削減の威力

体制	資源	部門	導入による削減量	（万tCO_2/年）	
再エネ経済	再エネ	地熱 46.70PJ	発電 40％	52.39億kWh	-430
			熱 60％ (28PJ)	暖房*GeoHD 43％	-290
				その他利用 57％	-384**
		水力	発電 128.73億kWh	128.81億kWh	-1057***
		風力	発電　0.08億kWh		
					-2161万 t/年

＊暖房は GeoHD89％，電気 DH3％，電気 7-8％，石油 1％
出所：Baldur Petursson（2015）Renewable Energy Source in Iceland　等より著者作成

る。再エネの大導入は，化石燃料の最小化を進めており，経済成長と炭素排出量のデカップリングは順調である。CO_2削減効果を試算してみると，年間2000万トン超（表4-13）の大幅な削減になる。これが再エネ利用の威力である。現在，アイスランドのCO_2排出量は，202万トン（IEA，2013年）と142ヶ国中137位の実績である。

IceLink事業の緑化電力（図4-10）は，EU電力網の柔軟性を高め，化石燃料を"置き換え"，CO_2削減の脱炭素化を進める。表4-12は，国際連系線等に関する1トンのCO_2削減コストである。新規発電のオフショアー133USドル，オンショアー114USドル，現行では英国とノルウェー間の国際連携線が27USドルと一番安く，削減効果は大きい。IceLink事業の節約コストは，送電ロスや設備利用率等の数値に左右されるものの国際連系線によるアイス

表4-14 水素経済社会への道—ECTOSプロジェクトの6段階ビジョン（発表当時の概要）

	年	ビジョンの概要	備考
第1ステップ	2001〜2005	首都：水素燃料バスの3台の走行実証実験（総コスト1000万USD）	首都レイキャビックにおけるインフラ導入による社会経済・環境インパクト研究（2001〜2005）
第2ステップ		アイスランド国内の全バスを転換	
第3ステップ		水素燃料電池車の走行	
第4ステップ		水素燃料の漁船の新運転・評価	
第5ステップ		化石燃料漁船の水素燃料漁船への転換	
第6ステップ		EU諸国等への水素の輸出	

出所：INE社資料等より筆者作成

ランドの緑化電力のEU市場への輸出は，EUの脱炭素化を進めることになる。

2　EUのHorizon 2020とアイスランドの水素社会への道

　水素社会宣言の到達点は，水素の広範な導入にある。水素は，水（H_2O）の電気分解からえることができ，超低価格の再生可能エネルギー由来の水素（R-水素）社会の到来を期待したい。SFの父といわれるジュール・ベンヌはアイスランドを題材にした小説の中の技術者に水素を含む水（H_2O）が，将来石油に代わって"燃える水"になると語らせている。この予見は技術的には既に現実化している。その水素を研究し続けた研究者がアイスランド大学の水素博士[54]といわれる人である。アイスランドが目指している水素社会は，主に彼の実績を起点にした政府の社会戦略である。

　水素エネルギーは，2次エネルギーである。安価な水素生産が鍵であり，安価な再エネ由来の水素（緑化水素）に期待がかかる。アイスランドは，6段階ビジョン（表4-14）による実証事業を進めてきた[55]。船舶の一部（鯨観光船の補助エンジン）に水素を使用しているが，普及はこれからである。最終ステップの水素社会は2050年までに実現としている（図4-1）。EUは，水

---

54) Arnason B, Sigfusson T.I. (1999) Iceland – a future hydrogen economy, International Journal of Hydrogen Economyに詳しい。

55) INE社が中心にECTOS, HyFREET, CUTE, SMART-H2, FCEV等を推進

素社会宣言前から水素エネルギーに取り組んでおり，アイスランドはEUと協定を交わし連携事業を進めてきた。EUの第5次研究・技術開発枠組計画FP5はCUTE，EIHP事業等を進め，FP6は欧州水素エネルギーロードマップ（HyWays），欧州統合水素プロジェクト（EIHP等）等を進め，FP7は水素・燃料電池技術プラットフォーム等を行った。今後は，「HORIZON2020」（2014〜20）[56]のステージである。水素の製造，輸送，貯蔵，利用に関する魅力的なバリューチェーンの形成が課題である。過去に水素輸出の議論があったが，IceLink事業による電力輸出の新時代を迎えようとしている。

今日，注目のFCVの普及過程を簡単に予測できないが，持続可能な人類社会の構築には水素の大量導入による低炭素社会は避けられない。日本政府が発表した水素社会へのロードマップの着実な推進と「水素社会形成推進基本法（仮）」[57]等の整備が喫緊の課題である。

紙数の関係上，ここにとどめるが，別の機会に詳述したい。

3　アイスランド仕様の誇るべき"現実"と太陽地球経済の端緒

COP21パリ協定が合意されたが，産業革命以降の温度上昇が2℃に急迫する気候変動の厳しさがある。再エネ拡大は必須である。このような状況下でアイスランドの再エネの"現実"をどの様にとらえるか。以下に周辺の関連要素を含めて簡潔に触れる。

(1)　アイスランドの再エネ大量導入の成果は，諸国の未来にとって注目に値するものである。しかし一方で原油など伝統的資源がないことによる必然とか，小国で人口が少ないことによる制御のしやすさなどから容易であったとの議論がある。そのような帰結が成り立つのだろうか。大きな成果を導き出した背景には，数度の教訓を踏まえた果敢な「応戦」があったといえる。眠る再生可能資源を前にした"創造的な指

---

56) 上位政策である「Europe 2020」（2010年発表，中期成長戦略）のフラッグシップ・イニシアチブの内，イノベーションユニオンを推進
57) 著者は参議院委員会で「水素社会推進基本法（仮）」を2002年に提案。13年後の2015年，W議員が参議院予算委員会で政府に独自提案した。

導者"が，新しい社会を拓く洞察と強い意思と実践力の存在（明確な公的導入イニシャティブ）が地球の熱や，地球上で千変万化する太陽資源（水力，風力，バイオマスなど）の巧みな展開を促し，結実したものであるといえる。過去の教訓を忘れず，自然資源の活用に全力を注ぎ未来世代にも橋渡しをしてるのがアイスランドである。また見逃してはいけないことは，地熱等をエネルギーとして容易に受容する国民の社会的関心の高さである。この意欲的な国民の存在なしには，転換をなしえなかったかも知れない。ここには最貧国から離脱することへの国民の共通した生きる意志と岐路に立たされている人類の"生への選択"への思いが重なっている。人類は化石資源を基幹にして地球経済の繁栄を謳歌してきたが，今やそれ自体が人類を滅亡へと追い込んでいることは明らかである。再生可能でしかも自然が許容できる資源への切り替えを導入し，化石資源依存から我々を開放する仕様のひとつが，アイスランドの現在の姿といえる。この"現実"を未来に向けて広く世界大に普及することである。アイスランドは太陽地球経済[58]の端緒を開き，「持続可能性革命」による共生の道につながる大きな可能性を示している。

(2) アイスランドは，不毛の溶岩台地で幾多の困難を越えて国を築いてきた。その過程には3つの「離脱」があった。貧困からの離脱，化石燃料からの離脱，"近代"的発想からの離脱である。1970年〜1980年代には，アイスランドは欧州の最貧国のひとつであった。漁業以外の産業は貧弱であった。しかし，1990年代から構造改革[59]が行われ，アルミ精錬の発展などによって産業構造は急変した。今やアイスランドは富裕国と呼ばれる国のひとつである。その急成長のバックには再エネの急激な普及拡大があり，同時に進んだ化石燃料からの離脱は水素

---

58) Hermann Scheer は，著書「ソーラー地球経済」，「エネルギー倫理命法」で太陽地球経済を体系的に論述

59) EEA協定の発効（1994年）に伴う，経済の自由化，即ち国営企業の民営化，市場原理の導入，企業優位の税制改革など

社会宣言への道を拓いた。再生可能資源に息を吹き込み，一貫した導入を進めたことによって，第一次エネルギーの自給率86％の全量が再エネ由来となり，今やアイスランドは世界の再エネのフロントランナーといえる存在である。徹底した先人の知恵と技術やこれに基づくオープンイノベーションや産業クラスターによる有効な展開が，成功事例を創りあげたといえる。

(3)　COP21は，第21回目の締約国会議である。気候変動は産業革命から始まった近代の負の遺産の一部である。その中でアイスランドは社会実験国と言われている。アイスランドからEUへの電力輸出は，膨大な潜在量の開発に支えられる緑化電力の普及・拡大の成果である。既に実験段階を超えた再エネの"アイスランド仕様"は，化石燃料の置換に成功し，年間2000万トン超のCO_2国内削減の成果をあげた。世界が求める未来を拓く仕様の一つである。今後，期待される国際連系線のIceLink事業は，EUの電力自由化，エネルギー安全保障，気候変動対策等に寄与する国際的な成功事例になり得る。EUを支える小さな国の大きな「応戦」であるが，逆にEU連系に伴い電力改革の徹底も求められることにもなる。

(4)　アイスランドの再生可能資源は，もとを正せば地球と太陽資源の永続性に根差したものである。そもそも「太陽は私たちに決して請求書を送らない」[60]資源であり，それがアイスランドの再生可能な緑化電力の大部分を占めている。アイスランドは一時，金融立国を目指し国家破綻の危機に瀕したが，その教訓[61]が国家変容を促し，実体経済に占める再エネの存在をも高めた。安価な緑化電力や熱等は，化石燃料社会の硬直的な連鎖を乗り越えて太陽地球経済を拓く可能性を示し，原発依存からの脱出に向けた貴重な事例でもある。アイスランドは必

---

60)「エコロジーだけが経済を救う」の著書があるFranz Altの言辞
61) Martin Hart-Landsberg (2013) Lessons from Iceland Capitalism, Crisis, and Resistance, Monthly Review, Vol.65, No.6に2008年金融危機を詳述

ずしも恵まれた条件でフロントランナーの立場を獲得したものではなかったが，今やその経験・ノウハウは国連等による地熱発電のエネルギー協定（MoU）等に結実している。今後，アイスランドは，島嶼国，途上国への導入支援やIRENAとの連携を強化すること通じて，"アイスランド仕様"を普及・拡大していくであろう。

（5）アイスランドは，男女平等度が7年連続世界第1位，平和度指数1位，国連世界幸福指数2位など，ランキング上位を占めることが少なくない。「RIO+20」の意義を踏まえた「アイスランドの持続可能な繁栄」の3本柱と，これに基づく「モデル社会」は，豊かな社会変容を目指し着実な実証を示すことが期待されているが，これ自身が「応戦」の成果といえる。また幸福指数を構成する経済要因を支える再エネ資源の役割は小さくはないが，再エネの大量導入自体が到達点ではない。導入効果の到達点は，近代の重荷を削りおとす糸口であり，新しい地平（パラダイム）に向き合うことにある。これは同時に地球上の"悲惨"に「応戦」する国連の新たなアジェンダSDGs[62]に重なるものである。その意味でも先導的な「モデル社会」を推奨することの意義は大きい。

（6）今後，精査は必要であるが，上記（1）〜（5）の成果を支える上で看過できないことは，世界の競争力に関する人材（10位），企業（25位），国家（30位），世界イノベーション指数（13位）などが高い水準にあることである。中でも試みているイノベーション教育，起業家教育[63]は，単純に企業戦士を育てることにあるのではなく，グローバリゼーションという大きな世界に如何に迅速に対応する力を養うかにあり，

---

[62] 持続可能な開発目標。2015年の国連総会で採択された『我々の世界を変革する——持続可能な開発のための2030アジェンダ』と題する成果文書で示された行動指針であり，17の個別目標とより詳細な169項目の達成基準からなる。

[63] Svanborg R. Jonsdottir, Two sides of the same coin: Innovation education and entrepreneurship education in Icelandで貨幣のコインに例えて詳述

個々人の"より良い生活"とも密接に関係している。世界で生じる変化に向けて持続可能性という考え方を教育・社会・ビジネスの中に浸透させ，持続可能な文化や生き方を創造する流れを大事にしている。この流れは，「Iceland2020」，「モデル社会」の基軸そのものであり，再エネの導入・拡大過程においては，特に地熱エネルギーおいては，オープンイノベーションを含めた産業クラスターの有効な基盤に支えられてきていることに注目すべきである。

4-7　FUKUSHIMAの後に

　終始，脳裏から離れないことがある。世界を震撼させた史上最悪クラスの東京電力福島原発過酷事故である。日本のみならず世界中に放射能物質のチリを拡散させ，過去2000回を超える核実験のチリに混在している。事故後，原発サイトの実情把握のために数回訪れたが，その被害は甚大であり，悲惨の一言に尽きる。避難民は今もって10万人を超える。数度のヒバクの日本，絶えざる呻き。事故炉の処理・処分は深刻な課題を突きつけている。「エネルギー基本計画2014」（閣議決定）には，「原発依存度を可能な限り低減する。ここがエネルギー政策を再構築するための出発点である」と断定している。原発はできるだけ早く削減しゼロにすべきである。そこで参考にすべき対案のひとつが，"アイスランド仕様"である。原発もなければ火力発電もない。当地で進むこの"現実"を人類の英知を結集して地球大に普及することである。多様なリスクに翻弄される人類であるが，自己破滅を願っているのではないことは言うまでもない。人類社会が持続可能であるためにはアイスランドの"現実"を不可逆的に受け入れて，新しいパラダイムへの橋渡しとしなければならない。これが"創造的な指導者達"による「応戦」という具体的な姿である。アイスランドは確かに小さい国ではあるが，人類に大きな示唆をもたらしている。

参照文献

Baldur Petursson(2015)Renewable Energy Source in Iceland

Pavos Trichakis, Vladimir Parail and Ilesh Parel(2013)Impacts of further Electricity Interconnection on Great Britain; Redpoint, Energy for the DECC

British think tank Policy Exchange(2014)Getting Interconnected-How can Interconnectors compete to help lower bills and cut carbon?

米国の再生可能エネルギーの導入状況と開発促進政策

Chapter 5

飯沼芳樹

米国は，国内に石油，石炭，天然ガスなど豊富な化石燃料が賦存している資源大国である。だが，1970年代の石油危機を契機として米国でもエネルギーセキュリティーの確保が重要な政策課題となった。このような時代背景の中で国産エネルギー推進・輸入石油削減を目指したのがカーター政権であり，再生可能エネルギー開発促進策を導入した最初の政権と言える。

爾来，再生可能エネルギーを重視する民主党の政権であるクリントン政権も再生可能エネルギー重視の政策を継続した。オバマ政権も環境負荷の小さいクリーンなエネルギーの利用拡大を図るという基本方針の下，クリーンエネルギー分野への投資拡大を景気・雇用対策の柱のひとつとしている。同政権では，再生可能エネルギーから原子力，天然ガス，クリーンコールまでを含めクリーンエネルギーと定義し，2035年までに国内供給電力の80％をクリーンエネルギーで賄うとしている。

風力やソーラーといった再生可能エネルギー電源はクリーンエネルギーの中核に位置付けられるが，連邦政府として明確な目標導入量を定めているわけではない。再生可能エネルギーの導入量と期限を定める政策は一般的に再生可能エネルギー利用割合基準（RPS：Renewable Portfolio Standard）と呼ばれ，同制度の他，様々な促進策の導入については専ら州政府や各自治体に委ねられている。

本章は，世界的な再生可能エネルギー促進の流れの中で，米国の再生可能エネルギー促進策の特質について明らかにすることを基本目的とする。

以下では，最初に米国における再生可能エネルギーの位置付けをし，5-1節で導入状況について鳥瞰する。5-2節では米国の再生可能エネルギー開発促進策において重要と思われる施策内容とその特徴や課題について述べる。

5-1　米国における再生可能エネルギーの位置付け

一次エネルギーでみると，米国では1世紀以上にわたりエネルギー消費の8割以上を石油，天然ガス，石炭などの化石燃料で賄ってきた。2015年でも，米国の一次エネルギー消費量の81.5％が化石燃料によるものである（図

5-1)。今後も,エネルギー情報局(EIA)の長期見通しによれば,現行の法制度や政策に変更が無いとすると,2040年時点で76.6%と比率は下がるが,エネルギー消費の大半は化石燃料が占めることになるとの予想をしている(US Energy Information Administration 2016)。

再生可能エネルギーについては未だ比率的には低いが,過去10年間の伸びは目覚ましく,一次エネルギー消費に占める比率も過去最高の9.9%(2015年)を占めるまでに急増している。特に太陽エネルギー,風力発電,バイオ燃料の増加には目覚ましいものがある。

発電に占める再生可能エネルギーの比率は2015年に13%を占めた。内訳では,水力が最も多く46%,以下風力が35%,バイオマス(木材)が8%,太陽エネルギーが5%,バイオマス(廃棄物)3%,地熱が3%となっている(図5-2)。

水力発電設備のほとんどは1970年代中ごろまでに建設されたものであり,連邦営のダムに位置している。廃棄物由来のバイオマスは自治体の固形廃棄物やランドフィルガスである。木材由来のバイオマスは,製材や製紙工場で利用されている。

図5-1 一次エネルギー消費の推移(1949〜2015)

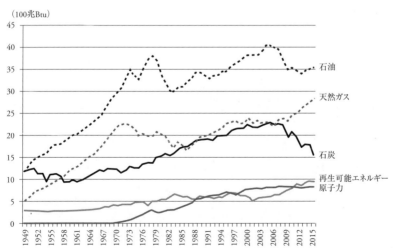

出典:US Energy Information Administration データベースから作成

第5章 米国の再生可能エネルギーの導入状況と開発促進政策

風力発電は，2005年から2014年の9年間に178億kWhから1816億kWhへと10倍以上に増えている。また，同期間太陽エネルギー（太陽光および太陽熱）も5.5億kWhから33倍の179億kWhに増えている（図5-3）。こうした急速な普及は後述の州レベルで導入された再生可能エネルギー利用割合基準（RPS）や連邦の発電税控除（PTC：Production Tax Credit），投資税控除（ITC：Investment Tax Credit）やその他の様々な再生可能エネルギー促進策によるところが大きい。

図5-2 燃料別発電電力量（2015年）

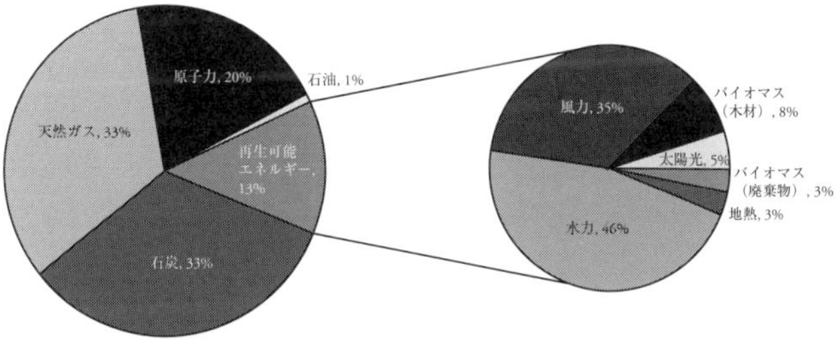

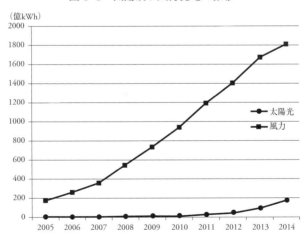

出典：US Energy Information Administration, Energy Brief, May 2016

図5-3 太陽及び風力発電の推移

出典：US Energy Information Administration, Electric Power Annual 各号から作成

表 5-1 および表 5-2 は風力発電と太陽エネルギー発電が多い州のベスト 10 である。表が示すように，カリフォルニア州を除き風力とソーラーの大量導入州は異なる。また，すでに風力設備が州内発電設備と発電電力量のかなりの割合を占める州があることがわかる。風力はグレートプレーン地域や

表 5-1　州別風力発電トップ 10（2014 年）

ランク	州	設備容量（MW）	発電量（100 万 kWh）
1	テキサス	15,635（13.8%）	39,371（9.0%）
2	カリフォルニア	6,018（8.0%）	13,766（7.0%）
3	アイオワ	5,708（34.7%）	16,295（28.5%）
4	オクラホマ	3,932（16.4%）	11,862（16.9%）
5	イリノイ	3,667（8.2%）	10,077（5.0%）
6	オレゴン	3,153（19.9%）	7,580（12.7%）
7	ワシントン	3,075（9.9%）	7,264（6.3%）
8	ミネソタ	3,035（19.2%）	9,060（15.9%）
9	カンザス	2,967（20.7%）	10,844（21.7%）
10	コロラド	2,593（17.3%）	7,351（13.6%）

注）（　）内は当該州の総設備容量および総発電量に占める比率
出所：American Wind Energy Association Web および US Energy Information Administration データベースから作成

表 5-2　州別ソーラー発電トップ 10（2014 年）

ランク	州	設備容量（MW）	発電量（100 万 kWh）
1	カリフォルニア	9,977（13.2%）	9,891（5.0%）
2	アリゾナ	2,069（7.4%）	3,101（2.8%）
3	ニュージャージー	1,451（7.5%）	677（1.0%）
4	ノースカロライナ	953（3.1%）	922（0.7%）
5	ネバダ	789（7.5%）	1,028（2.8%）
6	マサチューセッツ	751（5.7%）	419（1.3%）
7	ハワイ	447（16.7%）	48（0.5%）
8	コロラド	398（2.6%）	268（0.5%）
9	ニューヨーク	397（1.0%）	76（0.1%）
10	テキサス	330（0.3%）	304（0.1%）

（注）（　）内は当該州の総設備容量および総発電量に占める比率
出所：Solar Energy Industries Association Web および US Energy Information Administration データベースから作成

北西部，中西部に多くの風力資源が賦存する。一方，太陽エネルギーはカリフォルニア州や南西部のアリゾナやネバダ州に多くの太陽光，太陽熱発電所が立地している。

5-2 再生可能エネルギー促進策

1 PURPA の QF

　米国において再生可能エネルギーの導入に最初に大きな役割を果たしたのは 1978 年に成立した「公益事業規制政策法」（PURPA：Public Utility Regulatory Policy Act）である[1]。PURPA は，1970 年代後半に米国の輸入石油依存度が 50％近くに達し，エネルギーセキュリティー上の懸念が高まったカーター政権時代に，国家エネルギー法の一部として成立した。同法は省エネルギーの促進，国産エネルギーや再生可能エネルギーの利用促進などを目的としている。

　PURPA 第 210 条は，規制当局の定めた特定の基準を満たす小規模再生可能エネルギーおよびコジェネを認定施設（QF：Qualifying Facility）とし，QF によって発電された電気を電力会社が回避可能原価（Avoided Cost）で買い取ることを義務付けた。同法により，電力会社以外の事業者が発電事業に参入することができるようになったことから，後の米国電気事業への競争導入に端緒を開いた法律である。また，回避可能原価による買い取義務はその後再生可能エネルギー促進策として世界的に導入されるようになった固定価格買取制度（FIT：Feed-in Tariff）の元祖ともいうべきものである。

　再生可能エネルギーは 1980 年代当初，国産エネルギー供給拡大の一翼を担うべく QF によって導入拡大が図られた。特に，カリフォルニア州は，アップル社などに代表されるように，革新的な気質に富む州であり，風力，

---

[1] Public Utility Regulatory Policy Act（Public Law 95-617）の詳細は，U.S. Government Publishung Office（GPO）website 〈https://www.gpo.gov/fdsys/pkg/STATUTE-92/pdf/STATUTE-92-Pg3117.pdf〉

地熱など非在来型である再生可能エネルギー導入を積極的に推進した。ただし，PURPA自体は連邦法であり，その運用は各州に委ねられ，この時点では再生可能エネルギー導入量について特定の目標が設定されるということはなく，各州の事情に応じて導入が進められていた。また，特に地球環境問題の観点からカーボンフリー電源として再生可能エネルギーを選択するという議論はほとんど見られなかった。

その後，1980年代後半から始まった卸電力市場の規制緩和とは矛盾することから，結果としてPURPAはその役割を縮小されることになった。「2005年エネルギー政策法」でPURPAは改正され，当該地域のQFが競争的卸電力市場に差別なくアクセスできる場合，電力会社はQFからの電力買い取り義務を免除されることになった。具体的には，中西部の独立系統事業者地域（MISO），PJM，ニューイングランドISO，ニューヨークISOおよびテキサス電力信頼度協議会（ERCOT），カリフォルニアISOおよび南西パワープールが以上の条件を満たしており，買い取り義務を免除されている。

だが，「組織された市場（Organized Market）」が形成されていない北西部や南東部ではQFが最近急増している。こうした動きの背景にはRPSを導入した州での再生可能エネルギー新規導入の余地がなくなってきているため，開発業者が新たな市場を求めていることがある。買い取り価格は電気事業者の回避可能原価であるため，QF申請は最初風力が多かったが，最近ではコストが安くなっている太陽も急増しつつある（Peter Maloney Jul. 28, 2016）。

2　再生可能エネルギー利用割合基準（RPS）

再エネについて導入量の目標が設定されるようになったのは，アイオア州が最初であるが（1983年），多くの州で採用されるようになったのは，電力再編の一環として検討された1990年代後半以降である。

RPSは供給事業者に対し供給電力の一定割合を再エネ電力で賄うことを義務付けるものであり，供給事業者が設定された目標を達成できなかった場合には罰金が課せられる。小売供給事業者はRPS目標を達成するために再生可能エネルギー電力を自ら発電するか，他社から購入するか，再生可能エネルギー証書のかたちで調達することになる。また，RPSを採用している州は

図 5-4 再生可能エネルギー利用割合基準（RPS）導入州

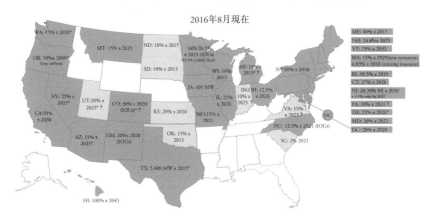

出所：http://www.dsireusa.org/resources/detailed-summary-maps/

RPSプログラムのコストの上限を設定しており，上限を超えた場合の免責条項を規定している。

2016年4月現在，全米29州，ワシントンDCおよび3準州がRPS制度を採用しており，この他8州1準州が拘束力のない再エネ導入目標を設定している。図5-4が示すように，目標年，目標値とも様々である。

大部分の州ではRPSの導入を州法によって規定しているが，ニューヨークやアリゾナ州のように規制手続きによって採用した州もあれば，コロラド州，モンタナ州，ワシントン州のように州民投票で決定した州もある。

一方，全米大でのRPS導入を目的とした法案が連邦議会に上程されたことがあるが，再エネ資源の賦存状況は州によって異なることもあり，連邦レベルの統一したRPS法は成立に至っていない。

表5-3は米国の中でも積極的なカリフォルニア，ニューヨーク，ハワイの各州についてRPS制度の概要を纏めたものである。再生可能エネルギーの対象にはいずれの州でも，太陽熱，太陽光のような太陽エネルギー，波力，潮力といった海洋エネルギー，バイオマスエネルギー，ランドフィルガス，再生可能エネルギーを利用した燃料電池，地熱（カリフォルニアのみ），小水

表 5-3 カリフォルニア，ニューヨーク，ハワイ各州の RPS

州	規制対象	目標比率	目標年	施行年及び関係法令
カリフォルニア	私営電気事業者，市町村営電気事業者	50%	2030	2015 州法 SB350
ニューヨーク	私営電気事業者，市町村営，組合営，小売供給事業者	50%	2030	2016 公益事業委員会令 クリーンエネルギー基準
ハワイ	私営電気事業者	100%	2045	2015 州法 HB623

出所：http://www.dsireusa.org/ から作成

力等が含まれている。

これら3州については世界的にも注目されている。ニューヨークとカリフォルニア州は2030年再エネ50％の目標値を掲げるとともに，分散型資源（DER）を利用した新しい電気事業システムを模索しはじめている。ハワイ州はセキュリティー，経済性，環境上の理由から自らの資源である再生可能エネルギーを最大限利用し自給自足型エネルギーシステムの構築に舵を切った。ハワイは，発電用燃料の85％は化石燃料であり，その内の9割は石油に依存していることから発電コストが極めて高く，平均販売単価もkWhあたり30セント（2015年）程度と全米一電気料金が高い状況が背景にある。

なお，米国において固定価格買い取制度（FIT）を導入している州は6州7プログラムのみである。これは，FITによって最終需要家が電力会社に一定の価格で売電する行為は卸取引と見なされ，連邦エネルギー規制委員会（FERC）の規制権限が及ぶ可能性があるため州当局は消極的にならざるを得ないからだと言われている。米国の電力規制は，卸電力取引，送電線の利用等州際取引はFERC，小売りは各州の規制機関の権限というような二本立ての規制であることから歴史的に権限をめぐる確執が良くみられる。

米国に於いてRPSについて継続的に調査しているローレンス・バークレー国立研究所（LBL）のレポートによれば，RPSが多くの州で導入されるようになった1998年から2013年の間に導入された再生可能エネルギー（水力を除く）の3分の2にあたる51GWはRPS制度を導入した州で建設されており，米国の再生可能エネルギー発電促進に重要な役割を果たしていることが

わかる（G. Barbose et al. 2015）。また，2000年以降の再生可能エネルギー発電増加量の60％，再生可能エネルギー発電設備増加量の57％は，RPSによるものである。RPSがもたらした再生可能エネルギーとしては風力が一番多く，RPS設備の64％を占める。ただし，2015年は太陽エネルギーが一番多く約7割は太陽エネルギー関連設備であった。

　上記研究所の試算では，RPSにより必要となる発電電力量は2015年の2150億kWhから2030年には4310億kWhに増加する。これらの増加量を賄うためには2030年までに新たに6000万kWの再エネ設備が必要となる。

　以上のようなRPS規制を遵守するためには当然ながらコストがかかる。ドイツなどFITを導入した国では負担金の問題が大きな社会問題となっているが，2016年4月に発表されたLBLのRPSの現状レポートによれば，遵守コストは計26億ドル（2014年），MWh当たりでは平均12ドル，平均小売料金に占める比率では1.3％となっていることから，今のところ消費者の負担感はそれほどないものと思われる（G. Barbose et al. 2016）。将来の遵守コストについては不透明であるが，以下のようなパラメータが重要な要素となる。

・再エネ技術のコスト
・天然ガス価格
・連邦税制（ITC，PTC）
・クリーンパワープラン等の環境政策

さらに，欧州ではすでに現実のものとなっているが，調整電源のコスト，容量メカニズムに係るコスト，グリッド強化コストなども米国でも問題となることが予想される。

3　多様な資金支援措置

　再生可能エネルギー開発およびエネルギー効率向上に対するインセンティブ措置に係るデータベース（DSIRE：Database of State Incentives for Renewables & Efficiency）によれば，再生可能エネルギーを利用促進するための資金支援措置として，税制関連のインセンティブ，リベート，補助金（Grant），融資（Loan）等多様である。インセンティブ措置の実施主体も連邦，州，電気事

業者，自治体，民間非営利団体など様々な機関が提供している。2016年8月現在，各州と連邦による資金支援のプログラムは1110に上り，この内には連邦による17プログラムが含まれる。

再生可能エネルギー開発に対する連邦政府のインセンティブ措置は，2016年8月現在，個人税（Personal Tax）関連2件，法人税（Corporate Tax）関連4件，補助金4件，融資7件となっている。これらの再生可能エネルギー支援策のうち，法人税関連のPTCやITCは風力や太陽エネルギー発電の開発にこれまで大きな役割を果たしてきた（表5-4）。

「1992年エネルギー政策法」の一部として規定されたPTC制度は特に風力発電開発に大きく寄与してきた。発電量が多いほど控除額が大きくなり，結果として他の在来電源に対する風力発電の競争力を高めることに寄与したといえる。ただし，PTC制度は失効と延長が繰返され，失効の度に設備容量が大きく落ち込み，風力発電事業者にとっては計画を策定する上で大きな不確定要素になっていた（図5-5）。

最近では，2013年末に失効し，延長されないまま2014年末まで経過したが，PTC延長規定を含む「2014年増税防止法」がオバマ大統領の署名を得て成立した。また，2015年年末には，さらに5年間の延長が認められているが，支援策は段階的に廃止する方向にある。

各州の資金上のインセンティブ措置の中で件数として最も多いのが，全米合計518件を数えるリベートである。リベートの主たる実施主体は電気事業者である。融資も全米合計148件を数え，連邦政府の他大部分の州が実施している。

4　ネットメータリング（NEM）

再エネの利用促進を目的とした施策としては，前述のRPSの他，ネットメータリング制度，系統接続基準の明確化，再エネ対応の建築設計基準の明確化，自治体政府等によるグリーン電力購入政策の実施，電気事業者によるグリーン電力提供の義務付けなどが挙げられる。本節では米国において広範に導入されているネットメータリングについて述べる。

ネットメータリングそのものは，風力発電や太陽光発電のような再エネ発

表 5-4　連邦政府の主要再エネ支援策の概要

支援策	内　容	適用対象と控除額＊	期　限
発電税額控除(PTC)	特定の再エネ電源を対象に設備運開後10年間発電量1kWh当たり一定額を法人税から控除	・風力，地熱，バイオマス（閉ループ）は2.3セント/kWh ・その他適用対象（埋立地ガス，海洋エネルギー等）は1.2セント/kWh	風力は2019年末，ただし，2017年に建設開始の設備は控除額の8割，2018年は6割，2019年建設開始の設備は4割の控除となる。その他は2016年末
投資税額控除(ITC)	特定の再エネ電源を対象に設備投資額の一定割合を法人税から控除	・太陽光・熱，燃料電池，小規模風力（100kW以下）は投資額の30% ・地熱，マイクロタービン，コジェネは10%	技術によって異なる。太陽エネルギー，風力は建設開始時期，その他は運開時期による。 PVなどは2016年から2022年にかけて控除額が30%から10%に減額。燃料電池，小規模風力は2016年で打ち切り。

＊控除額は2016年に適用される額
出所：http://programs.dsireusa.org/system/program から作成

図 5-5　風力新規設備の動向（4Q）

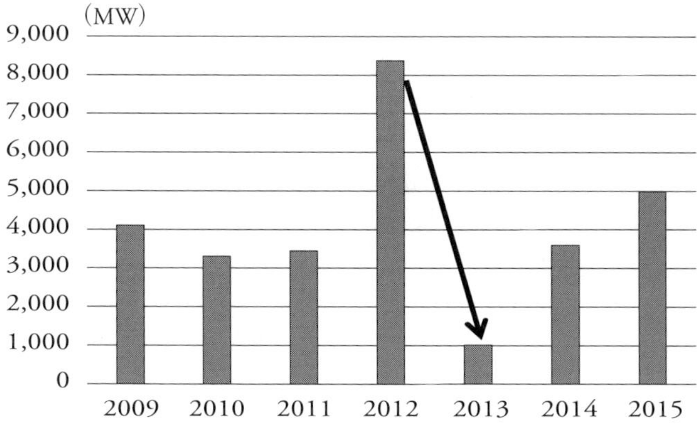

出所：American Wind Energy Association, U.S Wind Industry Annual Market Report 2016 から作成

電設備を所有する家庭あるいは企業において，消費および発電される電力を双方向メーターで計量する手法である。同制度は需要家が自ら再生可能エネ

ルギー発電設備を設置するインセンティブとなるように設計された電気料金制度である。ネットメータリング制度では，再生可能エネルギーを利用して発電された電力の自家消費分を上回る余剰電力が電気事業者の送電グリッドに供給される。需要家が発電した電力の余剰分は，電気事業者に特定の価格で販売できるので，その分電気事業者からの電気代請求書が減額されることになる。

2016年7月現在，41州とDCで導入されているが，制度の内容はRPS同様に多様である。図5-6のように超過分に対するクレジットの仕方も様々である。小売料金と同等の価格で販売することを認める州もあれば，小売り料金以下のクレジットしか認めない州もある。

表5-5はカリフォルニア州，ニューヨーク，ハワイ州で採用されているネットメータリング制度の概要である。対象となる再エネの種類についてはRPS同様，太陽熱，太陽光のような太陽エネルギー，波力，潮力といった海洋エネルギー，バイオマスエネルギー，ランドフィルガス，再生可能エネル

図5-6　ネットメーダリングにおける月間余剰分（NEG）のクレジット方法

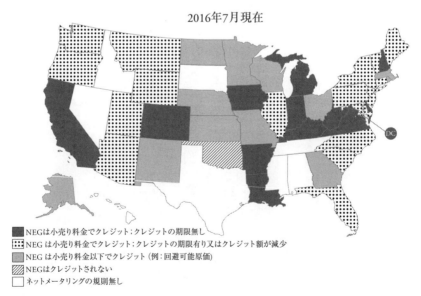

2016年7月現在

■ NEGは小売り料金でクレジット：クレジットの期限無し
▦ NEGは小売り料金でクレジット：クレジットの期限有り又はクレジット額が減少
▨ NEGは小売り料金以下でクレジット（例：回避可能原価）
▨ NEGはクレジットされない
□ ネットメータリングの規則無し

出所：www.dsireusa.org/resources/detailed-summary-maps/WWW.Dsire.org

表 5-5 カリフォルニア，ニューヨーク，ハワイ州のネットメータリング制度の比較

	カリフォルニア	ニューヨーク	ハワイ
対象	ロサンゼルス水道局を除く全ての電気事業者	私営電気事業者	電気事業者
設備容量の上限	1MW	太陽：25kW（住宅），100kW（農業），2MW（非住宅） 風力：25kW（住宅），500kW（農業）2MW（非住宅） 小水力：25kW（住宅），2MW（非住宅） 燃料電池：10kW（住宅），1.5MW（非住宅） バイオガス：1MW（農業） ミニCHP:10kW（住宅）	HECO，MECO，HELCO社の需要家は100kW KIUC需要家は50kW
NEM設備の上限	各社のピーク需要の5％： SDG&E: 607MW SCE: 2,240MW PG&E: 2,409MW	太陽，バイオガス，燃料電池，小水力，ミニCHPは2005年の各社の電力需要の6％，風力については2005年の電力需要の0.3％	配電1フィーダーのピーク需要の15％。15％のうち5％は10kW以下の住宅用及び小規模商業用。
販売価格	小売り料金と同等	小売り料金と同等。住宅用のミニCHPと燃料電池については電気事業者の回避可能原価相当のクレジット。	小売り料金と同等
その他	カリフォルニア州公益事業委員会の決定により，NEM設備が上限に達した期日か2017年7月1日いずれか早い方の期日以降は75ドル〜150ドルの接続コストを支払う必要。	2015年7月にコミュニティNEM制度が導入されている。低所得者，賃借者，再生可能エネルギー設備を購入できないホームオーナー向けの制度。	2015年10月公益事業委員会はNEMの中止を決定。

出所：http://www.dsireusa.org/ から作成

ギーを利用した燃料電池，CHP（ニューヨーク），地熱（カリフォルニア），小水力等である。設備容量やNEM設備の上限等についても各州各様である。わが国ではメガソーラーと呼ばれるような大規模なものも対象となっている。ハワイ州のようにNEM設備の上限を1フィーダーのピーク需要の15%としている州もある。

　ネットメータリングもRPS同様にコスト負担の問題がある。米国で問題となっているのは，需要家間の相互補助問題とグリッド費用の負担問題である。相互補助問題は，ネットメータリング制度により太陽光発電設備のような再生可能エネルギー発電設備を設置し余剰分のクレジットを受ける需要家とそれ以外の需要家の間での分配問題である。「持てる者」が「持たざる者」の負担で便益を得る仕組みは問題との指摘である。一方，グリッド費用の負担問題については電気事業者が指摘している問題である。仮に当該需要家が小売売り料金と同等の料金で余剰分をクレジットされる場合，この料金には送配電費用も含まれることになる。したがって，本来需要家が負担すべき送配電費用まで含めた小売り料金でクレジットすることは不公正であるとの指摘である。

　米国においては，新しい制度を導入するに当たっては費用便益分析手法が用いられる。ネットメータリングも然りで，次のような5つの観点から精査され，その上で導入するかどうかが判断されている。

① システムを設置する需要家にとって，再生可能エネルギーによる自家発電に費用対効果があるかどうか。
② システムを設置した需要家以外の需要家に費用上の影響があるかどうか。
③ 電気料金の支払額は変動するということを前提として，NEMのプログラム導入によって全体的に支払額は下がるのかどうか。
④ NEMの発電によって，エネルギー全体のコストを下げることになるのかどうか。
⑤ NEMによる健康上の影響のような費用や外部性を考慮しても純社会的便益をもたらすかどうか。

以上は，カリフォルニア州で作成され50州で採用されているマニュアル

で定義されている費用テストであるが，現在ネットメータリング制度の是非について多くの州で議論されているところである（California Public Utility Commission 2001）。議論の焦点は余剰分のクレジットの額が中心である。ネバダ州の例では，相互補助問題やグリッドコストの問題でネットメーター料金（余剰分のクレジット額）が引き下げられる一方，需要家の固定料金が引き上げられたことから，ルーフトップPVの新設が激減し，太陽光ディベロッパーが撤退することになり州議会を巻き込んだ大きな騒動になった（Krysti Shallenberger, 2016）。

なお，費用便益計算では，便益についてはRPS，ネットメータリング制度も同様のものが考慮される。ひとつは，再生可能エネルギー導入による環境上の便益である。大気汚染物質（CO_2，SO_x，NO_x等）が削減されることによる健康上の便益である。また，再生可能エネルギー設備の建設，運用から創出される雇用や投資による経済効果も便益である。加えて，組織された市場に限界費用がゼロの再生可能エネルギーが卸電力市場に参加するようになると卸電力価格への下方圧力が働くことになるのも便益となる。

本章では，米国の再生可能エネルギーの導入状況と連邦と州の政策の特質について述べた。わが国では，政策形成に於いて再生可能エネルギー政策の先行事例としてドイツ等欧州の事例を参考にする場合が多い。だが，ドイツが先行事例として学んだのはPURPAであると言われているように，米国にも失敗事例を含め先行事例として学ぶべき点が多い。

具体的には本章でも若干触れたが，再生可能エネルギー導入に関わる様々な費用と便益を数値化してネット便益を導出する方法論については参考にすべきものがあると思われる。特定の政策導入や制度変更の是非を判断する道具である費用便益分析の有用性は言うまでもないであろう。他方で，こうした方法論を政策判断の一助としている米国で，現実に採用された制度が社会的厚生を最大化しているかは不透明である。生産者間での余剰の再配分のみ，あるいは消費者から生産者への余剰の移転だけで社会的厚生が必ずしも増加していないという可能性がある。この論点は本章の目的ではないので，今後の研究課題としておきたい。

参照資料

井上寛（2015）「米国における再生可能エネルギーの開発とその課題」『海外電力』2015 年 3 月号

海外電力調査会（2014）「海外諸国の電気事業」第一篇

Barbose, G. et al.（2015）Costs and Benefits of Renewables Portfolio Standards in the United States, LBNL-187516, July.

Barbose, G. et al.（2016）U.S. Renewable Portfolio Standards: 2016 Annual Status Report, LBNL-1005057, April 2016.

California Public Utilities Commission（2001）*California Standard Practice Manual*, October, 2001.

Energy Environmental Economics（2016）Nevada Net Energy Metering Impacts Evaluation 2016 update, August 2016.

Krysti Shallenberger（2016）With Jon Wellinghoff, Solarcity looks to resolve net metering disputes in Nevada and elsewhere, Utility Dive, June 23, 2016.

Peter Maloney（2016）*PURPA's puzzle: FERC workshop revisits 1978 law, embattled over its implementation*, July 28, 2016, Utility Dive.

US Energy Information Administration（2016）Annual Energy Outlook.

第Ⅱ部
再生可能エネルギーの課題と論点

系統連系問題

Chapter 6

安田 陽

第Ⅱ部では再生可能エネルギーの課題を論じるが，まずはじめに本章では，直近の最大の課題として「系統連系」問題を論じることとする。事実，本書執筆時点（2016 年秋）で日本中の多くの地点で系統制約問題が発生しており，系統接続に対する事実上の門前払いが多発し，再生可能エネルギー分野への投資意欲を大きく減退させる結果となっている。

結論を先に述べると，再生可能エネルギーの系統連系問題は，そのほとんどが技術的要因ではなく，制度上の不備や不作為に起因する。本章では，技術的背景や諸外国の事例を元に，そのことを検証していく。

日本では，再生可能エネルギーは「不安定で」「予測不能であり」「電力系統に迷惑をかける」という考え方が支配的であり，あたかも解決困難な技術的問題が山積しているかのような印象を与える主張も多い。しかし，本章で示すように，海外ではここ 10 年で系統運用に関する技術や制度が大きく進み，10 年前には大きな「障壁（バリア）」だったものが徐々に取り除かれ，現在では多くの国や地域（とりわけ欧州や米国のいくつかの州）で，再生可能エネルギーの大量導入を実現させている。

本章では，系統連系問題という「障壁」が何故発生するのか，それを諸外国がどのように取り除いてきたのか，日本では何をすべきなのかについて，世界と日本の情報ギャップを紹介しながら議論する。

6-1　はじめに：世界と日本の情報ギャップ

再生可能エネルギーの系統連系問題とは，すなわち，風力発電や太陽光発電などの変動性再生可能エネルギー（VRE：Variable Renewable Energy，以下 VRE と略称）を電力系統に接続したり，VRE が大量に導入された電力系統を運用する場合に発生する諸問題のことである。この問題を論じるにあたってまず押さえておかなければならないポイントとしては，日本で流布している言説と世界の最先端の議論には大きな情報ギャップがある可能性がある，ということである。本章では，再生可能エネルギーの系統連系問題に対して，技術的考察や市場設計・法整備に関する論点を縦糸として，世界と日本の情報

ギャップを横糸として,複雑に絡まった糸を解きほぐしながら考察していくこととする。

まず表6-1に本章で議論する主な論点と,それに対する世界と日本の情報ギャップをまとめる。現在の日本では,再生可能エネルギーの導入にあたってはまだまだ技術的課題が山積しており,「不安定な」出力を調整するにはバックアップ電源や蓄電池が必要不可欠で,系統増強などのコストも再生可能エネルギーのコストの一部として考えなければならない,という主張が支配的なようである。

しかしながら,表6-1に見る通り,海外(とりわけ日本を除くほぼすべての先進国)では,日本とは全く真逆の議論がなされている。すなわち,再生可能エネルギーの大量導入を阻むものは技術的課題ではなく制度的障壁であり,変動成分を調整するためには系統の柔軟性を考慮する必要があり,系統増強コストは社会化して受益者負担の原則とすべきである,という議論である。

海外でもかつては日本のような議論がされていたが,ここ10年間のさまざまな技術革新により,それらは既に古い考え方であるという認識となりつつある。例えば表6-2に海外の主要報告書におけるVREの系統連系問題に

表6-1　本章の各論点における世界と日本の情報ギャップ

論点	世界	日本	対応節
VRE大量導入を阻む障壁	ほとんどが制度的障壁	技術的課題が山積	6.1節
VREの変動性を管理する手段	柔軟性	バックアップ電源	6.2節
		蓄電池	
	短時間市場の設計	気象予測技術	
VRE大量導入時の系統増強のコスト負担	便益の定量化,費用便益分析	コスト負担に関する議論	6.3節
	受益者負担の原則	原因者負担の原則	
	送電事業者負担(シャロー方式)	発電事業者負担(ディープ方式)	
系統接続	非差別かつ透明なルール	接続可能量,接続制約	
給電の優先順位	メリットオーダー,優先給電	風力・太陽光発電の出力抑制	6.4節

表 6-2　海外の系統連系問題に関する言説

言説	文献
欧州の電力系統に連系できる風力発電の量を決めるのは，技術的・実務的制約よりも，むしろ経済的・法制的枠組みである。	Hulle et al. (2009)
風力発電は今日すでに，大規模電力系統では深刻な技術的・実務的問題が発生することなく電力需要の 20％までを占めることができると一般に見なされている。	
20％以上というさらに高い導入率のためには，電力系統および風力発電を受け入れるための運用方法における変革が必要である。	
VRE（変動性再エネ電源）の低いシェアにおいて（5〜10％），電力システムの運用は，大きな技術的課題ではない。	IEA (2014)
現在の電力システムの柔軟性の水準を仮定すると，技術的観点から年間発電電力量の 25〜40％の VRE シェアを達成できる。	
従来の見方では，電力システムが持ち得る全ての対策を考慮せずに，風力発電と太陽光発電を増加させようとしてきた。この"伝統的"な考え方では，重要な点を見落とす可能性がある。	
技術的な問題の 99％は，解決することができる。	石井 (2015)

関する言説を引用するが，2009 年時点では「深刻な技術的・実務的問題が発生することなく電力需要の 20％までを占めることができる」(Hulle et al. 2009) と言われていたものが，その 5 年後には「技術的観点から年間発電電力量の 25〜40％の VRE シェアを達成できる」(IEA 2014) と数値が上昇している点に着目すべきである。

再生可能エネルギーの分野はコンピューターやスマートフォンなど情報通信技術に比肩するほど技術革新のスピードが早い分野であり，数年前に解決困難であったものが新しい技術や制度の元で解決されたり，目標が上方修正されたりする現象が多く見られている。にもかかわらず，日本語で流布する資料や記事は，海外の最新情報を追い切れておらず，「従来の考え方」や「昔の技術」で再生可能エネルギーの導入について議論しているものが多い。

とりわけ，現在の日本の VRE（風力＋太陽光発電）の年間発電電力量に占める導入率はわずか 2.5％であり（2014 年時点，IEA（2016）のデータより筆者調べ），表 6-2 の引用の通り「電力システムの運用は，大きな技術的課題ではない」というレベルにあることは充分認識しなければならない。他方，VRE 大量導入の最先端を走っているデンマークやスペイン，ドイツでは導

入率が既にそれぞれ40％，20％，15％を超えており（同2014年時点），「その先」を見据えた次のステージの議論をしているという時間軸上の大きなギャップが存在することも，危機感をもって情報共有しなければならない。

本章では，VREをどれだけ大量に電力系統に接続できるか，という系統連系問題について技術・法制度・市場の各論点から議論するが，その議論の前提として，従来日本語で入手できる情報の多くが，世界の最先端の情報をキャッチアップできておらず，内外で深刻な情報ギャップが存在しているということを認識しながら，議論を進めていきたい。

6-2 系統連系問題の技術的考察

1 「バックアップ電源」と「柔軟性」

例えば，日本ではVREの問題点として「不安定である」「予測困難である」「電力系統迷惑をかける」などの指摘もあり，日本ではその「問題点」を補うために火力発電による「バックアップ電源」や蓄電池が必要であるとの認識がある。しかしながら海外での論調は，蓄電池は最初に考えるべき選択肢とはならず（6-3節で詳述），火力によるバックアップ電源もさまざまな手段のひとつでしかないとする見解の方がむしろ多い。海外の系統運用の研究者・実務者の間で現在盛んに議論されている技術的専門用語は，「柔軟性」（flexibility）である。

柔軟性は，簡単にいうと電力系統全体がもつ調整能力のことであり，国際エネルギー機関（IEA）によると，

(1) ディスパッチ[1]可能な電源
(2) エネルギー貯蔵
(3) 連系線
(4) デマンドサイド

の4つに分類できる（IEA 2011，IEA 2014）。図6-1に電力系統における柔軟性の考え方を示す。

図6-1 ある電力系統の中での柔軟性の検討方法

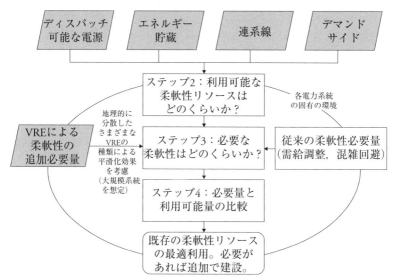

IEA（2011）の図を元に筆者作成

このうち(1)のディスパッチ可能な電源は，いわゆる「バックアップ電源」をイメージする従来の火力発電だけでなく，応答の速い貯水池式水力発電や小形ガスタービンによる分散型コジェネレーション（以下，コジェネ）なども含まれる。(2)のエネルギー貯蔵は，次世代技術に属する大容量蓄電池や空気圧縮貯蔵（CAES：Compressed-Air Energy System）や揚水発電を意味し，揚水発電は十分成熟した既存技術で現在多くの電力系統に設置済の設備であ

---

1) なおここで，「ディスパッチ」とは，送電事業者の中央給電司令所や電力市場と通信でき，制御可能な電源のことである。英語の"dispatch"は従来「給電指令」と訳されることが多いが，この訳語は自由化されていない垂直統合された電力系統では有効なものの，自由化や発送電分離が進んだ電力系統では必ずしも給電指令所からの「給電指令」を指すわけではないため，誤解を招きやすい。例えば セルフディスパッチ（self-dispatch）は送電事業者からの指令ではなく電力市場で落札されたことにより発電事業者が契約通り発電を行う行為を指し，ディスパッチダウン（dispatch down）は給電指令所からの出力抑制を指す。したがって，本章では従来概念の用語との混同を避けるために「ディスパッチ」とカタカナで標記することとする。

る。また (3) の連系線は，電源（発電設備）ではないが，能動的な制御を行うことで調整力を生み出す設備であり，さらに (4) は，需要家が情報通信技術を介して需給調整に能動的に参加する新しい形態であり，今後発展が期待される新規技術のひとつである。

このように，電力系統全体で考えられる調整力は「電源」だけに限らず，さらに火力発電だけに限定されるものではない。現在日本で盛んに議論されている「バックアップ電源」とは，系統全体が持つさまざまな柔軟性の中で，極めて限定された選択肢のひとつでしかないことがわかる。もちろん火力発電による調整力は充分に技術が確立した手法であるが，それ以外の選択肢をほとんど議論しないまま特定の手段にのみ固執すると，国全体のエネルギー政策から見ても最適化がなされないバランスの悪いシステムに陥ってしまう危険性があることに注意しなければならない。

逆に，再生可能エネルギーの大量導入が既に進んでいる国や地域が，なぜそれを実現できているかという理由のひとつとしては，まさに，上記のようなさまざまな柔軟性の選択肢の中から，自分の国や地域に適した手段を実現可能性が高い順に，またコストの安い順に選択し，最適化を図ってきたからだとも言える（図6-1の方法を参照のこと）。例えばデンマークでは，豊富な連系線容量を活かすだけでなく，市場や送電事業者と通信するコジェネ設備が需給調整に参加している（6-4節2項で詳述）。ポルトガルでは好風況地域と水源がほぼ一致しているため，水力発電がVREの調整に大きな役割を担っている（各国の電源構成と柔軟性の議論は安田（2013b），安田（2016c）を参照のこと）。

このような国際的議論の文脈で，現在「バックアップ電源」や「柔軟性」がどのように議論されているかを客観的に比較してみると非常に興味深い。表6-3は欧州や北米の主要な政府機関・団体が発行する再生可能エネルギーの系統連系問題に関する報告書を対象に，バックアップ（backup or back-up）および柔軟性（flexible or flexibility）という用語でキーワード検索を行い，その用語の出現回数を調査した結果である。表に示す通り，"backup"という用語を好んで多用する文献は少なく，多くの国際機関や政府系プロジェクトの文献で"flexibility"という用語の方が圧倒的に多く登場することがわかる。もち

表6-3 海外主要報告書における「バックアップ電源」と「柔軟性」の用語出現数（筆者調べ）

機関・団体	文献名 （邦訳のあるもの以外は筆者仮訳）	文献	バックアップ (backup or back-up)	柔軟性 (flexible or flexibility)
気候変動に関する政府間パネル（IPCC）	再生可能エネルギー源と気候変動緩和に関する特別報告書	IPCC（2011）	16	102
国際エネルギー機関（IEA）	変動性再生可能エネルギーを利用する〜需給調整のチャレンジへのガイド	IEA（2011）	2	614
	電力の変革〜風力，太陽光，そして柔軟性のある電力系統の経済価値〜	IEA（2014）	5	254 （文献名にも登場）
経済協力開発機構原子力機関（OECD/NEA）	原子力エネルギーと再生可能エネルギー〜低炭素電力系統における効果	NEA（2012）	82	239
国際電気標準会議（IEC）	大容量再生可能エネルギー源の系統連系と大容量電力貯蔵に関する白書	IEC（2012）	0	125
第6次枠組み計画（FP6）（欧州委員会の科学技術プロジェクト）	風力発電の市場統合と系統連系〜風力発電の大規模系統連系のための欧州電力市場の発展	Hulle et al.（2009）	3	97
インテリジェントエネルギー（欧州委員会の科学技術プロジェクト）	欧州風力連系研究〜欧州電力系統への大規模風力発電の系統連系の成功に向けて	EWIS（2010）	1	39
欧州送電系統運用者ネットワーク（ENTSO-E）	系統開発10ヶ年計画（2014年版）	ENTSO-E（2014）	0	75
欧州電気事業連盟（Eurelectric）	柔軟性のある電源〜再生可能エネルギーをバックアップする	Eurelectric（2012）	4 （文献名にも登場）	5 （文献名にも登場）
米国連邦エネルギー規制委員会（FERC）	オーダー1000：送電線を所有・運用する公的電力公社による送電線計画および費用割当	FERC（2011）	0	84
北米信頼度協議会（NERC）	高水準の変動電源を受け入る	NERC（2009）	1	43

ろん，海外文献でもバックアップ電源について言及する文献は皆無ではないが，筆者が調査した限りでは海外でバックアップという用語を好んで多用する文献は学術的論文や政府機関・産業界の報告書ではあまり見あたらず，むしろ多くの文献で「柔軟性」が圧倒的に多く使われていることがわかる。

　このように，系統運用に関して今や世界中の研究者・実務者の間で盛んに議論されているキーワードは，「柔軟性」であると言える。そして，この用

語が日本語文献ではまだまだ目にする機会が少ないことは，その用語が表す「新しい概念」がまだまだ日本には十分浸透していないということを意味する。再生可能エネルギーの系統連系問題を論じるには，「バックアップ電源」のような従来の考え方ではなく「柔軟性」というような新しい概念による議論が必要である。

2　蓄電池は最初の選択肢ではない

同様に，蓄電池の問題について取り上げたい。前節で議論した通り，蓄電池を含むエネルギー貯蔵は柔軟性を供給する系統設備のひとつではあるが，重要なのは図6-1に示した通り，「既存の柔軟性リソースの最適利用」である。この点で，結論から先に述べると，蓄電池は最初の選択肢ではない。

その理由は簡単で，蓄電池は他の柔軟性を供給する手段に比べ，コストが高いからである。図6-2に柔軟性を選択するための優先順位を表した概念図を示す。この図では，VRE大量導入のために電力系統の柔軟性をどのような手段で調達し効果的に用いるかが模式的に描かれている。上段は技術的解決手段であり，下段は制度的改善方法であるが，それぞれ既存設備の活用や制度設計の変更など，実現可能性や開発コストの安い順に並べられている。

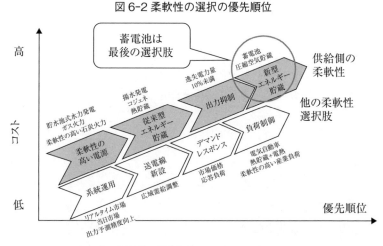

図6-2　柔軟性の選択の優先順位

IEA Wind Task25（2015）の図を元に筆者作成

この概念図から考えると、蓄電池の登場は最後の最後の手段であり、それ以前にコストが安い選択肢が数多く存在することがわかる。現時点でコストの高い蓄電池を補助金などで市場投入することは、経済学的にも合理性はない。

また海外では、蓄電池などを併設してVRE電源側で個別に対策して、あらかじめ変動成分を除去して電力系統に接続することは、技術的にも合理性がないと見なされている。たとえば、風力発電や太陽光発電などのVREは自然現象によって出力が変動するものであるが、その変動成分は広域に広がる複数の電源からの出力を電力系統全体で混ぜることにより、平滑化されることが明らかになっている（図6-3参照）。

これは風力の分野では「集合化（aggregation）」、太陽光の分野では「ならし効果（smoothing effect）」とも呼ばれている。一般にVREの変動成分は地理的に分散した相関性の少ない変動成分が平滑化されるため、変動成分を電力系統全体で混ぜ合わせて一括管理することにより、変動対策は技術的にも容易になりコスト的にも安く済むことになる。VREと蓄電池（エネルギー貯蔵

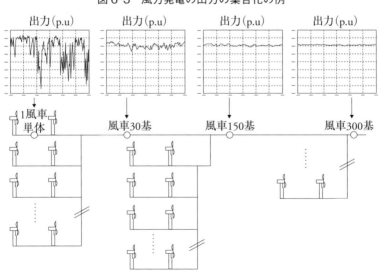

図6-3　風力発電の出力の集合化の例

出典：Söder and Ackermann（2012）

表 6-4　海外の蓄電池に関する言説

言　　説	文　献
風力発電の導入率が電力系統の総需要の 10～20％であれば，新たな電力貯蔵設備を建設するコスト効率はまだ低い。	Holttinen et al. (2009)
集合化によっていかなる負荷および電源の変動性も効果的に低減できるような大規模な電力系統において，風力発電専用のバックアップを設けることは，コスト効率的に望ましくない。これは，特定の火力発電所が供給停止した場合に備え専用の電力貯蔵設備を設置したり，特定の負荷の変動に追従するための専用の発電所を設けるのが無益であるのと同様である。	
エネルギー貯蔵は最初に検討する選択とはならない。なぜならば，20％までの適度な風力発電導入レベル（筆者注：発電電力量に対する導入率）では，系統費用に対して経済的な影響は限定的だからである。	Hulle et al. (2010)
エネルギー貯蔵装置は系統全体に対して経済的便益を最大にするために用いる場合に最も経済的になるものであり，単一の電源に対して用いられることはほとんどない。	Milligan et al. (2012)
この結果（筆者補足：エネルギー貯蔵の検討）は系統の柔軟性や電源構成，電源の変動性によって決まるが，導入率が 20％以下では小さな離島の系統を除いた全ての系統で経済的に妥当となるとは言えず，導入率 50％以上ではほとんどの系統で電力貯蔵が経済的に妥当となる。	
特定の再エネ電源のためだけに大容量エネルギー貯蔵システムを設置することは，系統全体の変動性や不確実性を制御するよりも高コストとなる。	IEC (2012)

に関する国際議論として，例えば表 6-4 のような言説を挙げることができる。

　もちろん，海外でも電力用大容量蓄電池の研究開発は盛んであり，再生可能エネルギーと関連したプロジェクトも複数存在する。しかしながら，海外の研究開発動向を詳細に分析すると，日本のように電源側に設置して変動出力を個別に抑制する方法はほとんど見られず，(i) 変電所などの系統側や負荷側に設置し，電力系統全体の需給調整に参加する，(ii) 電力市場と密接に連動し，裁定取引やアンシラリーサービスの販売などのビジネスモデルなどを想定している，という傾向が見られることが明らかになっている（安田 2015a）。

　一方，日本では，これまでも「蓄電池併用枠」などという形で風力発電所への蓄電池併設が誘導されたり，最近でも 2015 年 1 月 26 日に施行された FIT 省令の改正（経済産業省 2015a）後の対策として，「蓄電池設置等による出力変動の緩和対策」が電力会社（一般送配電事業者）から要求されるケースも依然として続いている。また国や地方自治体から支援される補助金の多

くが太陽光に併設する蓄電池も対象としている。その導入コストは，電力の最終消費者が支払う電気料金ではなく，税などの別の形で国民や地域住民が負担したり，固定価格買取制度（FIT：Feed-in Tariff）における買取価格を不要に押し上げることになり，健全な技術開発や市場を歪める結果となる可能性がある。

日本では誰しもが「再生可能エネルギーの変動対策には蓄電池」という考えに至る傾向にあり，それがほとんど何の疑問も持たれずに流布しているが，国際技術動向に照らして考えるとこれは技術的にも経済的にも根拠がなく，日本の技術発信や国際競争力の強化という観点からも疑問符がつかざるを得ないことがわかる。

3　出力予測技術と系統運用・市場設計との組み合わせ

前項における議論で，蓄電池の開発動向が世界と日本では大きな乖離を見せており，日本の蓄電池開発は系統全体での系統運用や電力市場という観点が欠落しているということが明らかになった。本項で議論するVREの出力予測技術も同様で，結論を先取りすると，日本の出力予測技術の開発は，気象予測手法などの技術開発のみに特化され，系統運用や電力市場との関連がほとんど議論されていない状態である。

再生可能エネルギーの大量導入が既に進んでいる欧州では，VRE（とりわけ風力発電）の出力予測技術にも一日の長があり，さまざまな予測手法が既に実用化され，産業界に導入されている。例えば，スペインの送電事業者であるREE（Red Eléctrica de España）社は，自社が運用する中央給電司令所の一部として再生可能エネルギー制御センター（CECRE：Centro de Control de Régimen Especial，以下CECRE）を設立し，風力発電および太陽光発電の予測技術を系統運用の一部に盛り込んでいる。注目すべきは，このCECREは世界に先駆けて2006年にすでに運用を開始し，今日まで10年の実績を積んでいることにある。CECREで用いられているSIPREOLICOという予測ツールは，観測技術や数値計算手法といった予測技術の進歩により，精度が年々向上しているという実績データも得られている（Rodoríguez, et al. 2012）。

CECREの特徴は単に予測技術だけではなく，全国28ヶ所に分散して配置

された再生可能エネルギー地域制御センター（RESCC）を通じて，スペイン全土の10MW以上の全ての風力発電所と通信回線で結ばれており，各風力発電所の出力がリアルタイム（おおむ概ね12秒ごと）で監視・制御できることにある。また，各風力発電所の風向，風速，温度などの情報に基づき，風力発電の出力予測が行われ，48時間後までの1時間ごとの予測が20分ごとに計算されている。さらに，風力発電の出力予測に応じて他の電源（揚水発電やCCGTなど）の5時間先の調整力が算出され，これを用いてスペイン系統上の70ヶ所の変電所ごとの系統事故の系統解析が20分ごとに実施されている（Rodoríguez et al. 2012）。同様に，デンマークの送電事業者であるEnerginet.dk社でも，中央給電司令所において5分間隔で風力発電の出力予測を行い，その都度系統解析を行って系統信頼度を確認している（Orths 2012）。このように，VREの出力予測は送電事業者の系統運用と密接に組み合わさってはじめて威力を発揮するものである。

　また，VRE出力予測技術に関しては，電力市場との関連も重要である。一般に欧州の小規模なVRE発電事業者は，自社で高精度の予測技術や市場取引のための専門職員をもたないため，需給調整責任者（BRP：Balance Responsible Party）と契約し需給調整に関する管理業務を委託する傾向にある。このBRPは送電事業者や従来型大型火力をもつ発電事業者などが担う場合が多いが，中には発電所などの設備を全くもたないパワートレーダーといった入札代行サービス会社も存在する。設備をもたないパワートレーダーは，委託契約した小規模発電事業者のさまざまな組み合わせのVRE電源からの出力を予測し，電力市場に入札することで利益を得るが，ここで予測通りに発電が行えず需給インバランスを発生させてしまうとインバランス料金（違約金）を支払わなければならず，利益が減少することになる。したがって，このようなサービス会社にこそ，高度な予測技術が必要となる。実際，デンマークやドイツでは数～十数社のVRE出力予測サービス会社があり，図6-4のような形で送電事業者やVRE発電事業者だけでなく，上記のようなパワートレーダーに対して，予測サービスやデータを提供している（安田2016a）。このように，VRE出力予測は電力市場を通じた取引ビジネスに実際に実用的に用いられていることがわかる。

図 6-4 自由化された電力市場における出力予測会社の役割

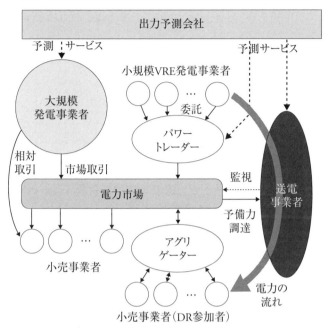

　VRE 出力予測は，気象モデルや数値計算手法の改善によってその予測精度を技術的に向上させるだけでなく，市場設計という制度上の問題も極めて重要である。なぜならば，電力市場に当日市場（時間前市場）が存在せず，VRE 発電事業者が前日市場にしか入札できなかった場合，前日の 17 時（国や地域によっては前日の 12 時）までの時点での予測しか用いることができず，充分な予測精度が確保できないまま市場に入札しなければならないからである。一方，時間前市場が存在し，VRE 発電事業者も入札する権利を有しているならば，発電事業者は実供給時間の 3〜4 時間前（国や地域によっては 15 分前）まで入札が可能となり，精度の高い短時間予測の計算結果を使うことができるからである。これにより，発電事業者（およびそこから委託されたパワートレーダー）にとっては予測が外れた際のインバランス料金の支払いリスクを低減し，送電事業者にとっては待機する予備力を削減でき，双方にメリットが生じることとなる。

実際に欧州では，2000年代後半から再エネ出力予測と市場設計の適切な組み合わせが提唱され（Hulle et al. 2010），実際に短時間市場の整備が進んできた経緯がある（Rodoríguez et al. 2012およびOrths 2012）。図6-5に北欧の電力市場におけるVRE発電事業者の位置づけを示す。北欧市場の前日市場であるElspot市場や当日（時間前市場）であるElbas市場，さらには需給調整市場にも風力発電事業者は参加することが可能となっている（Orths 2012）。将来的には，適切な再エネ出力予測と市場設計の組み合わせがあれば，欧州全域で年間2.6億ユーロ（2016年9月時点のレートで約300億円）もの電力系統コストを削減できるという試算もある（Hulle et al. 2009）。

現在，日本でも新エネルギー・産業技術総合開発機構（NEDO）を中心にVRE出力予測技術の技術的開発が行われ，また日本卸電力取引所（JEPX）において短時間市場が2016年4月から開設されるなど徐々に市場整備が進んでいるが，VRE出力予測技術と短時間市場の設計や運用を結びつけた議論はほとんど見られず，技術と制度設計の両者を学際的に議論する場がほとんど存在しないといえる。技術開発のみに偏重せず，多角的で複眼的な制度設計の議論が望まれる。

技術開発と市場設計などの制度問題の組み合わせに関しては，6-4節でも再び言及する。

6-3　系統連系問題の政策的課題

1　「原因者負担の原則」と「受益者負担の原則」

前節までに議論した通り，日本ではバックアップ電源や蓄電池のような，他の選択肢を排除した充分に合理的でないソリューションがほとんど疑問ももたれずに流布していることが明らかになった。なぜそのような国際的議論に背を向けた非合理な議論が日本で行われているのかを推測すると，再生可能エネルギーという新規技術に対するコスト負担の考え方にまで行きつくことになる。

図6-5 北欧電力市場とVRE発電事業者の関係

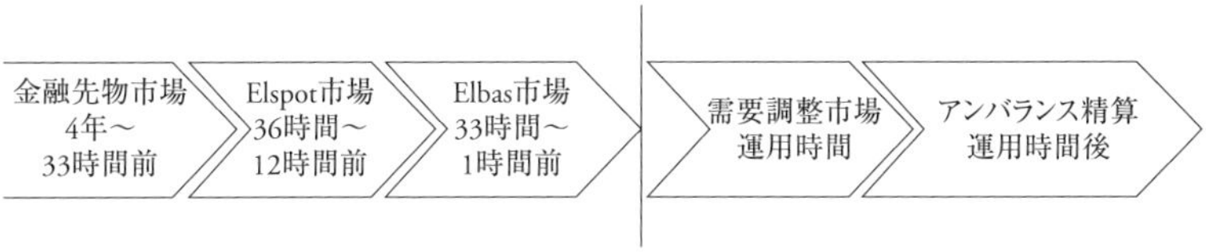

| 金融先物市場 4年〜33時間前 | Elspot市場 36時間〜12時間前 | Elbas市場 33時間〜1時間前 | 需要調整市場 運用時間 | アンバランス精算 運用時間後 |

Orths（2012）を元に筆者作成

日本ではこれまで、新設電源に対して「原因者負担の原則（PPP：Polluter-Pay Principle または Generator-Pay Principle）」を求める考え方が主流であった。例えば2015年3月に解散した電力系統利用協議会（ESCJ）のルールには「原因者負担」という用語が明示的に記載されていた（電力利用協議会 2015）。今日に至るまで、蓄電池併設などといった形でVREの変動対策を発電事業者に課すことが正当化されてきたのは、このような考え方に起因すると考えられる。

しかしながら欧州や北米では、この考え方はこの10年の議論を経てすっかり変化しており、VREの接続に伴う変動対策や系統増強は「受益者負担の原則（BPP：Beneficiary-Pay Principle または Users-Pay Principle）」としてコストを社会化し、電力系統の運用者の責務で行うことが望ましいという認識になっている。例えば、ドイツの連邦経済エネルギー省や米国連邦エネルギー規制委員会といった海外の規制機関の文書など、「受益者負担」に言及する文献は数多く見られている（BMWi 2015; FERC 2012）。

幸い日本でも新しい兆しが見られ、2015年4月に発足した電力広域的運営推進機関（以下、広域機関と略称）の「送配電等業務指針」では、「受益者」という用語も登場し（電力広域的運営推進機関 2015）、この受益者負担の発想が少しずつ日本にも浸透してきたとも解釈できる。しかし、現時点でもVREに対して「原因者負担の原則」を当然のように求める言説は少なくなく、この受益者負担の発想が浸透するためにはまだまだ時間を要するものと考えられる。

この原因者負担の考え方は、原因（VRE電源）と結果（変動性）の因果関係の説明がわかりやすく、一見公平に見えるものの、新規技術に対する高い参入障壁に容易に変貌する可能性がある。出力の変動成分の発生やそれに伴

う系統対策は確かに電源側が問題発生の原因者と見ることができるが，再生可能エネルギー電源は汚染物質の発生者のようなものではなく，CO_2排出削減や化石燃料削減などの「便益（benefit）」ももたらすからである。最終的に消費者や国民に便益をもたらす電源方式（原因者）が，その便益について何ら考慮されずにコスト負担を強いられているとしたら，これは公平な市場設計とは言えず，大きな参入障壁となる。

日本では再生可能エネルギーに関する議論では国民のコスト負担ばかりがクローズアップされ，将来の国民にもたらされる便益についての定量的な議論はほとんど見られない。蓄電池の併設の事実上の義務化など，海外ではほとんど見られない非合理的なソリューションが十分な議論もされずに流布するのも，再生可能エネルギーの便益に関する議論の不在と，それに起因した原因者負担の発想の踏襲が根本原因であると見ることができる。

2 「ディープ方式」と「シャロー方式」

前節で議論した「原因者負担」と「受益者負担」の考え方の違いは，接続料金問題にも関係する。接続料金問題とは，再生可能エネルギーなどの新規電源をある地点（具体的にはある変電所）に接続する際に，必要となる系統増強費を誰が支払うのかという問題である。

接続料金体系には大きく分類して，「ディープ方式」と「シャロー方式」が挙げられる。ディープ方式は発電事業者が負担し，シャロー方式は送電事業者（欧州では系統運用者（TSO），日本では一般送配電事業者＝電力会社）が負担する方式である。また，その中間で，一定のルールに従って案分する「セミシャロー」という方式も存在する。図6-6にディープ方式とシャロー方式の概念図を示す。

ここで，どの事業者が一時的にそのコストを負担するにしても，最終的にはそれは電力料金やFIT賦課金という形で最終消費者（≒国民）に転嫁されるということが重要である。つまりコストを直接的に支払うのは誰かではなく，社会コストをどれだけ増やさずに最適配分し，再生可能エネルギーを最大限導入するか，が問題の本質となる。この議論は欧州や北米では10年以上前から長く議論されているが，日本語で読める文献としてはいくつかの先

見性のある例外（例えば，岡田および田頭（2009），Morthorst and Ackermann（2012）など）を除き，まだまだ少ないのが現状である。省庁の審議会資料などでも散発的に登場するのみで，一般には，マスコミのみならず再生可能エネルギー事業者の中でもさえも充分に広く認識されていない可能性がある。

表6-5に，接続料金体系のメリット・デメリットをまとめたものを示す。ディープ方式は公平性の観点から問題点が多く，シャロー方式の方が再エネ導入を促進する上で有効であることが欧州の経験から明らかになっている

図6-6　接続料金体系におけるディープ方式とシャロー方式

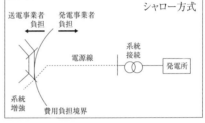

岡田および田頭（2009）を元に筆者作成

表6-5　新規電源の接続料金体系

	ディープ方式	シャロー方式
直接的負担者	発電会社	送電会社
メリット	・系統増強費を含めた需要家負担が低い地点から発電設備の立地が進む	・全ての系統利用者が系統増強費を等しく負担することができる ・限られた市場参加者が系統増強費を負担するケースよりも系統連系に関する障壁が下げられる
デメリット	・系統増強がどの新規電源に直接的に関連するのかを正確に決定することは困難 ・系統増強費が一旦支払われると，あとから接続する電源がフリーライダーとなる可能性がある	・系統増強費が安い地域に電源を建設するインセンティブがない
採用国	日本，チェコ，フィンランドなど	デンマーク，フランス，ドイツ，アイルランド，イタリア，オランダなど

岡田および田頭（2009），Morthorst and Ackermann（2012）を参考に筆者まとめ

(Morthorst and Ackermann 2012)。このため，欧州のほとんどの国はシャロー方式（一部はセミシャロー）に移行している。

　ディープ方式の場合，系統に十分な空き容量がある場合は系統増強費は請求されないが，先着順のため，これ以上接続すると系統増強費がかかることが判明すると，それ以降申し込んだ発電事業者に系統増強費が全額請求される可能性があり，事業の予見可能性に大きな影響を与えることになる。また，従来型電源が系統増強費を明示的に支払っていないにもかかわらず，新規再エネ電源には転嫁されやすいことも欠点として挙げられ，このことは再生可能エネルギーの見かけの発電コストやFIT買取価格を押し上げることになる。

　さらに，系統増強費を支払わなければならない発電事業者にとっては，実際に増強されるもの以上の系統増強費を支払っている可能性があり，将来行わなければならない系統増強がどの新規電源に直接的に関連するのかを正確に決定して正確に案分することが困難なため，あとから接続する発電事業者が無料で系統を利用する可能性もあるという，いわゆるフリーライダー問題にも容易に発展する。このように，ディープ方式には本質的に不公平性と不確実性が内在し，投資上のリスクが存在するという欠点がある。

　ただしシャロー方式も万能ではなく，問題点が指摘されている。それは新規電源を系統に接続する際に発電事業者は系統増強費を支払う必要がなく，送電事業者も最終消費者に転嫁できるため，系統増強費を抑制するインセンティブが少なくなることである。その結果，空き容量があり系統増強費をかけなくても容易に導入できる地域に再エネがなかなか入らなかったり，他回線に空き容量があるにもかかわらず，ある地域に電源が集中して系統増強費が無駄に発生してしまう可能性が指摘されている（岡田および田頭 2009）。

　なお，日本ではFIT制度が2012年に施行されて以降，環境アセスメントの手続きが不要で施工期間が短い太陽光発電のみが九州や北海道などに集中したが，ディープ方式を採用していたにもかかわらず，本来シャロー方式で起きる可能性があるこの現象が発生してしまったのは，世界的に見ても奇異で稀少な例と言える。この問題は政策ミスマッチに起因すると考えられ，今後の詳細分析が待たれるが，いずれにせよディープ方式に期待されるメリッ

トが有効に機能しなかった以上，日本がこれ以上ディープ方式を採用し続ける合理的な理由はほとんどないものと考えられる。

日本でも電力系統の敷設・増強に係る費用負担ルールに関して議論が行われ，2015年11月には「発電設備の設置に伴う電力系統の増強及び事業者の費用負担の在り方に関する指針」が制定された（経済産業省2015c）。そこでは「特定負担」「一般負担」という用語が用いられているが，この二つの費用負担区分がディープ方式とシャロー方式にほぼ対応するものと解釈できる。

この指針では「受益者負担を基本」という表現も見いだすことができるが，この場合の受益者は発電事業者のことを指し，電力消費者ではないことに留意すべきである。この指針の一連の議論では，再生可能エネルギーが消費者や国民にもたらす便益については何ら議論されずに，発電事業者の受益についてのみが検討され，発電事業者への負担が正当化された結果となっている。確かにこの指針の制定により，これまで全額特定負担だったFIT電源に一般負担が適用されるようになり，従来のディープ方式による不公平性や不透明性はかなり解消される結果となったが，依然として一般負担の「上限額」を超える場合や費用負担の一部のみを一般負担とするなど，完全なシャロー方式に移行したとはいえ，公平で非差別的なルール策定の観点からは，ループホール（抜け穴）の存在を懸念せざるを得ない。やはりこの問題も再生可能エネルギーの便益に関する議論の不在に起因しており，海外で積み重ねられてきた国際的議論とは真逆の方向性であると言え，今後この指針に基づく運用がどのような結果をもたらすか，注視が必要である。

3　透明かつ非差別的なルール

海外の電力系統に関する法令をつぶさに観察すると，「透明性（transparency）」「非差別性（non-discriminately）」という表現に多く行きあたる。たとえば，欧州連合（EU：European Union）の指令（directive）[2]や米国連邦エ

---

[2] EUにおける「指令」とは，加盟各国に拘束力を持つ法律文書のひとつであり，原則として各加盟国内において関連法の整備を必要とするものである。すなわち，加盟各国の法令の上位に位置するが，各国法に具体的施策までを画一化するのではなく，目的の達成のための手段は各国の独立性を尊重する仕組みとなっている。

ネルギー規制委員会（FERC）の命令（order）では，表6-6に示すように透明性や非差別性という用語が明示的に用いられている。

欧州では，1990年代後半から電力自由化に関する議論と法令整備が進み，2010年には一応の発送電分離が完了したため，送電事業者はいかなる利用者も差別・優遇してはならず，その手続きは客観的で透明かつ公正でなければならないという考え方が一般的になっている。一方米国は，州によっては発送電分離が進まず垂直統合されたままの電力会社（utility）が存続しており，独立送電系統機関（ISO：Independent System Operator）やそれが州際統合された地域送電機関（RTO：Regional Transmission Operator）においても送電設備の所有

表6-6 欧州および米国の法令における透明性と非差別性に関する言説の例

法令	条項（筆者仮訳，太字は筆者）	文献
域内電力市場の共通ルールに関する指令（2009/72/EC）（通称IEM指令）	送電系統運用者は，自らの系統内のエネルギー損失および予備力容量をカバーするために，その機能を有する場合は必ず，**透明**で**非差別的**かつ市場に基づく手続きに従って，自らが利用するエネルギーを入手しなければならない。（第15条第6項）	European Parliament (2009b)
	送電系統運用者は，新規発電所の送電系統への**非差別的**な接続のために，**透明**かつ効率的手続きを制定し公開しなければならない。この手続きは，各国の規制機関の承認を得なければならない。（第23条第1項）	
再生可能資源からのエネルギーの利用の促進に関する指令（2009/28/EC）（通称RES指令）	再生可能エネルギー電源の規制，認証，認可を監督する責任機関によって用いられる手続きは，規則を特定のプロジェクトに適用する際に，客観的で，**透明**で，**非差別的**かつバランスを取らねばならない。（序文第40項）	European Parliament (2009a)
	加盟国は，客観性，**透明性**および**非差別性**のある基準に基づき，当該指令（筆者注：IEM指令）の意図するところの再生可能エネルギー源から供給される電力の供給元が保証されることを確実にしなければならない。（第15条）	
送電線を所有・運用する公的電力公社による送電線計画および費用割当（オーダー1000）	委員会は，各公益送電事業者に対して，（中略）地域送電計画において提案する送電設備を含んでいるかを評価するため，**透明**かつ**差別的または優遇的でない**過程が地域によって用いられることを記述するように，（中略）このオープンアクセス送電料金を修正するよう要求することを提案する。（第293条）	FERC (2012)
	公開され**透明化**される便益および受益者を決定するための必要とする費用割当方法およびそれに対応するデータ要件は，その方法が公正で合理的であり，**差別的または優遇的でない**ことを保証する。（第669条）	

者は従来の電力公社（public-owned utility）や電力会社（private-owned utility）であったりする場合が多い。しかしながら，米国においても「非差別的」であることを謳う法令文書が多く見られることは，市場化された電力システム，すなわち電力自由化の歴史的進展において象徴的であるといえる。

一方，日本の法令では電気事業法（2015）では，「特定の者に対して不当な差別的取扱いをするものでないこと」という文言で「差別的…でない」という表現が6ヶ所登場するが，これらはいずれも「経済産業大臣は…前項の認可の申請が次の各号のいずれにも適合していると認めるときは，同項の認可をしなければならない」という条項のひとつに挙げられているに過ぎず，欧州や北米のように「送電系統運用者は…しなければならない」という送電事業者に対する直接的要求の形を取っていないことに留意すべきである。また，「透明」や「公平」といったキーワードは，電気事業法では見ることができない。

参考までに電気通信事業法（2015）では，第一条（目的）の中で「電気通信事業の公共性」「公正な競争を促進」といった表現が認められる。また，第六条（利用の公平）の中で「電気通信事業者は…差別的取扱いをしてはならない」と，事業者に対する直接的要求の形で明示的に非差別性が謳われている（但し透明性については電気通信事業法においても言及されていない）。現行の電気事業法ではそのような条項は見られず，同じ産業インフラを担う法律の中で，公平性や非差別性に関する取り扱われ方が異なるという事実は，公平性や透明性に関する理念の差異が存在する可能性を示唆しており，諸外国の法令との比較とも相まって，今後，更なる改正に向け議論の余地があるものと見ることができる。表6-7に電気事業法および電気通信事業法の主な条項の抜粋を示す。

4　再生可能エネルギーの「接続可能量」と接続制約

日本では現在，風力発電および太陽光発電の「接続可能量」[3] という名の

---

3) 風力発電の場合は「連系可能量」とも呼ばれることがあるが，本章では特に断りのない限り，全て「接続可能量」という名称で統一する。

表6-7　日本の法律における公平性と非差別性に関する言説の例

法令	条項（太字は筆者）	文献
電気事業法（最終改正：平成二八年六月三日法律第五九号）	（目的） 第一条　この法律は，電気事業の運営を適正かつ合理的ならしめることによつて，電気の使用者の利益を保護し，及び電気事業の健全な発達を図るとともに，電気工作物の工事，維持及び運用を規制することによつて，公共の安全を確保し，及び環境の保全を図ることを目的とする。 （託送供給等約款） 第十八条　一般送配電事業者は，その供給区域における託送供給及び発電量調整供給（以下この条において「託送供給等」という。）に係る料金その他の供給条件について，経済産業省令で定めるところにより，託送供給等約款を定め，経済産業大臣の認可を受けなければならない。 （中略） 3　経済産業大臣は，第一項の認可の申請が次の各号のいずれにも適合していると認めるときは，同項の認可をしなければならない。 （中略） 五　特定の者に対して不当な**差別的取扱い**をするものでないこと。 （以下略）	電気事業法（2016）
電気通信事業法（最終改正：平成二七年五月二二日法律第二六号）	（目的） 第一条　この法律は，電気通信事業の公共性にかんがみ，その運営を適正かつ合理的なものとするとともに，その**公正な**競争を促進することにより，電気通信役務の円滑な提供を確保するとともにその利用者の利益を保護し，もって電気通信の健全な発達及び国民の利便の確保を図り，公共の福祉を増進することを目的とする。 （利用の公平） 第六条　電気通信事業者は，電気通信役務の提供について，不当な**差別的取扱い**をしてはならない。	電気通信事業法（2015）

事実上の上限キャップが設けられている。この「接続可能量」が試算された一連の経緯が，いわゆる「接続保留問題」あるいは「接続制約問題」として知られている。これは経産省によりFIT認定を受けた太陽光発電事業者の接続申込に対して回答を保留するという，九州電力が2014年9月24日に発表したプレスリリース（九州電力2014）により端を発したものである。

　この発表は，再エネ事業者だけでなくマスコミをはじめ日本全体で大きな議論を巻き起こし，経済産業省でも，総合資源エネルギー調査会省エネル

ギー・新エネルギー分科会新エネルギー小委員会の下に,「系統ワーキンググループ」(以下,系統WG)という専門家会合を設置することが決定された(経済産業省 2014a)。さらに系統WGの議論の中で,複数の電力会社が自身の系統管内に太陽光発電を受け入れられる量として「接続可能量」が試算され,公表された(経済産業省 2014b)。さらに,この系統WGの議論の結果,「再生可能エネルギー電気の調達に関する特別措置法施行規則」(以下,FIT省令)が改正され,2015年1月22日に公布,同26日に施行された(経済産業省 2015a)。また,FIT省令の改正後も系統WGが継続され,接続可能量以上のVRE(特に太陽光)が導入された場合の出力抑制[4]について議論が進んでいる(一連の接続保留問題に対する経緯の詳細については,安田(2016b)を参照のこと)。

この「接続可能量」の問題点について詳しく考察に先立ち,まず念頭に置かなければならないことは,接続可能量のような形でVREの技術的接続上限を設けている国は事実上日本以外にない,ということである。例えばドイツでは2015年8月に再生可能エネルギー法(EEG)が改正され,コリドー(目標回廊)という形で現在32GWの太陽光発電に対して50GWのキャップが設定されたが,これはあくまで政策的な上限であり,技術的上限ではない(EEGの優遇スキームを用いないVRE電源であれば,接続は可能である)。接続可能量という概念自体,国際的に類を見ない日本独自の考え方と制度であることは留意すべきである(安田 2013a)。ここにも海外と日本の情報ギャップが存在する。

このような世界的状況の中で,あたかも技術的制約であるかのような形で再エネの接続上限を公表するということは,「日本は技術力がない」と世界に向けてメッセージを発してしまうことになりかねない。また低い接続可能量が設定されてしまうと,技術革新や法規制の改善などのインセンティブが萎む可能性があり,再エネ導入に大きくブレーキがかかることが懸念される。

---

[4] 専門用語としては「出力抑制(curtailment)」が一般的であるが,経済産業省の審議会資料やマスコミ文書などでは「出力制御」と呼称されることもある。本章では全て「出力抑制」という名称で統一する。

もともと2015年1月改正前のFIT省令では，第六条に「当該抑制により生じた損害（年間三十日を超えない範囲内で行われる当該抑制により生じた損害に限る。）の補償を求めないこと」と規定されている。本来このFIT省令に従えば，年間30日を超えて出力抑制を要請された発電事業者には出力抑制による逸失電力量が発電事業者に補償されるとも解釈できる。ドイツでは再生可能エネルギー法（EEG）によって，出力抑制があった場合でも多くの場合は発電事業者に対して逸失電力量の補償が行われている。発電事業者に補償を行うということは，電力の最終消費者に転嫁されるということを意味し，消費者の厳しい目線から送電会社できるだけ出力抑制を行わないようにするインセンティブになり，事実ドイツではVRE出力抑制率（風力および太陽光の年間発電電力量に対する逸失電力量の比率）はわずか2％程度に抑えられている。

　しかし，日本のFIT法の解釈でも出力抑制が30日を超えた場合に補償を行う選択肢も取り得るが，その選択肢の検討は系統WGや他の審議会資料を読む限り十分に議論された形跡はほとんど見られない。それどころか系統WGの資料では，「FIT制度において，電力会社が30日，360時間（太陽光），720時間（風力）の出力制御の上限を超えて出力制御を行わなければ追加的に受入不可能となる時の接続量」を「接続可能量」として用いていることを明記している（経済産業省2015b）。このことは，年間30日を超えて出力抑制があった場合にも発電事業者に対して補償を行う意思が国にはないということが透けて見える。すなわち，「接続可能量」なる用語は，言葉の語感から技術的制約を容易に連想させるが，実は技術的制約ではなく，制度運用上の線引きに過ぎないことがわかる。

　このように，「接続可能量」は実は技術的要因ではなく法制度の運用上の問題に起因する要素が強いことが明らかなったが，その点については系統WGでも議論が行われており，2015年10月の系統WGでは，この「接続可能量」の名称の見直しが検討されている（経済産業省2016）。同資料によると，「FIT制度において，電力会社が30日，360時間（太陽光），720時間（風力）の出力制御の上限を超えて出力制御を行わなければ追加的に受入不可能となる時の接続量」を「30日等出力制御枠」と名称変更する提案がなされ

ている。しかしながら，現在でも一部の電力会社（一般電気事業者）やマスコミは「接続可能量」の用語を使用し続けており，国民の間であたかも技術的課題が多いかのように誤解を頂かせる言説が流布したままの状態にあることは否めない。

　重要なのは，風力や太陽光が電力系統にあとどれだけ接続「可能か」どうかという設備容量（kW）の議論ではなく，接続された風力や太陽光が出力抑制をどれだけ低減しながら採算性よく発電事業を継続できるかという発電電力量（kWh）の問題である。2015年1月のFIT省令改正後，2015年3月4日に開催された第5回系統WGでは，各電力から「接続可能量」を超えた場合の出力抑制の試算が公表されたが（経済産業省,2015b），この試算のデータを元に各国の有志研究者が国際比較研究した結果を図6-7に示す（Yasuda et al., 2015）。

　各図は横軸にVREの発電電力量導入率（年間総発電電力量に対する発電電力量の比率）を，縦軸にVRE出力抑制率（風力および太陽光の年間発電電力量に対する出力抑制による逸失電力量の比率）の相関を取ったグラフであり，図6-7（a）は欧州のVRE導入が進んだ国の実績，図6-7（b）はイタリア，米国テキサス州，中国など，かつて系統連系に問題を抱えていたが近年改善傾向にある国の実績，図6-7（c）は第5回WGで公表された日本の代表的な電力会社管内の抑制率の試算結果をまとめたものである。図6-7（a）の欧州各国の実績から，20〜40％という高いVRE導入率にもかかわらず，VRE出力抑制率が0〜4％と低く抑えられていることがわかる。特に島国や半島といった隣国との連系線容量が乏しいアイルランドやスペインでも低い抑制率を実現できていることは注目に値する。また，図6-7（b）のように，数年前は何らか問題（その多くが風力発電の増加に対して系統増強が追いつかなかったことが要因）を抱えていたが，劇的にVRE出力抑制率が改善する傾向にある国や地域が複数あり，問題発生と解決のプロセスをつぶさに観察することは他国に対する有益な示唆となる可能性がある。一方，図6-7（b）は日本の将来予測であるが，VRE導入率が比較的低い（10〜20％）段階で抑制率が20％近くに達することが予想される結果となっている。このような国際比較を行うと，日本のVRE大量導入時の系統運用方法が明らかに問題を抱えて

図 6-7　VRE導入量に対する抑制率の国際比較

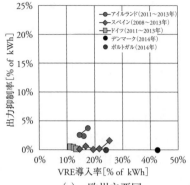

(a)　欧州主要国

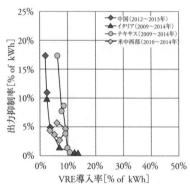

(b)　米国・イタリア・中国

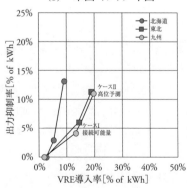

(c)　日本(将来予測)

出典：Yasuda et al.（2015）

おり，今後何らかの改善をする必要があることが強く示唆される。この場合，「何らかの改善」とは，これまでの節で議論した通り，技術的問題ではなく，制度設計の問題であることは言うまでもない。

6-4　系統連系問題の市場的課題

　再生可能エネルギー，とりわけ風力発電は外部コストが低いことが知られている。外部コストとは，ある消費者または生産者の行動で，他の消費者や生産者の効用やコストに影響を与えながら市場価値に反映されないような直接的な相互作用（外部効果）のコストである。外部効果のうち，影響を受ける消費者や生産者にとってプラスのものを外部経済，マイナスのものを外部不経済と呼び，外部不経済の例として，生産活動による環境汚染により消費者の健康や景観が損なわれる場合などがある。外部経済，外部不経済が存在すると，市場価格は財・サービスの社会的価値と乖離するので，市場メカニズムによってはパレート最適な配分を実現することができない。

　例えば気候変動に関する政府間パネル（IPCC）がまとめた報告書（IPCC 2011）でも図6-8のようなデータが紹介されている。現在，化石燃料で賄わ

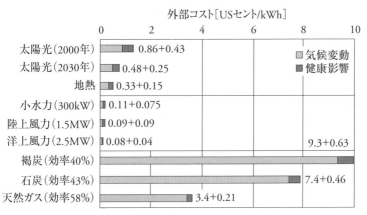

図6-8　各種電源の外部コスト

IPCC（2011）のデータより筆者作成

れている外部コストの高い発電方式を風力など外部コストの低い発電方式に置き換えることで，その差が便益となって国民全体にもたらされることになる。したがって，外部コストの低い技術が導入されないということは，市場がパレート最適になっておらず，市場支配力が行使され，新規技術の参入障壁など市場設計に何らかの問題があることを意味している。日本における再生可能エネルギーの導入がなかなか進まないのも，まさにこの問題に帰すると行ってもよい。本節では，市場設計の問題について議論する。

1 メリットオーダー曲線とVREの優先給電

　欧州や北米の電力市場の整備が進んでいる地域では，メリットオーダーに基づき市場取引が行われている。メリットオーダーとは短期限界費用順に並べた発電プラントのリストのことであり，欧州や北米など電力市場が整備されている地域では，図6-9のような階段状のメリットオーダー曲線（A）に基づいて電力の市場取引が行われている。電力という商品は基本的に在庫をもつことができず，その都度同時同量を満たさなければならないため，需要曲線はほとんど垂直の直線となる。需要曲線は刻一刻と (a)(b) 間を水平方向に移動し，メリットオーダー曲線と交差する点（限界プラント）でその時刻における市場のスポット価格①～②が決定される。

　ここで重要な点は，縦軸は実際の発電コストではなく短期限界費用だということである。短期限界費用はランニングコスト（O&Mコスト）に相当する（長期的な生産設備の更新などは考慮しない）。風力や太陽光などのVREは燃料費がゼロであるため短期限界費用が安く，メリットオーダー曲線上では原子力や石炭火力より上位（図の左側）にリストアップされるため，市場ではこれらの電源が必然的に優先的に落札されることになる。このように，市場でVREが優先されるのは，経済学的に合理的な行動の帰結であることが理解できる。

　また，VREが大量導入されるとスポット価格が低下する。この現象はVREの「メリットオーダー効果」として知られており，図6-9に示すようなメリットオーダー曲線の移動（A）→（B）によって説明することができる。すなわち，風力や太陽光発電など限界費用が低い再エネが増えると③，

図6-9 メリットオーダー曲線の概念図

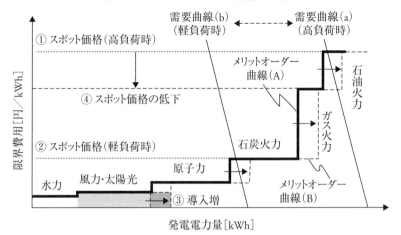

メリットオーダー曲線が（B）のように右側に平行移動していき，同じ需要曲線（a）でも限界費用がより低い電源が限界プラントとなり，結果としてスポット価格が低下する④。

図6-9③で示したように風力や太陽光発電が大量に導入されるとメリットオーダー曲線（B）が右側にシフトするので，軽負荷時には石炭火力だけでなく原子力さえもが限界プラントになる可能性があり，その期間は発電を継続しても利潤は得られない。つまり，風力や太陽光など再エネが発電超過した場合に再エネよりも先に石炭火力や原子力発電の出力を絞るのは，実は極めて経済的合理性のある行為であるといえる。つまり，VREの優先給電は特段，特定の発電方式を不当に優遇している行為ではなく，透明で非差別的な市場メカニズムが設計され適切に運用されれば，極めて自然に発生する市場取引行為であるということがわかる。図6-7で述べた欧州各国の低い出力抑制率の実績は，このような市場メカニズムが有効に機能していることの証左であると解釈することもできる。

このようなメリットオーダー効果は欧米では10年以上前から理論的に予測されてきており，現実的にもスポット価格の低下の傾向は見られている。図6-10はデンマークの風力発電出力とスポット価格の相関図を示している。強風時はデンマーク全土に広がる風力発電により発電電力が増えるた

め，図6-9のメリットーダー曲線（B）のように右側にシフトしスポット価格を押し下げる。同様に弱風時は曲線（A）のように左方にシフトするためスポット価格が上昇する。このように，電力市場のスポット価格は需要だけでなくVREの変動する出力によって時々刻々と変化し，「市場を読む」取引が行われているのが，欧州の電力市場の現状であるといえる。また，図6-11

図6-10 デンマークにおける風力発電出力と電力スポット価格の相関

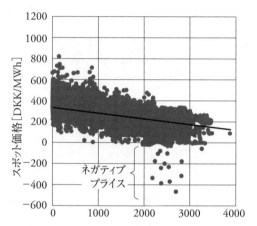

Energinet.dk（2016）のデータより筆者作成

図6-11 北海ブレント原油スポット価格および欧州電力取引所（EPEX）電力スポット価格の推移

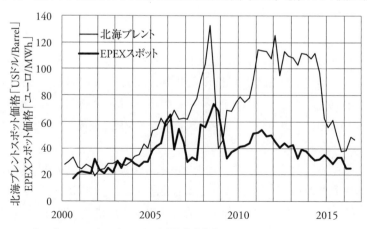

EPIA（2016），EPEX（2016）のデータより筆者作成

は北海原油スポット価格および欧州電力取引所（EPEX）の卸電力スポット価格の月間平均の推移を示した図であるが，2011年以降は原油価格が高止まりしているものの卸電力スポット価格は下落する傾向を見せていることがわかる。

なお，図6-10でネガティブプライス（マイナス価格で市場に売電する）が発生するのは，メリットオーダー曲線上の右側に位置し落札価格より高い石炭火力などが，最低負荷運転を継続するために強風時も発電を継続するために発生するものである。ネガティブプライスの発生自体は系統の安定供給には影響ないものの，ネガティブプライスの多発は欧州で問題になりつつあり，VRE大量導入の新たなステージでの市場設計として議論が現在進行形で進んでいる（安田 2015b）。

2　市場メカニズムによる系統運用

発送電分離が進んでいない垂直統合された電力システムでは，電力会社の中央給電司令所が管内のほぼ全ての電源に対して能動的に給電指令を行ってきたが，自由化された電力システムでは，電力市場が自動的に（経済学的には，市場メカニズムに基づいた「神の見えざる手で」）需給調整や送電混雑緩和を行い，電力の安定供給のかなりの部分を担うことになる。このような考え方は従来の垂直統合システムからは，なかなか想像がつきづらいが，電力市場と系統運用は車の両輪のようなもので，どのように効果的な系統運用を行うかは市場設計に密接に関連し，どのように効率的な市場を設計するかは系統運用抜きには語れない。

図6-12は電力市場と系統運用の関係を模式的に示した図である（特定の電力市場を想定したものではなく，成熟した架空の電力市場がイメージされている）。この図で見られる通り，市場運用者と系統運用者（TSO）はお互いの役割分担はあるものの，両者が協調して電力情報の授受を行っていることがわかる。まず，市場参加者が自らの供給・需要計画に基づいて前日市場に入札し，市場運用者がメリットオーダーリストと呼ばれる電源リストを作成する。したがって，この時点ではTSOは供給・需要計画の情報を完全に入手しておらず，TSOが全ての情報を入手できるのは前日市場が閉場してから

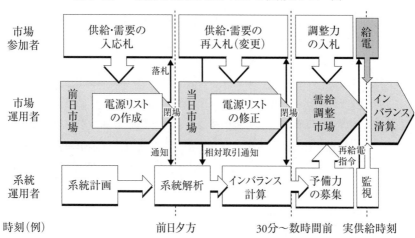

図 6-12　一般的な電力市場と TSO の役割のフロー図

である。

　このような市場取引に対して，TSO は電力系統の需給調整に責務をもち，実供給の 1～2 時間前に市場参加者同士の取引が終了した後，需給調整に関わる全ての修正権限が TSO に与えられる。市場参加者同士の自発的な取引だけでは需給にギャップ（インバランス）が生じる可能性があるため，この場合需給調整に必要な予備力は主に需給調整市場（リアルタイム市場あるいはアンシラリー市場）から調達され，さらに緊急時には市場を介さず各発電事業者に対して直接，再ディスパッチ（再給電）や出力抑制の指令を送信することもできる。

　発送電分離が行われる以前の垂直統合された電力系統の場合は，給電指令など需給調整に関する全ての権限と責務を電力会社が担うことになるが，自由化された市場では安定供給の最終責任は TSO が負うものの，需給調整のかなりの部分は TSO の介入を待つことなく市場メカニズムにより自動的に行われることになる。

　たとえばデンマークでは分散型電源のコジェネレーション（以下，コジェネ）のほとんどが電力市場との双方向通信機能をもち，市場スポット価格を監視しながら自動運転を行っている。図 6-13 はデンマークのコジェネの自

図6-13 デンマークにおける市場連動型コジェネ運用の例

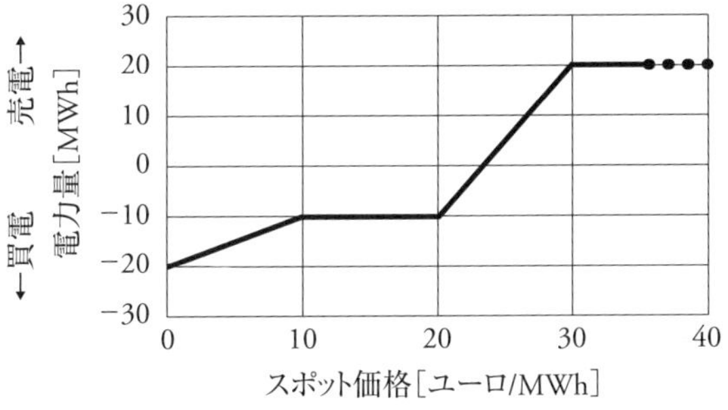

Andresen（2007）を元に筆者作成

動運転プログラムの例であるが，グラフの曲線のように市場スポット価格に合わせて出力を調整しながらガスタービンを自動運転するため，一度このような運用に切り替えればコジェネプラントの所有者・運用者は自ら能動的に発電計画を立てる必要はない（もちろん市場価格に依存せず独自に発電計画を立てる運用もあり，また時間ごとにそれらを任意に切り替えることもできる）。デンマークのコジェネは熱バッファと電気ヒータもしくはヒートポンプをもつことが義務づけられているため，図6-13のようにスポット価格が安いときは電気ヒータで消費することにより熱供給を行い，スポット価格が上昇するとガスタービンを起動させ売電を行うことが可能である。デンマークでは大量の風力発電の導入により，風の強い日に送電混雑が起こりがちであったが，各地に分散しているコジェネが市場連動型で自動運転を行っているため，現在ではTSOが介入せずとも送電混雑の発生がかなりの程度緩和されるようになっている。

また，デンマークのコジェネはTSOとも双方向通信を行い需給調整市場（リアルタイム市場）に参加することが義務づけられているため，TSOの中央給電指令所からデンマーク国内各地に分散しているコジェネを直接ディスパッチすることも可能である。TSOにとっては，デンマーク全土に分散している多数のコジェネプラントをひとつのバーチャル発電所として見なすことができるため，緊急時には従来型火力発電所と遜色なく（あるいはそれ以上の性能で）応動する柔軟な予備力として利用することができ，大量の風力

発電が導入されながらもセキュリティの高い系統運用が可能となっている（Orths and Eriksen 2012）。このようなデンマークのコジェネの運用例は，日本ではスマートグリッドの範疇として認識されない可能性があるが，デンマークの TSO である Energinet.dk はさまざまな形で分散型コジェネの柔軟な運転をスマートグリッドの一技術として位置づけている（Energinet. dk 2011）。このように，デンマーク各地に分散しているコジェネが市場連動型で自動運転を行っているため，大量の風力発電が導入された現在でも送電混雑の発生が市場ベースでかなりの程度緩和されている（Orths and Eriksen 2012）。

図 6-14　ERCOT の LMP 情報公開の事例

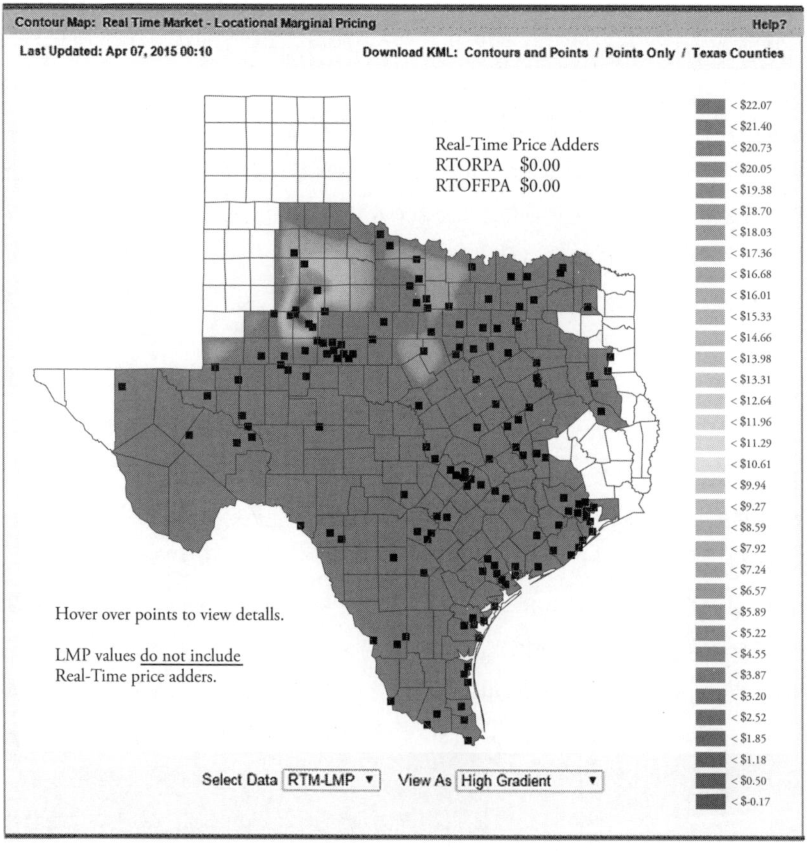

出典：ERCOT（2016）

また，米国の PJM や ERCOT などの地域送電機関（RTO）では地点別限界価格（LMP：Local Marginal Price）制度を導入している。現在の日本や欧州の送電線利用に関しては，郵便切手方式と呼ばれる取引のためにアクセスする地点や取引に要する距離に依存しない料金設定方式が採用されているが，米国の一部の RTO などでは，地点別限界価格と呼ばれる送電線利用の料金設定方式が採用されている。地点別限界価格とは，需給がバランスした電力系統内のある地点（母線，ノード）で電力需要の増加があったときに，この増加負荷分に対して電力を供給するのに要する限界費用のことを指す。図 6-14 のように送電混雑の度合いもパラメータを加味したノードごとの価格をリアルタイムで算出し透明性高く公表することにより，市場ベースで送電混雑の緩和に役立っている。

このように，自由化が進んだ世界の電力市場では，従来の「電力会社」が箸の上げ下げまで緻密にコントロールする集中制度型の電力システムではなく，多数の市場プレーヤーが透明で非差別的な電力市場を通じて取引することにより，需給調整や送電混雑緩和のかなりの部分を市場に委ねた運用になっていることがわかる。日本でも 2020 年の発送電分離後をにらんだ市場設計には，従来の電力系統の運用の延長線上ではなく，このような新しい発想に基づく制度設計が必要となる。

6-5　おわりに——不透明で差別的なルールの改善こそ

本章では，変動性再生可能エネルギー（VRE）の系統連系問題を考察するにあたって，技術的問題（6-2 節），政策および法制度の問題（6-3 節），市場設計の問題（6-4 節）について包括的に考察を行った。また，これらの技術的・政策的・市場的問題を縦糸として，世界と日本の情報ギャップの存在の指摘と警鐘を横糸として，さまざまなエビデンスを例証しながら議論を進めた。

その結果明らかになったことは，やはり再生可能エネルギーの系統連系問題は，そのほとんどが技術的要因ではなく，制度上の不備や不作為に起因す

るということである．本来，外部コストが低く多くの便益を生み出す VRE を系統接続する際に，系統連系問題がクローズアップされ VRE の大量導入の障壁になるとすれば，それは，何らかの大きな制度設計・市場設計の不備が存在することを意味する．この制度上の不備や不作為が存在する理由は，従来の垂直統合された電力システムの考え方が日本では依然支配的であり，市場が最適設計されておらず，全ての市場プレーヤーに透明で非差別に広く開かれていない（裏を返せば，さまざまに不透明で差別的なルールが存在する）ことにあると帰結できる．VRE の大量導入は，特定の発電方式を優遇したり排除したりすることによって実現されるのではなく，外部コストや国民の便益を考慮した上で，公平で透明で非差別的な市場を構築することにより実現できるものである，ということを国民全体の共通理解として，今後さらに冷静な洞察と議論を深めていく必要がある．

参考文献
石井徹（2015）「自然エネの接続中断は，経済的な理由だ 〜再生エネ拡大による電力系統に詳しいアッカーマン博士に聞く」，WebRonza，2015 年 1 月 7 日掲載
岡田健司，田頭直人（2009）「欧州での再生可能エネルギー発電設備の系統接続等に伴う費用負担の動向」，電力中央研究所報告　Y081019
経済産業省（2014a）「系統ワーキンググループの設置について」，総合資源エネルギー調査会　省エネルギー・新エネルギー分科会　新エネルギー小委員会，平成 26 年 9 月 30 日　第 4 回　配布資料 7）http://www.meti.go.jp/committee/sougouenergy/shoene_shinene/shin_ene/pdf/004_07_00.pdf
経済産業省（2014b）「各社接続可能量の算定結果（暫定）」，総合資源エネルギー調査会　省エネルギー・新エネルギー分科会　新エネルギー小委員会　系統ワーキンググループ，平成 26 年 12 月 16 日第 3 回配布資料 9）
　　http://www.meti.go.jp/committee/sougouenergy/shoene_shinene/shin_ene/keitou_wg/pdf/003_09_00.pdf
経済産業省（2015a）「電気事業者による再生可能エネルギー電気の調達に関する特別措置法施行規則」（平成二十四年経済産業省令第四十六号）平成 27 年 1 月 22 日改正，1 月 26 日施行
経済産業省（2015b）総合資源エネルギー調査会省エネルギー・新エネルギー分科会　新エネルギー小委員会　系統ワーキンググループ　平成 27 年 3 月 4 日第 5 回配布資料 2〜5　http://www.meti.go.jp/committee/sougouenergy/shoene_shinene/

shin_ene/keitou_wg/005_haifu.html
経済産業省（2015c）「『接続可能量』の算定と今後の取扱い等について」，総合資源エネルギー調査会　省エネルギー・新エネルギー分科会　新エネルギー小委員会　系統ワーキンググループ，平成27年10月9日第6回配布資料1）http://www.meti.go.jp/committee/sougouenergy/shoene_shinene/shin_ene/keitou_wg/pdf/006_01_00.pdf
経済産業省（2015d）「発電設備の設置に伴う電力系統の増強及び事業者の費用負担の在り方に関する指針」，資源エネルギー庁　電力・ガス事業部，平成27年11月6日
九州電力（2014）プレスリリース「九州本土の再生可能エネルギー発電設備に対する接続申込みの回答保留について」，2014年9月24日　http://www.kyuden.co.jp/press_h140924-1.html
電気事業法（2016）昭和三十九年七月十一日法律第百七十号，最終改正：平成二八年六月三日法律第五九号
電気通信事業法（2015）昭和五十九年十二月二十五日法律第八十六号，最終改正：平成二七年五月二二日法律第二六号
電力系統利用協議会（2014）「電力系統利用協議会ルール」，2014年12月16日最終改訂【ESCJは2015年3月31日に解散し，現在このルールは失効していることに留意】
電力広域的運営推進機関（2015）「配電等業務指針」，平成27年4月28日施行，平成28年7月11日変更版　https://www.occto.or.jp/jigyosha/koikirules/files/shishin160711.pdf
安田陽（2013a）「風力発電の系統連系問題―日本の電力系統には本当に風力発電が入る余地はないのか？」，科学，Vol.83, No.9, pp.987-996
安田陽（2013b）「日本の知らない風力発電の実力」，オーム社
安田陽（2015a）「欧州の風力発電最前線～第5回もしかして日本の蓄電池開発はガラパゴス？（後編）～」，SmartGridニューズレター，Vol.4, No.7, pp.22-27
安田陽（2015b）「再生可能エネルギー時代の送電網のあり方：　ベースロード電源は21世紀にふさわしいか？」，諸富徹編著：『電力システム改革と再生可能エネルギー』，日本評論社，第2章
安田陽（2016a）「電力市場と再エネ出力予測ビジネスの最前線」，環境ビジネスオンライン，2016年2月29日号掲載
安田陽（2016b）「系統連系問題の技術的・制度的課題」，水上貴央監修：『再生可能エネルギー開発・運用にかかわる法規と実務ハンドブック』，エヌ・ティー・エス，第3編第2章1
安田陽（2016c）「再生可能エネルギー普及と電力系統の技術的課題」，植田和弘監修，大島堅一・高橋洋編著：『地域分散型エネルギーシステム』，日本評論社，第6章

Andersen, Anders N.（2007）"CHP-plants with big thermal stores balancing fluctuating productions from Wind turbines". WP4 report of DESIRE project http://desire.iwes.fraunhofer.de/files/deliverables/del_4.1-4.4.pdf

BMWi（2015）"An Electricity Market for Germany's Energy Transition-White Paper by the Federal Ministry for Economic Affairs and Energy", Federal Ministry for Economic Affairs and Energy

EIA（2016）Petroleum & other liquid, U.S. Energy Information Administration http://www.eia.gov/dnav/pet/pet_pri_spt_s1_m.htm

Energinet.dk（2011）"Denmark opts for Smart Grid-Intelligent power system with more renewable energy", http://energinet.dk/SiteCollectionDocuments/Engelske%20dokumenter/Forskning/SmartGrid%20in%20English.pdf

Energinet.dk（2006）Download of market data http://www.energinet.dk/en/el/engrosmarked/udtraek-af-markedsdata/Sider/default.aspx

ENTSO-E（2014）"Ten-Year Network Development Plan 2014", European Network of Transmission System Operators of Electricity

EPEX（2016）KWK Price, European Power Exchange http://cdn.eex.com/document/52446/Phelix_Quarterely.xls

ERCOT（2016）Contour Map, The Electric Reliability Council of Texas http://www.ercot.com/content/cdr/contours/rtmLmpHg.html

Eurelectric（2011）"Flexible generation: Backing up renewables"

European Climate Foundation（2011）"Power Perspectives 2030-on the road to a decarbonized power sector" http://www.roadmap2050.eu/attachments/files/PowerPerspectives2030_FullReport.pdf

European Parliament（2009a）"Directive 2009/28/EC of the European Parliament and of the Council of 23 April 2009 on the promotion of the use of energy from renewable sources and amending and subsequently repealing Directive 2001/77/EC and 2003/30/EC"

European Parliament（2009b）"Directive 2009/72/EC of the European Parliament and of the Council of 13 July 2009 concerning common rules for the internal market in electricity and repealing Directive 2003/54/EC"

EWIS（2010）"European Wind Integration Study-Towards A Successful Integration of Large Scale Wind Power into European Electricity Grids" EWIS Final Report, European Wind Integration Study

FERC（2012）"Transmission Planning and Cost Allocation by Transmission Owning and Operating Public Utilities", Docket No. RM10-23-000; Order No. 1000, United States of America Federal Energy Regulatory Commission

Holttinen et al.（2009）"Design and operation of power systems with large amounts of wind power", Final Report, Phase One 2006-2008, IEA Wind Task25, VTT Research Notes, 2493〔邦訳〕「風力発電が大量に導入された電力系統の設計と運用」、国際エネ

ルギー機関 風力実施協定第 25 分科会 第 1 期最終報告書，日本電機工業会（2012）http://jema-net.or.jp/Japanese/res/wind/shiryo.html

Hulle, F. van et al.（2009）"Integrating Wind-Developing Europe's power market for the large-scale integration of wind power", Final Report of TradeWind〔邦訳〕「風力発電の市場統合と系統連系 〜風力発電の大規模系統連系のための欧州電力市場の発展」，日本電機工業会（2013）

Hulle, F. van et al.（2010）"Powering Europe: wind energy and the electricity grid", European Wind Energy Association〔邦訳〕「風力発電の系統連系 〜欧州の最前線〜」，日本風力エネルギー学会（2012）

IEA（2011）"Harnessing Variable Renewables-A Guide to the Balancing Challenge", International Energy Agency

IEA（2014）"The Power of Transformation, -Wind, Sun and the Economics of Flexible Power Systems", International Energy Agency〔邦訳〕「電力の変革 〜風力，太陽光，そして柔軟性のある電力系統の経済価値〜」，新エネルギー・産業技術総合開発機構（2015）http://www.nedo.go.jp/content/100643823.pdf

IEC（2011）White Paper on "Grid integration of large-capacity Renewable Energy sources and use of large-capacity Electrical Energy Storage", International Electrotechnical Committee

IPCC（2011）"Special Report on Renewable Energy Sources and Climate Change Mitigation", Working Group Ⅲ of the Intergovernmental Panel on Climate Change〔邦訳〕気候変動に関する政府間パネル第三部会，環境省訳：「再生可能エネルギー源と気候変動緩和に関する特別報告書」，環境省（2013）http://www.env.go.jp/earth/ipcc/special_reports/srren/

Milligan, M., Porter, K., DeMeo, E., Denholm, P., Holttinen, H., Kirby, B., Miller, N., Mills. A., O'Malley, M., Scherger. M. and Söder, L.（2013）"Preface: Wind Power Myths Debunked, Chapt.2 in "Wind Power in Power Systems, Edition 2" ed. by T. Ackermann, Wiley, 2012〔邦訳〕「風力発電の神話と誤解」，T. アッカーマン編著：『風力発電導入のための電力系統工学』，オーム社（2013）第 2 章

Morthorst, P. E., and Ackermann, T.（2012）"Economic Aspects of Wind Power in Power Systems", Chapt. 22 in "Wind Power in Power Systems, Edition 2" ed. by T. Ackermann, Wiley〔邦訳〕「電力系統における風力発電の経済的側面」，T. アッカーマン編著：『風力発電導入のための電力系統工学』，オーム社（2013）第 22 章

NEA（2012）"Nuclear Energy and Renewables-System Effects in Low-carbon Electricity Systems", Nuclear Energy Agency

NERC（2009）"Accommodating High Levels of Variable Generation", North American Electricity Reliability Council

Orths, A. and Eriksen, P. B.（2012）"Wind Power in the Danish Power System", Chapt. 23 in "Wind Power in Power Systems, Edition 2" ed. by T. Ackermann, Wiley〔邦訳〕「デ

ンマークの電力系統における風力発電」, アッカーマン編著:『風力発電導入のための系統連系工学』, オーム社 (2013) 第23章

Söder, L. and Ackermann, T. (2012) "Wind Power in Power Systems", Chapt.4 in "Wind Power in Power Systems, Edition 2" ed. by T. Ackermann, Wiley〔邦訳〕「電力系統における風力発電」, T. アッカーマン編著:『風力発電導入のための電力系統工学』, オーム社 (2013) 第4章

Yasuda, Y., et al. (2015) "International Comparison of Wind and Solar Curtailment Ratio", Proc. of *13th Wind Integration Workshop*, WIW15-111

日本の再生可能エネルギー政策の評価と課題
——再生可能エネルギー固定価格買取制度の改正をふまえて
高村ゆかり

Chapter 7

7-1 日本における再生可能エネルギーの位置

福島第一原子力発電所事故は深刻な被害をもたらし，それをふまえて，2014年4月に閣議決定されたエネルギー基本計画では，「震災前に描いていたエネルギー戦略は白紙から見直し，原発依存度を可能な限り低減する。ここが，エネルギー政策を再構築するための出発点である」とする[1]。事故はまた，電力供給体制の脆弱性も露呈し，広域的な系統運用に課題があること，そして，地域分散型エネルギーシステムの有効性が認識されるようになった。事故後の原子力発電所の停止の結果，化石燃料依存が一層高まった。日本のエネルギーミックスにおける原子力の位置づけについて意見は分かれるにしても，一次エネルギーベースでも，また発電の90％を海外から輸入する化石燃料に依存する現状は，エネルギー安全保障，温暖化対策，燃料費負担の観点からも持続可能ではない。

他方，震災後の省エネの進展と定着に加えて，2012年7月に始まった再生可能エネルギー全量買取制度（FIT）の下で，再生可能エネルギー（再エネ）導入が加速した。2014年度には，再エネは石油火力を超え，発受電電力量（一般電気事業用）の12.2％（水力9％，水力以外3.2％）を占めるに至った[2]。前述のエネルギー基本計画においても，「2013年から3年程度，導入を最大限加速していき，その後も積極的に推進」することを定めている。一方，FITの下で電気の需要家が支払う賦課金額が上昇するという懸念もある。

2015年7月，2030年の「長期エネルギー需給見通し」（エネルギーミックス）が策定され[3]，気候変動枠組条約第21回締約国会議（COP21）に向け

---

1) 「エネルギー基本計画」(2014年), p. 4.
http://www.meti.go.jp/press/2014/04/20140411001/20140411001-1.pdf（2016年9月30日 閲覧。以下特に断りのない場合は同日閲覧した）
2) 資源エネルギー庁『エネルギー白書2016』(2016年), p. 185.
http://www.enecho.meti.go.jp/about/whitepaper/2016pdf/whitepaper2016pdf_2_1.pdf
3) 「長期エネルギー需給見通し」(2015年).
http://www.meti.go.jp/press/2015/07/20150716004/20150716004_2.pdf 大島堅一「日本のエネルギーミックスの問題点」『環境と公害』Vol. 45, No. 4（2016年）.

て，2030年の温室効果ガス削減目標（約束草案）を提出した[4]。2030年のエネルギーミックスでは，再生可能エネルギーは，2030年の総発電量の22〜24％，一次エネルギーベースで13〜14％という「見通し」が示された。

　本章では，2030年のエネルギーミックスが示された後の再エネ政策の動向，とりわけ2016年5月25日に国会で成立した電気事業者による再生可能エネルギー電気の調達に関する特別措置法（FIT法）の改正[5]ポイントを紹介し，日本の再エネ政策の到達点とこれからの課題を論じる。

7-2　FIT法改正の重要事項

　2030年のエネルギーミックスの策定を受けて，FITの下で再エネの導入をさらに促進するとともに，買取費用総額が2015年度に年間約1.8兆円（賦課金総額は約1.3兆円）に達し，その費用負担の低減をはかりながら，再エネの最大限の導入を図るための制度見直しが行われることとなった。総合資源エネルギー調査会の下に，再生可能エネルギー導入促進関連制度改革小委員会（小委員会）が設置され，FIT制度を中心に制度改革の検討が進められた。2015年12月，小委員会の報告書案がまとまり，パブリックコメントを経て

---

[4]　日本の約束草案については，http://www.env.go.jp/press/files/jp/27581.pdf　パリ協定の下での日本の2030年目標の作成と提出の経緯については，拙稿「京都議定書とパリ協定——その国際制度と実施のための国内制度」『論究ジュリスト』2016年秋号（近刊）（2016年），久保はるか「内閣の主導による将来の政策目標の決定と専門的知見の役割」『甲南法学』56巻3・4号，163-302頁，特に274頁以下（2016年）。

[5]　電気事業者による再生可能エネルギー電気の調達に関する特別措置法等の一部を改正する法律（平成28（2016）年法律第59号）
http://www.enecho.meti.go.jp/category/saving_and_new/saiene/kaitori/dl/kaisei/02_summary.pdf
電気事業者による再生可能エネルギー電気の調達に関する特別措置法等の一部を改正する法律新旧対照条文
http://www.enecho.meti.go.jp/category/saving_and_new/saiene/kaitori/dl/kaisei/04_contrast.pdf
改正FIT法（電気事業者による再生可能エネルギー電気の調達に関する特別措置法等の一部を改正する法律）の施行（2017年4月1日）後のFIT法の条文
http://www.enecho.meti.go.jp/category/saving_and_new/saiene/kaitori/dl/kaisei/05_reference.pdf

報告書がとりまとめられた[6]。この検討をふまえてFIT法の改正案が作成され，2016年5月25日，改正FIT法が成立した。2016年7月29日に，FIT法の改正に伴う施行規則[7]を改正する省令[8]が公布された（2017年4月1日施行）。また，2016年9月28日に，FITの賦課金の減免制度の変更に関する施行令を改正する政令[9]と施行規則を改正する省令[10]が公布された（いずれも2016年10月1日施行）。さらに，2016年8月1日以降に接続契約を締結する太陽光発電設備の運用変更を定める告示[11]が，2016年7月29日に公布され，同年8月1日に施行されている。

FIT法の改正事項は多岐にわたるが，本章では大きく4点をとりあげる。

---

[6]　「再生可能エネルギー導入促進関連制度改革小委員会報告書」（2016年2月）。
http://www.meti.go.jp/committee/sougouenergy/kihonseisaku/saisei_kanou/pdf/report_01_01.pdf

[7]　電気事業者による再生可能エネルギー電気の調達に関する特別措置法施行規則（平成24（2012）年経済産業省令第46号）

[8]　「電気事業者による再生可能エネルギー電気の調達に関する特別措置法施行規則の一部を改正する省令（平成28（2016）年経済産業省令第84号）」
http://www.enecho.meti.go.jp/category/saving_and_new/saiene/kaitori/dl/kaisei/kaisei_syorei2016.pdf
http://www.enecho.meti.go.jp/category/saving_and_new/saiene/kaitori/dl/kaisei/kaisei_syorei2016_jyo.pdf

[9]　「電気事業者による再生可能エネルギー電気の調達に関する特別措置法施行令（平成23（2011）年政令第362号）。
http://www.enecho.meti.go.jp/category/saving_and_new/saiene/kaitori/dl/kaisei/gen_seirei.pdf　新旧対照条文
http://www.enecho.meti.go.jp/category/saving_and_new/saiene/kaitori/dl/kaisei/gen_seirei_new.pdf

[10]　「電気事業者による再生可能エネルギー電気の調達に関する特別措置法施行規則の一部を改正する省令」
http://www.enecho.meti.go.jp/category/saving_and_new/saiene/kaitori/dl/kaisei/gen_syorei.pdf　新旧対照条文
http://www.enecho.meti.go.jp/category/saving_and_new/saiene/kaitori/dl/kaisei/gen_syorei_new.pdf

[11]　「平成24（2012）年経済産業省告示第139号（電気事業者による再生可能エネルギー電気の調達に関する特別措置法第3条第1項及び同法附則第6条で読み替えて適用される同法第4条第1項の規定に基づき，同法第3条第1項の調達価格等並びに調達価格及び調達期間の例に準じて経済産業大臣が定める価格及び期間を定める件）の一部を改正する告示」（平成28（2016）年経済産業省告示第212号）
http://www.enecho.meti.go.jp/category/saving_and_new/saiene/kaitori/dl/kaisei/kaisei_kakaku2.pdf

1 認定制度の見直し

第一の改正点は，認定制度の見直しである（FIT 法改正後の第 9 条〜第 15 条）。現行の制度では，系統接続の申込・協議の前から認定が取得できる。事業化の初期の段階で認定を取得することにより，融資を受けやすくなり事業化が促進された。他方，本書の他章（第 1 章など）でも指摘されているように，最大でも 2〜3 年で稼働が見込まれる太陽光で，認定を取得したにもかかわらず運転開始しない未稼働案件が多数生じた。2012 年度，13 年度認定分のうち，2016 年 1 月時点で住宅用太陽光（約 61 万件）は約 93％が運転開始しているが，事業用太陽光（約 56 万件）は，その約 31 万件強が稼働していない[12]。行政手続法に基づく聴聞を経て事業化の見通しのない案件の認定を取り消してきたが，行政の負担も大きく，コストが下がった時点で設備を導入しながら高い価格で買取がなされると買取総額，ひいては賦課金を無用に増大させるおそれがあった。

新たな認定制度では系統接続契約の締結が認定の条件となる。現行の制度で認定を取得するも接続契約に至っていない未稼働の案件は，系統入札プロセスに入っているものを除き，原則として認定が失効する[13]。稼働の見通しのない案件の認定を振興させることで，再エネの現実に可能な導入量の予測が立てやすくなり，買取価格の設定などの政策判断も容易になる。送配電事業との系統接続の協議が接続申込順で行われており，未稼働案件によって系統の枠が押さえられている場合もあるため，事業化の見込みのある後継案件の系統接続，稼働の遅延が生じるのを回避できる。

接続契約締結が認定の条件となるため，通常 9 ヶ月以内とされる接続契約締結の遅延が生ずると FIT の認定の遅延も招く。接続契約締結が遅滞なく行われ，送配電事業者による系統接続が保証されることが今まで以上に重要になる。

---

12) 資源エネルギー庁（2016 年）
13) 電源接続案件募集プロセス（いわゆる系統入札）に入っている案件は，募集プロセス終了の翌日から 6 ヶ月間の認定の猶予期間が設定されている。猶予期間終了後に新認定制度の下での条件を満たさなければ，現行の制度の下で取得された認定は失効する。

今回の認定基準の見直し（接続契約締結を認定基準にすること）に伴い，適切な保守・点検・廃棄を行うこと，関連法令を遵守すること，適正な期間内に運転を開始することといった新たな基準が追加された。法令の遵守が認定基準になったことで，認定を取得した再エネ発電設備が，森林法や河川法などの法令を遵守しないで設置されて問題が生じている場合があるが，そのような場合に認定取消が可能となる。同様に，適正な期間内に運転開始しない場合にも認定取消が可能になる。

　事業用太陽光については，将来の未稼働案件を防止するために，認定後3年を経過しても運転を開始しない場合，買取価格を低減するか買取期間を短縮する。買取価格の低減か買取期間の短縮かについては，2016年度の調達価格等算定委員会の検討をふまえて決定することになっている。住宅用太陽光については，認定後1年以内に運転を開始しない場合，認定は失効する。

　なお，ここで認定制度の変更の対象となるのは，太陽光だけでなく全電源である。認定のタイミングが後ろ倒しになることで，事業の資金調達に差し障りがないか，リードタイムの長い太陽光以外の電源の導入に悪影響はないかなど，接続契約締結前にも認定申請を可能にすることにより認定にかかる時間を短縮できるようにしつつ，運用の中で影響がないかを注視する必要がある。

　特に今回の制度変更は，現行制度の下で取得された認定の失効を伴うものであり，現時点では，系統接続の協議やその後の工事に時間がかかるなど，発電事業者の責に帰すことができない理由で運転開始が遅延している案件もある。現行制度の下で認定を取得した発電事業者に対して，制度変更による過度な不利益が生じないようきめ細やかな経過措置が必要である。

2　買取価格設定方法の変更

　第2の改正点は，FITの下での買取価格設定の方法である。まず，再エネの効率的な利用を促進するため誘導すべき「価格目標」が設定され（第3条12），買取価格設定の際の考慮事項の一つとなる（第3条4）。コスト低減の長期的な方向性を示すことで価格の見通しを高め，コストの低減に向けた関連事業者の努力を促すことをねらっている。

風力，小水力，地熱などリードタイムの長い電源は，数年先の認定案件の買取価格を設定することが可能となる（第3条2）。前述のように，新たな認定制度の下では，認定取得のタイミングが後ろ倒しになるが，数年先の価格を示すことで投資回収の予見性を高め，これらの電源の投資を促す。

今回の改正で，買取価格の決定の方法の一つとして，一定の発電設備の認定を入札手続に付すことができる規定が置かれた。法令上すべての電源が対象となりうるが，小委員会の報告書や国会での議論では，事業用太陽光の比較的大規模な設備を当面想定している。

再エネの発電コストが世界的に大きく低減する中で，日本の発電コストは高止まりの傾向にある。例えば，太陽光のコストは，2010年から14年の5年間で約半分になった[14]。コスト効率的な導入の方策として，委員会では，A）現行の価格決定方式の厳格な運用（トップランナー方式），B）価格低減率を予め決定し価格を低減，C）さらに導入量に応じて価格低減率を変動，D）入札，という4つの方法が示された。委員会報告書は，住宅用太陽光と風力についてはB）の方策が適切とした。事業用太陽光については，「コスト効率的な事業者の導入を促すため，トップランナー方式を採用しつつ，事業者間の競争を通じた更なる価格低減を実現するため入札制度を活用すべき」とし，A）とD）を活用すべきとした。加えて，「入札制度を活用する場合には，地域密着型の発電ビジネスの中核となっているような小規模な発電設備の導入や建物や工場等での自家消費一体型での導入に配慮すべきとの意見もあり，比較的大規模な発電設備から入札制度の対象とする等の対応が必要である」としている。

入札手続の導入は，対象となる区分の認定量に枠を設けることになる。価格を決定し，その価格でよしとして認定を取得すれば，認定取得に量的制限のない現行の制度からは質的に大きな変更となるため，その導入については慎重な検討が必要だ。現在10kW以上の事業用太陽光はすべて同一の買取価格を設定しており，規模が大きいほどコストが下がる傾向があることから，

---

14) International Renewable Energy Agency（IRENA），Renewable Power Generation Costs in 2014（2015）．

一定のコスト低減効果は期待できる。他方，相対的に資本力が小さい地域の事業主体が応札できず，FIT の認定を取得できないとなると，各地で広がりつつある地域・市民主導の発電事業やそれを柱とした地域活性化の取り組みにも支障がでかねない。ドイツは，2015 年に大規模太陽光を対象に試行的に入札を導入したが，異なる入札方式も試しつつ，地域や個人の事業者の参入に障壁がないかなどを確認しながら慎重に進めている。上記の委員会の報告書も「入札の対象となる設備規模や具体的な入札参加要件等については，導入の実態や諸外国の取組を踏まえながら」調達価格等算定委員会の検討を経て決定することとしている。

価格目標，入札手続など価格決定に関わる事項は，調達価格等算定委員会の意見を聴取して経産大臣が決定することになる。

3 買取義務者の送配電事業者への変更

電力システム改革の進行もふまえ，FIT 電気の買取義務者をこれまでの小売事業者から送配電事業者に変更する改正も行われた。改正 FIT 法が施行される 2017 年 4 月以降，原則として，送配電事業者が買取義務者となる。送配電事業者が買い取った電気は，原則として卸電力市場に出される。小売の全面自由化の中で，特定の小売事業者に買取が集中するおそれがあるとして買取量に上限を設ける選択肢も議論されていたが，送配電事業者が買い取ることでこうした上限設定はなくなった。買取上限が設定されないという点で再エネ発電事業者にとってもメリットがあり，卸電力市場から電力を調達したい新電力にとってもメリットがある。

他方，特に，再エネの発電事業と小売とを一体に展開し，再エネ電気の調達・小売を事業の軸としている事業者（特に地域・コミュニティベースの新電力）からは，小売事業者による買取継続を望む声が強く出された。FIT 電気を含め卸電力市場から調達する電気は現在，すべて「その他電気」として取り扱われることもあろう。こうした要望に応え，再エネ発電事業者と小売事業者が契約を締結していれば，送配電事業者が買取を行うものの，その電気は契約を締結した小売事業者に渡されることになった。

システム改革の過程で，発送電分離が完了していない現時点では，認定取

得の条件である接続契約締結にしても，FIT電気の買取にしても，接続を保証し，買取を保証する送配電事業者の中立性が確保されることが，FIT制度への信頼を確保するのに必須である。特に石炭火力の新増設計画への対応のためにエネルギー供給構造高度化法の下で，小売事業者に小売電力量の44％以上を非化石電源とすることが求められており[15]，小売事業者のFIT電気調達の要求は高くなると考えられるため，一層重要である。送配電事業者の行為については，電力取引監視等委員会の監督が及ぶ。

4　エネルギー多消費事業者に対する賦課金の減免制度の見直し

現在，エネルギー多消費事業者に対しては賦課金が8割減額されている。他方，FIT法制定時この規定が導入された理由であった「国際競争力の強化を図る」という観点から見るとそれに合致しない事業者や，省エネ法の省エネ基準を満たしていない事業者が減免を受けている事例が見られる。2016年度からは，減免を受けていない中小企業や消費者が減免された賦課金の半分を追加的に負担している。今回の改正で，賦課金の減免については，「国際競争力の強化を図る観点」に合致しており，省エネ法の基準に適合している事業者を対象とすることが明確化された（第37条）。その詳細については，2016年9月28日に公布され，同年10月1日施行された，FITの賦課金の減免制度の変更に関する施行令を改正する政令と施行規則を改正する省令を参照いただきたい。

7-3　今回のFIT制度変更の評価

2030年のエネルギーミックスでは，再エネは総発電量の22〜24％を占め，日本の基幹電源の一つになることを示した。FITの導入以降再エネは大きく拡大したが，それでもなお，2030年のエネルギーミックスに照らせば，

---

[15]　平田仁子「日本の石炭火力発電の動向と政策——リスク評価の観点から」『環境と公害』46巻1号（2016年）

現在の導入量から太陽光でも2倍以上に，風力，地熱，バイオマスは約3倍に拡大することが必要である。

今回の制度変更は，FITの基本的な制度枠組みを維持しつつ，その多くが2012年7月から始まった運用で明らかになった課題に対処するもので，前述のように，FIT制度の下での持続的な再エネ導入には必要な制度変更と考える。他方，この間，並行して進行する電力システム改革への対応もあり，例えば回避可能費用の見直しなど，再エネ事業に影響がある制度変更が行われてきた。FITは，固定価格で買い取ることで，投資回収の予見性を高め，再エネへの投資を動員することで再エネの導入を拡大する制度である。FIT制度の運用開始からわずか4年での頻繁な制度変更は，制度の安定性，予見可能性という意味では，FITの下での再エネ投資の促進に対してはマイナスの効果がある。それゆえ，必要な制度変更ではあるが，実際の制度の運用において，制度を信頼して行動した事業者が，自身の責に帰さない理由で不利益を被らないよう十分に留意すべきである。そのことが制度変更に伴う国の訴訟リスクを低減させることにもなる。

7-4　再エネのさらなる拡大のための課題

2030年のエネルギーミックスにおける再エネ22〜24％という目標は，再エネが日本の基幹電源の一つになることを示した。2015年末に採択されたパリ協定は，今世紀中の脱炭素化，ゼロエミッションというビジョンを示した。2030年目標（2013年比26％削減＝2005年比25.4％削減）達成のための温暖化対策計画では，2050年に80％削減という日本の長期目標も盛り込まれた。省エネによってエネルギー需要を低減させつつ，同時にエネルギーの低炭素化が不可欠であり，再エネは間違いなくその相当部分を占めることになろう。

現在エネルギー源の9割を輸入化石燃料に依存する日本にとって，再エネの導入拡大はエネルギー安全保障（自給率向上）にも，燃料費負担の抑制にも貢献する。さらに，パリ協定がめざす世界の脱炭素化は，再エネの世界市

場を大きく拡大する。再エネ技術に強みを持つ日本企業には大きなビジネスチャンスでもある。

再エネが2030年エネルギーミックスで示された22〜24％という水準をこえてさらに拡大するためには，特に次の課題に対応する必要がある。

1 再エネ目標の引き上げと2030年をこえる再エネ長期目標の明確化

第1は，2030年のエネルギーミックスで示された再エネ発電量22〜24％という目標値の引き上げ，2030年をこえる長期の再エネ目標を早期に明確にすることである。2030年のエネルギーミックスの再エネの数字は，太陽光も含め2030年までFITの下で買い取りが続くことを前提に，買取費用と火力の燃料費という電力コストの一部を取り出して4兆円という上限を設定し，そこから導き出された数字である。例えば，事業用太陽光は2030年に22円/kWh，住宅用太陽光は13円/kWhで買い取られると想定された。しかし，世界的に見ても太陽光のコスト低減は著しく，2030年には多くの太陽光が買取による支援なしに導入される可能性が高い。

表7-1 主要先進国の再エネ目標

EU	2030年に最終エネルギー消費の少なくとも27％，総発電量の少なくとも45％（2030 Climate and Energy Policy Framework）
英国	2030年に最終エネルギー消費の30〜45％，総発電量の40〜65％（2030年温暖化目標（1990年比57％削減）策定のための気候変動委員会の分析）
フランス	2030年に最終エネルギー消費の32％，総発電量の40％（2015年エネルギー転換法）
ドイツ	2050年に最終エネルギー消費の60％，総発電量の80％。その達成のための指示的目標として，2025年までに発電量の40〜45％，2035年までに発電量の55-60％（再生可能エネルギー法2014）
米国	カリフォルニア州：2030年に総小売電力量の50％ ニューヨーク州：2030年に最終エネルギー消費の40％ ハワイ州：2030年に総小売電力量の50％，2045年に100％
日本	2030年に最終エネルギー消費の13〜14％，総発電量の22〜24％（2030年エネルギーミックス）

註：米国は，エネルギー政策の多くが州で実施されている。オバマ政権は，2013年，2020年に総発電量の約26％という連邦目標を示している。
出典：筆者作成

持続的・安定的な再エネ導入の拡大には，再エネ拡大のより明確で野心的な国のビジョンが必要だ。表7-1に示すように先進国の多くが，2030年に日本より高い目標を掲げている。

将来に向けて再エネ導入を大きく拡大するには系統の増強・整備も必要だが，こうした系統増強・整備には時間がかかるため，それを計画的に行うためにも2030年をこえる再エネ目標の設定が必要である。また，こうした長期目標によって，再エネに対する持続的な投資と技術開発を喚起し，そして再エネの導入拡大を支える社会システムのイノベーションを促すことができる。

2　再エネの大規模導入を可能にする系統対策

FITは，固定価格で買い取ることで，投資回収の予見性を高め，再エネへの投資を動員することで再エネの導入を拡大する制度である。再エネ導入拡大に最も必要なのは，高い買取価格ではなく，投資回収の予見性を高め，投資リスクを減らす環境を整えることだ。そうした観点からは，日本においては系統対策が鍵を握る。

先の接続回答保留問題の後，電力会社のエリアごとに設定される接続可能量（出力制御枠）を超えると，無制限無補償の出力制御の承諾を条件に系統接続を認める指定電気事業者制度が適用される。これまで離島を除けば出力制御は行われていない。揚水の活用，気象予測を用いた太陽光発電予測（東北電力），蓄電池の活用（九州電力）など出力制御をできる限り小さくする努力は少しずつ進んでいる。日単位でなく時間単位の抑制へのルール変更も行われた。しかし，制度上は無制限の抑制のおそれがあることから事業化に踏み切れない，融資がつかないという声も強い。

2015年11月に示された出力制御の見通しによれば，2014年度の需要ベースで，北海道電力で太陽光20万kWの追加導入で27％，風力20万kWの追加導入で14％，四国電力で太陽光30万kWの追加導入で37％制御されるという。自然変動電源たる太陽光と風力の導入量がなお3％程度の日本において，この数字は，欧州諸国と比して相当に大きい。系統連系が細いと言われるアイルランドやスペインも，太陽光と風力の導入量が15％，20％と拡

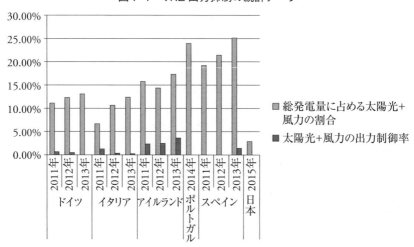

図 7-1　VRE 出力抑制の統計データ

Y. Yasuda, et al., International Comparison of Wind and Solar Curtailment Ratio, Proc. of 15th Wind Integration Workshop, WIW15-111（2015），および資源エネルギー庁：電力調査統計表過去のデータ（2015），http://www.enecho.meti.go.jp/statistics/electric_power/ep002/results_archive.html を基に作成。

大するのに伴って，出力制御率は微増傾向にはあるものの，その割合は最大でも 4% 未満である（図 7-1）。

　欧州諸国は，自然変動電源を導入するため系統の柔軟性（flexibility）を高める方策をとってきた。国際エネルギー機関（IEA）は，かかる方策として，揚水やガス発電の利用，蓄電等と並び，広域で変動調整ができ，相対的に低コストな方策として系統対策を位置づける。FIT 制度の見直しを議論してきた委員会も「計画的な広域系統整備・運用」を課題とする。

　緊急時のために空けておくマージンのあり方を含め，地域間連系線利用の現行のルールの見直しが急務だ。地域間連系線の容量の相当部分が先着優先で既存の電源に割り当てられ，空き容量が限られるため，新規の事業者は連系線の利用を前提にした事業計画が立てにくい。市場のスポット取引で利用可能な連系線の容量も，相対契約で確保された残りの空き容量に限定され，空き容量を超えるとエリアごとに市場を分断して売買の約定を行う。その結果，小売事業者はより安い電源があるにもかかわらず，系統の制約ゆえに調達できない。他方，先着優先で割り当てられた既存の電源は，コストの多寡

にかかわらず連系線を押さえている。経済性の優れた新規電源は系統線混雑を理由に市場分断による追加的コストを負うことになる。

　これまで電力会社は特別な理由がない限り運転費が安い電源（燃料費のかからない水力・風力・太陽光・地熱，次いで原子力，そして火力）からメリットオーダーで発電してきた。今回のFIT法改正で，送配電事業者が買取を行い，卸電力市場にFIT電気を流すことで，連系線の空き容量の効率的活用が進むことが期待される。さらに，運転費が安いものから連系線を利用できる方策をとれば，広域のメリットオーダーが実現し，需要家（消費者）の利益になる。国民が賦課金を負担するFIT電気だからこそ，燃料費がかからず安いというメリットが国民に広く還元されるような方策が考えられるべきである。

3　再エネ需要の拡大

　再エネ導入促進を大きく牽引するのは，省エネと再エネを一体化したゼロ・エミッションに向けた取り組みだろう。再エネ需要の拡大は，再エネの市場価値を高め，再エネ導入を促す。

　すでに日本の代表的な企業は，今世紀後半の脱炭素化に照準を当てて取り組みを始め，その中には再エネが位置づけられている。大成建設は，2020年「市場性のあるZEB（Net Zero Energy Building）の実現」，鹿島も2020年ZEB実現をめざす。積水ハウスは，COP21の折に，「建物および建設部門における共同宣言」に署名し，2020年新築住宅の80％をZEH（Net Zero Energy House）にする[16]。ZEBもZEHの促進は，東日本大震災後の復興戦略の柱でもあり，2030年のエネルギーミックスの前提でもあり，日本の2030年温暖化目標の前提でもある。

　工場や事業所でもゼロエミッションがめざされる。トヨタ自動車は，2015年10月，「トヨタ環境チャレンジ2050」を発表した。2050年にトヨタが世界で販売する新車の走行時CO_2排出量（平均）を10年比で90％削減し，工

---

[16]　積水ハウス株式会社「COP21の約束の実行にむけ『ゼロエネルギー住宅』を住宅の80％へ家庭部門CO_2削減を加速」2015年12月21日 News Release.

場からのCO_2排出量をゼロにする。さらに，素材製造から廃棄までライフサイクルCO_2ゼロをめざす[17]。サプライチェーン全体のゼロエミッションをめざす取り組みはその波及効果も大きい。日産自動車も同様に，ゼロ・エミッションモビリティなど長期目標とロードマップを設定し，実行している[18]。

世界的に見ても，「再エネ100％」（RE100）の実現に向けた取り組みがビジネスにおいても地方政府・地方自治体においても進行する[19]。BMWグループは，自社発電，地域の再エネ調達により事業全体を100％再エネをめざす。Googleは，再エネ100％をめざして2025年までに再エネの調達を3倍にする。Microsoftは，2014年以降再エネ100％をすでに実現している。Johnson & Johnsonは2050年までに，Philipsは2020年までに再エネ100％をめざす。Nike, Nestle, Walmart, Starbucksもこれらの取り組みに続く。また，福島県，カナダのバンクーバー，米国のアスペン，スウェーデンのマルメなど，再エネ100％をめざす地方政府・地方自治体も増えてきている。

再エネ100％＝自家消費型というわけではなく，またそうでなければならないということではない。他方，系統制約がなお存在する日本においては，自家消費型の再エネ導入によって，当面系統負担を小さくできることは魅力的だ。こうした自家消費型の再エネ導入にその観点からも付加価値を認める仕組みを検討するのもよい。

このような再エネ需要を喚起し，導入を促進する需要側への施策が検討されるべきだ。近年，一定以上の面積の建築物の新築・改築にあたって，再エネ導入を義務づけたり，導入の検討を義務づける自治体（例えば，京都府や京都市）が登場しているが，こうした再エネ需要を喚起する方策がさらに進められる必要がある。

---

17) http://www.toyota.co.jp/jpn/sustainability/environment/challenge2050/
18) http://www.nissan-global.com/JP/ZEROEMISSION/
19) ビジネスの再エネ100％の取り組みは次を参照。http://there100.org/companies

7-5　むすびにかえて

　今回のFIT法改正により，この間のFITの運用上の課題の多くに対応した。再エネのさらなる導入には，FITの下での買取の仕組みもさることながら，国としてのより明確な将来のエネルギービジョンを定めることが必要だ。出力制御枠は，現状廃炉が決まったものを除くすべての原子力発電所が稼働すると想定して算定されている。地域間連系線にしても長期固定電源にその容量の多くが与えられている。再エネの導入が日本に，地域にもたらすメリットをふまえて，将来に向けて確固とした拡大の方向性を示し，その障壁となる従前のルールの見直し＝システム改革を着実に進めていくことが求められている。

コラム　固定価格買取制度（FIT）の設計に関する論点

小川　祐貴

1　固定価格買取制度とは何か

　FIT制度とは石倉（2013）によれば「電力事業者が再生可能エネルギーを一定期間・一定の価格で買い取ることを義務づけるもの」である。しかし再生可能エネルギーの普及を促進する制度としてFIT制度を捉えるならば，この単純な定義だけでは不十分である。朝野（2014）が「FITは固定された売電価格を長期間保証することによって，再生可能エネルギー発電事業をリスクの少ない投資に仕立てることで，普及拡大につなげるもの」と指摘するように，発電事業によって得られる収入を長期に渡って予見可能にすることがFIT制度を再生可能エネルギーの普及拡大につなげるために決定的に重要である。したがって対象となる技術や買取期間・買取価格だけでなく，そもそも買い取りがどのように保証されるのか，買い取りが行われないことがあるとすればそれはどのような場合か，その程度はどのように決定されるか，といった内容もFIT制度を構成する要素として考慮する必要がある。また制度が長期にわたって存続するために，再生可能エネルギーに対して行われる支払いの財源がどのように確保されるのか，という費用負担のあり方も検討する必要がある。

2　欧州各国の固定価格買取制度

1）ドイツ

　ドイツのFIT制度は再生可能エネルギー法（EEG）によって規定されており，最新の法改正は2014年7月21日に行われた。

　買取対象となる再生可能エネルギー技術は風力・太陽光・地熱・バイオガス・小水力・バイオマスとされている。ただし買取期間・買取価格が外生的に与えられる，厳密な意味での「固定価格買取」が適用されるのは500kW以下の電源に限られる。500kW以上の規模の電源については市場価格にプレミアムを上乗せした価格を受け取ることができる。このプレミアムは，技術や規模ごとに決められたkWhあたりの価格から，その技術による電力の市場価格を差し引いて決定されることとなっており，実質的にはFIT制度であると言える。500kW以上の電源がこのプレミアムを受け取るためには市場で電力を販売することが条件となっており，買取価格を保証しながら電力システム全体の安定化に資する運用を再生可能エネルギー電源に促す制度となっている（山家

2015)。買取期間およびプレミアムの適用期間は技術や規模によらず20年とされている。またFIT制度の適用を受けるためには配電事業者が遠隔操作で出力抑制できるような装置を設置することも再生可能エネルギー事業者側に義務づけられている。

各再生可能エネルギー電源に対する買取価格はEEGによって一定期間ごとに低減していくか，新規設備容量に応じて変化するかのどちらかに定められている。陸上風力は原則として3ヶ月につき0.4％ずつ買取価格を引き下げることとしているが，年間2400MW～2600MWの目標値が設定されており，実際に導入された容量がこの目標値を上回る場合は買取価格が更に引き下げられ，目標値を下回る場合には買取価格の引き下げが緩やかになり，極端なケースでは買取価格を引き上げることも想定されている。太陽光についても同様に年間2400MW～2600MWの目標値設定がなされており，買取価格の変化率は実際の導入容量と目標値との差によって決定することとされている。同様の目標値はこの他にバイオガスおよびバイオマス発電にも設定されており，それぞれ100MWとされている。ただし埋立地や下水処理に由来するバイオガスは例外であり，年間1.5％の引き下げ率が一律に適用される。また小水力も年率0.5％の引き下げ率が，地熱については2018年以降5％の引き下げ率が設定されている。なお太陽光についてはFIT制度の適用を受ける設備容量に上限が設定されており，5万2000MWを超える設備が制度の対象となると，翌月初より買取価格が0となることも定められている。また各電源に適用される買取価格はその設備が運開する時点での価格となる。よって電源の開発が遅れればそれだけ適用される買取価格も低減することになる。

買取価格とその引き下げ率が法律の条文に明記されていることはドイツのFIT制度の大きな特徴と言える。これによって再生可能エネルギー事業に参入する主体は自らの事業についての収入を見通しやすくなり，投資リスクが小さくなる。一方で制度を運用する政府の側からは目標値に応じた価格設定をとることで設備の導入を補助しながら買い取りにかかる費用を抑え，費用効率的な再生可能エネルギーの普及拡大につながると考えられる。

さらにドイツのEEGでは再生可能エネルギー電源が系統に対して「優先接続」されなくてはならないことが規定されている。この優先接続は伝統的な電源，すなわち各種の火力電源や原子力電源に対するものであり，再生可能エネルギーよりも優先される電源は存在しない。また配電事業者は自エリアに接続された再生可能エネルギー電源からの電力を全て受け容れる義務がある。これ

は再生可能エネルギー電源の電力が他の電源種からの電力よりも優先して電力を供給することを意味し、「優先給電」と言える。ただし電力システム全体の安定性を保つための例外規定も存在する。再生可能エネルギー以外の電源からの電力供給が電力システムの安全性と信頼性を維持するために必要な場合は配電事業者が遠隔操作によって再生可能エネルギー電源の出力抑制を行うことができる。ただしその場合は制御を行う1日前までにどのタイミングでどの程度の出力抑制が発生すると予測されるか、事前に通知しなければならない。出力抑制を受けた事業者はそれによって失った収入の95％を補償され、また失った収入が見込まれる年収の1％を超えた場合には該当する年のそれ以降に発生する出力抑制について全額補償を受けることができる。

　最後に費用負担についてであるが、EEGの下では500kW以下の電源に対するFIT制度およびそれ以外の電源に対するプレミアム制度のいずれについても、再生可能エネルギー電源に対して支払われた買取費用は電力の最終消費者が負担することとなっている。ただし製造業、鉄道事業者および電力集約的な事業者はこの賦課金の負担が一部または全額免除されることとされている。新規に再生可能エネルギー電源を開発するに際して必要となる系統整備にかかる費用も配電事業者、小売事業者を通じて消費者が負担する仕組みになっている。再生可能エネルギー事業者は系統整備費用を負担せず、また配電事業者に対して配電網の使用料を支払う義務も負わないが、配電事業者はかかった費用を最終消費者に転嫁することで回収できるようになっている。

　2）イギリス

　イギリスのFIT制度はFIT法によって規定されており、最新の法改正は2014年6月11日に行われた。本制度はイギリスのうち、スコットランド・ウェールズ・イングランドの各地方にのみ適用され、北アイルランドは対象外となっている。

　買取対象となる再生可能エネルギー技術は設備容量が5MW未満の風力・太陽光・バイオガス・小水力とされている。ただし設備容量が50kW～5MWの電源についてはFIT制度の適用を受けるか、再生可能エネルギー割合義務制度に基づく支払いを受けるかを選択することができる。買取価格はガス電力規制庁（Ofgem）が決定するとされており、太陽光以外の電源についてはある年の10月1日から翌年の9月30日まで適用される買取価格を対象期間の8ヶ月前、2月1日より前に公表するとしている。太陽光の買取価格は3ヶ月ごとに

見直しを行うこととされており，1年を1月～3月，4月～6月，7月～9月，10月～12月に分け，それぞれの期間について期間が始まる2ヶ月前までに買取価格を公表するとしている。たとえばある年の4月～6月に適用される買取価格はその年の2月1日までに公表されなくてはならない。FIT 制度の対象となるためには Ofgem への申請が必要で，適用される買取価格は申請を行った日によって決まり，その買取価格が太陽光については申請から6ヶ月の間，その他の技術については申請から1年の間に運転開始した場合に適用される。申請にあたっては設備の設置について許認可を取得しており，系統接続について送配電事業者と合意がとれていることが必要である。買取期間は発電開始から20年間と定められている。

系統接続および給電についてイギリスでは再生可能エネルギーと他の既存電源との間に区別はなく，一様に送配電事業者と系統接続契約を結ぶ必要がある。そのため出力抑制についても再生可能エネルギーに対する区別はなく，接続契約で合意した出力を超えないことが定められているのみである。

FIT 制度にかかる費用は電力価格に転嫁されて最終消費者が負担する。一方で接続に伴う系統整備の費用は発電事業者側が接続料金として負担し，送配電事業者に支払うものとされる。発電事業者と送配電事業者との接続契約は相対で行われる。

3) アイルランド

アイルランドの FIT 制度は再生可能エネルギー FIT 制度1, 2, 3 (REFIT 1, REFIT 2, REFIT 3) の3つの枠組みから成る。このうち REFIT 1 は 2004 年に開始され，2009 年末をもって制度の適用を締め切っており，新たな設備が対象となることはない。一方で，REFIT 2 と REFIT 3 はそれぞれ 2013 年6月と7月に最新の法改正が行われており，本項ではこちらを中心に概説する。

まず買取対象となる発電技術は REFIT 2 が風力・バイオガス（埋立地由来）・水力，REFIT 3 がバイオガス（メタン発酵などの嫌気性消化由来）・バイオマスとなっており，太陽光が含まれていない点に特徴がある。この点は REFIT 1 の時点から一貫している。買取価格は 2012 年に設定したものを基準に，アイルランド中央統計局が毎年公表している消費者価格指数の変動を適用したものと定められており，経年による低減などは設定されていない。また買取期間は上限を 15 年として個別に小売事業者と結ぶ電力購入契約 (Power Purchase Agreement: PPA) によって決められる。また市場価格が REFIT で

定められた価格を上回った場合には市場価格で支払いが行われる。再生可能エネルギー事業者は原則として kWh あたり 0.99 ユーロセントの系統安定化費用を負担するが，市場価格が REFIT 価格を上回る場合にはその一部または全額が免除される。

　系統接続について送配電事業者は再生可能エネルギーとその他の電源を区別してはならないと電力規制法で定められている。規制機関は再生可能エネルギーが優先的に接続されるべきだと決定することができると定められているが，規制機関がこのような決定を下した例はない。接続にかかる費用は発電事業者が負担するものとされる。一方，給電については再生可能エネルギーが優先されるものとされている。電力システムの安全性と安定性にリスクが生じる場合には出力抑制が可能だが，その損失は全ての風力発電所の収入に対して同じ割合になるよう分配される。ここで風力発電所のみが対称となるのは，REFIT のうち変動性のある電源が風力発電のみであるためと考えられる。REFIT に必要な費用は電力価格に転嫁されて電力消費者が負担する。

発電コスト分析から見えてくるもの

Chapter 8

稲澤 泉

発電コスト分析を正確に行うことの意義は，そのことを通じて，発電のあり方や電源の選択に関する議論を活発化させる共通基盤を確立することにある（植田　2013：37）。発電コスト分析によって，政府は社会全体の経済性の検討と将来のエネルギーミックスの想定に有益な情報を得ることができ，個々の国民も，コストを認識した上で電源を選択するために重要な情報を得ることとなる。

　国際的には，OECD（経済協力開発機構）が1980年代初頭より8回にわたり発電コスト分析に取り組んできており，我が国においては，近年では2011年および2015年に政府による分析作業が行われている。

　発電コストの計量手法は，有価証券報告書を活用した実績値に基づく推計と仮想的発電プラントに基づく推計（モデルプラント方式）に大別され，このうち後者は，国内外における発電コスト分析で広く用いられてきている[1]。他方で，モデルプラント方式は，発電プロジェクトの全期間にわたる平均コストを推計するものであるため，後述の通り，再生可能エネルギー（再エネ）電源の普及，原子力発電を取り巻く環境の変化及び電力市場の自由化等から，そのさらなる精緻化や追加的手法の必要性について議論がなされている。そこで本章では，このモデルプラント方式による発電コスト分析につき，概要と期待される役割，電力市場の環境変化と分析手法の進化を概観した上で，発電コスト分析の評価，課題及び方向性につき，再エネ導入の視点から考察する。

---

1) 有価証券報告書を用いた推計につき，大島（2011:98）は，モデルプラント方式による推計は仮定に基づいた予想コストにすぎないこと，また，政策を国民的観点から判断する場合，過去の社会的コストの実績値をみることは，モデルプラントで価格を予想する以上に大きな意味があること，を主張している。松尾他（2011）は，「推定・想定による部分が少ない確実なコスト評価」とする一方で，償却済稼働中の電源の正当な評価ができないとして，将来の電源選択の検討に際しての限界もあるとしている。

8-1　モデルプラント方式による発電コスト分析の概要

1　モデルプラント方式の概要

　モデルプラント方式による発電コスト分析では，コスト分析のためのモデルとなる発電設備を電源毎に想定して，このプラントが稼動する全期間にわたる電力量当りの「長期の平均」発電コスト（IPCC 2014）を推計する。具体的には，全期間にわたりコスト（基本となるコスト項目は資本費＋運転維持費＋燃料費）と発電電力量を推計し，一定の割引率によってこれら各年のコストと電力量を各々現在価値に引き直した上で，総コストを総発電電力量で除して平均の発電コスト（均等化発電原価（levelized cost of electricity：LCOE））を算出するものである[2]。このLCOEの手法は，国外において広く発電コストの比較に用いられており（MIT 2003, 2009; DECC 2013; DOE EIA 2014a; OECD/IEA/NEA 2015），日本政府による分析もこれを基本的に使用する（コスト等検証委員会　2011a；コスト検証ワーキンググループ　2015c）。LCOEを算出する手法は，将来時点における発電技術間のコスト比較が容易に行える特徴があることから，発電技術の選択を検討するに当って出発点となっていた（Gross et al. 2010）。植田（2013：24-25）も，将来の日本にとっての電力の経済性を判断する情報を得るためにはOECD/IEA/NEAによる分析方法が参考になるとしている。ところで，実際にこのLCOEを算出するには，資本費や燃料費等の各コストを推計し，一方で，発電電力量推計のための稼動年数や設備利用率，そして適用する割引率等の前提条件を定めて算出を行うこととなる（使用される前提条件例については本節3項の（1）参照）。以下，このLCOEについて具体的な分析を進めて行く。

---

2) Short et al.（1995）は，厳密には，均等化価値の概念は「分析対象期間を通して一定に定められた場合にネットの現在価値コストと同一のネットの現在価値収入を与えるような単位当りコスト」と説明する。

2 LCOEの役割

　LCOEは，一般的な技術リスクは反映するものの，電力の規制市場時代に開発されたものであり，特定の市場やプロジェクトのリスクは反映していないため，不確実性に直面する実際の電力市場におけるコストと乖離することとなる（OECD/IEA/NEA 2015：27）。このことから，LCOEは規制価格が存在する規制市場における電力価格に近いとされる。Gross et al.（2010）は，電力の自由化市場においても，エネルギー政策上また電力システム上の観点から，LCOEは政府にとって介入の根拠及び補助金や移転支出のレベルに関する知見を提供しうるとし，その一定の有効性を指摘する。また，先進国における電力自由化が進展する中においても多くの途上国では引き続き一定の規制市場が存在することもあって，OECDによる発電コスト分析ではLCOE計量手法が採用されている。

　一方で，1956年に世界最初の商業原子力発電が英国において稼動を開始して以降，1970年代より世界各国において本格的に原子力発電が導入されていった。原子力発電の安全性は強調されたが，安全確保は，原子力発電推進の必要条件ではあっても，それだけでは十分条件とはなりえなかった（植田 2013：19）。このため，原子力発電推進の有力な論拠となったのはその経済性であった（植田 2013：19，および大島 2011：88-89）。この経済性判断で使用された手法は，モデルプラントを用いたLCOEであり[3]，算出された原子力の発電コストが他の電源対比で安価であったことから，このLCOE数値は結果として原発の推進に寄与することとなった[4]。

3）植田（2013：22）は，日本において発電コスト分析がモデルプラント方式でなされたことの理由として，国際機関が採用していたことや発電コストの実績値の公表を嫌ったためかもしれない，とする。
4）OECD/IEA/NEA（2015:100）は，OECDにより1981年になされた第一回の分析はNEAとしてなされて原子力発電に伴う直接コストの試算にとりわけ力点が置かれ，石炭火力よりも安価であることが結論付けられた旨記している。

3 最新の発電コスト分析における前提条件と検証結果

(1) OECD と日本における分析の前提条件と分析結果

　LCOE は一定の前提条件を外生的に取り入れた分析手法であり，その前提が大きく算出結果を左右することとなる。OECD は世界各国のデータを収集しこれに基づき発電コスト分析を行うとの性格から，自国内の発電コストにつき分析を行う日本政府の前提条件との間では自ずと差異が生じる[5]。これら前提条件をまとめると表 8-1 の通りである。ここからは，コスト算出の前提条件として，日本においては再エネ設備の稼動年数および設備利用率が基本的に保守的な数値となっていることがわかる[6]。一方で，OECD の分析においては，原子力発電に係る事故費用・政策経費を含まず，また，前回 (2010 年) の試算以前は CO_2 費用も含まない試算を行っていたことから，OECD は発電事業者が施設を建設・運営・終了するために直接負担するコストに限定した試算を企図していることが見て取れる。これらの前提とコストの推計値による発電コスト分析の結果は表 8-2 の通りである。発電コストは各国における発電事業が置かれた事業環境や立地条件等に大きく影響されることから，当然のことながら，単純な比較はできないものの，一般的な傾向として，日本における再エネの発電コストは引き続き高いことが概観できる。

(2) 日本における分析作業

　ここで，日本政府による発電コスト分析への取組みについて概観しておきたい。日本政府は，福島原発事故の後，2011 年 10 月から 12 月にわたり，

---

[5] 同様に IPCC も LCOE をベースに発電コストを試算しているが (IPCC 2014)，多くの前提条件は OECD でなされた内容を引用しているため，ここでは OECD の最新の試算を参照している。

[6] 2011 年のコスト検証報告書は，稼動年数については実績を踏まえたこと及び IEC (国際電気標準会議) が設計耐用年数を 20 年と規定している旨，また，設備利用率については関連事業者へのインタビュー，経済産業省ガイドライン，実績などを踏まえて設定した旨，記載されている。2015 年の試算では，稼動年数については 2011 年のコスト検証を用いるとされ，設備利用率については，調達価格等算定委員会による旨記載される。

表 8-1　発電コストの LCOE 算出前提比較

出典			OECD/IEA/NEA 2015 年版報告書	日本政府 2011 年 2011 年検証委報告書	日本政府 2015 年 2015 年 WG 資料
稼働年数		風力	25 年	20 年	20 年
		太陽光（家庭用）			
		太陽光（大型地面設置）			
		原子力	60 年	40 年	40 年
設備利用率		風力（陸上）	各国毎 (独 34%, 米 35〜49%, 仏 27%, 日本 20%)	20%	20%
		太陽光（家庭用）	同 (独 11 %, 米 15 %, 仏 14%, 日本 12%)	12%	14%
		太陽光（大型地面設置）	同 (独 11 %, 米 21 %, 仏 15%, 日本 11%)		
		原子力	85%	70%	70%
割引率		全電源	3，5，7%	3%	3%
コスト項目	廃棄（廃炉）費用	風力・太陽光	建設費の 5%		
		原子力	同 15%		
	廃棄物処理費用	原子力	含む：u.s.¢ 0.933/kWh (フロント u.s.¢ 0.7/kWh バック u.s.¢ 0.233kWh)	含む：1.4 円 /kWh (フロント 0.84 円 /kWh バック 0.56 円 /kWh)	含む：1.54 円 /kWh (フロント 0.9 円 /kWh バック 0.6 円 /kWh)
	再処理費用				
	社会的費用	事故費用	含まず	含む	含む
		政策経費	全電源　含まず	含む (立地交付金, 研究開発費（未普及電源除く))	含む (立地交付金, 研究開発費（全電源))
		CO_2 費用	全電源　含む (2010 年試算以降) u.s.$30/ トン	含む（OECD/IEA 対策シナリオ）	

各出典を基に筆者作成。日本については，報告書で図示された結果を計上。

表 8-2　発電コスト分析の数値例の比較

出典	OECD/IEA/NEA 2015 年版報告書	日本政府 2011 年 2011 年検証委報告書	日本政府 2015 年 2015 年 WG 資料
風力	中間値は約 6US セント /kWh	9.9〜17.3 円 /kWh	21.8 円 /kWh
太陽光（家庭用）	中間値は約 16US セント /kWh	33.4〜38.3 円 /kWh	29.4 円 /kWh
太陽光（大型地面設置）	中間値は約 10US セント /kWh	30.1〜45.8 円 /kWh	24.2 円 /kWh
原発	中間値は約 5.5US セント /kWh	8.9 円以上 /kWh	10.1 円以上 /kWh

各出典を基に筆者作成。
注：OECD については割引率 3% のケース。日本政府については試算例として図示された結果（表 8-1 にある前提数値（割引率 3% 等）を使用）を代表的数値として示す。なお，これら数値は一定の前提条件に基づく試算例でしかなく，これら数値が各出典の結論ではない。

CO₂ 対策費用以外では国際的にも従来の LCOE の分析手法に含まれていなかった社会的費用（環境対策費用：CO₂ 対策費用，事故リスク対応費用及び政策経費）をコスト項目として計上し発電コストの算出を行った[7]。このうち，政策経費については，「発電事業者が発電のために負担する費用ではないが，税金で賄われる政策経費のうち電源ごとに発電に必要と考えられる社会的経費」（コスト等検証委員会 2011a：7）とし，これを幅広く捉えてコスト算出に反映させる方式が採用された[8]。ここでは，電源の導入支援のための補助金を政策経費として含むとされ[9]，また，将来の発電量の拡大を見込んで行われる技術開発に係る予算額は，直近のわずかな電力量で除することは適当でない（コスト等検証委員会 2011a：25）との考えにより，再エネについては，政策経費の計上はなされなかった[10]。

　上記の検討の結果，再エネ以外の電源については，「立地交付金」や「将来発電技術開発」等の予算額がコストとして計上されることとなり，これら予算額が多額である原子力については，1.1 円/kWh が発電コストに上乗せされ，従来の試算と比較して原子力の発電コストが大きく上昇する要因と

---

7) 以下の諸外国・国際機関による試算は社会的費用を含まない。IPCC 2013, Department of Energy & Climate Change 2013a, Cour des comptes 2012, OECD/NEA 2010, MIT 2003, 2009。
8) 政策経費として，直近の当初予算のうち，「立地」「防災」「広報」「人材育成」「評価・調査」「発電技術開発」「将来発電技術開発」に係る予算額を上乗せした（コスト等検証委員会a　2011：24-26）。事故リスク対応費用は，原子力委員会による損害費用算出額を精査修正した上で，一般的な損害期待値（損害額×事故発生確率＋リスクプレミアム）の手法が採用し難いことから，擬似的な保険制度とも言える相互扶助による事業者負担制度を前提とした方法（損害費用を 40 年間の総発電量で除するもの：共済方式と呼ばれる）で試算がなされた（同：41-47）。
9) 資本費に含まれることとなる設備費用の補助分を政策経費として上乗せすることの是非についての議論はあったものの，固定価格買取制度を対象とすることについての議論はなされなかった。これは，太陽光以外に固定価格買取制度を拡大する「電気事業者による再生可能エネルギー電気の調達に関する特別措置法（最終改正：平成二六年六月一八日法律第七二号）」（以下，特措法とする）に基づく具体的制度設計が未済であったためと推測される。
10) 主たる電源として年間の総発電量が 500 億 kWh を超える電源につきその前年度の総発電量で除して計上することとなった。

なった。こうした方針に対して，立地交付金は移転支出であって日本全体にとってはコストではないとの主張がなされる一方，原子力は立地交付金なかりせば成立しないことから，これを単純に移転支出とすることはできない旨の意見が述べられた（コスト等検証委員会　2011b：28-29, 33-34）。なお，各電源について事業者が受領する事業報酬率については，想定される事業主体が多様であるとの理由からコスト算出には含めないとの方針が示され，これに異論はなかった[11]。

　2015年の政府検証では，2つの新たな取組みがなされたが，このいずれもが再び国際的に見ても新規性のある内容であった。第一は，再エネの固定価格買取制度（FIT）において優遇されている利潤の扱いである。優遇利潤については，電力消費者にとってはコストであるが再エネ事業者等にとっては利益であって日本全体としてはゼロの費用であり，原発の立地交付金と同等であるとの議論が提起された[12]。こうした議論に対しては，事実上の補助金であること，あるいは，発電コストではないが電気代に実際に含まれていることが主張される一方，具体的発電コストの検証と日本全体のマクロ経済効果は別次元の問題であること，あるいは他電源における報酬率を考慮する必要性があることを根拠として算入に反対する主張など，双方の立場から意見が述べられた（コスト検証ワーキンググループ　2015a：13, 同　2015b：22, 37, 40）[13]。これらの議論の結果として，FITにおける各再エネ電源の利潤分が政策経費として上乗せされることとなった。

　第二の取組みは，確率論的リスク評価（probabilistic risk analysis：PRA）による原子力発電にかかる事故リスク対応費用の試算であった。これは，損害費用に追加的安全対策の効果を反映しない一方で，新規制基準の施行に伴って事

11）事業報酬率を計上しない考え方は，OECD/NEA等の国外専門機関におけるコスト検証においても同様である。

12）調達価格上の利潤と全電源に適用される割引率との差相当分が再エネ発電コストに上乗せされた。

13）概念としてLCOEはコストの分析であって便益の分析を対象としていない。この点で，日本全体にとってコストはゼロであるとして立地交付金とFIT優遇利潤につきなされた議論は疑問である。こうしたコストのみならず便益も含めて発電コストを分析しようとする取組みについては，8-3にて後述する。

故発生頻度が低減する[14]として，結果として2011年に取り入れた共済方式による事故リスク対応費用を半減して原子力発電のコスト算出を行ったものであった[15]。

8-2 電力市場の環境変化とLCOE計量手法の進化

1 電力市場の環境変化

上述の通り，国内外で利用されている発電コストの分析手法たるLCOEは，規制市場に親和的な長期の平均コストを算出するものであり，また，OECDの分析手法に見られるように，発電施設の直接の発電コストに対象を絞って分析されてきたものであった。IPCC（2014ANNEX Ⅱ：12）は，こうした限界を捉えてLCOEを「一つの経済的競争力の指標でしかない」と表現する。実際，欧米で急速に進展した電力規制緩和と自由化の流れや地球温暖化問題への対応をひとつの背景とした再エネ電源の導入，そして2011年の福島原発事故等の電力市場の環境変化を受けて，LCOEに基づく発電コストの分析手法も少しずつ変化することとなった（図8-1）。こうした変化の例は，上記で概観したように，OECDが新たにCO_2費用をコスト項目に計上させたことや，日本政府が原子力発電の事故費用および立地費用や再エネ支援費用を算入したこと，そしてそれら個別コスト項目の計上手法を精緻化しようとする取組みに見られる。本項ではこれらの分析手法の変化をその背景となる電力市場の環境変化を示しつつ明らかにする。

---

14) 設置変更許可済炉および適合性審査中炉の炉心損傷PRA評価の値が約2.4分の1に低下していることを根拠としている（コスト等検証ワーキンググループ2015c）
15) なお，Lévêque（2014：87）は，「PRAの主要な目的は特定のプラントや原子炉の事故確率を推計するものでなく，何が故障する可能性があるかを検出し，その過程における最も脆弱なリンクを明らかにし，事故リスクに最も影響を与える失敗を理解することである」にもかかわらず，「最終的な確率」即ち「炉心溶解頻度」をのみに着目するとの「バイアス」があると指摘している。これら固定価格買取制度上の優遇利潤およびPRAの取り扱いについては，別稿にて論じることとしたい。

図8-1　LCOE計量手法を取り巻く環境変化

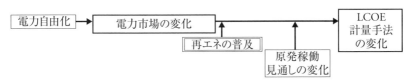

著者作成

(1) 再エネ電源の普及

　LCOEが長期の平均コストの分析手法であることは，論理的に，これを短期変動型の再エネ電源のコスト分析に使用するには困難が伴うことを意味する。逆に，出力一定での運転が想定される伝統的電源はこうした長期の平均コストの算出方法と合致していたといえる。Joskow（2011）は，システムオペレーターによってコントロールできない変動電源とディスパッチャブルな調整電源とを同様にLCOEに基づき計量することは，卸売市場における電力価格の変動を捨象することとなるとした。そして，この結果，LCOEは，ピーク対応かオフピーク対応かといった変動電源と調整電源との間での発電プロフィールの差異や，異なる時間帯における電力価値の差異を考慮しえないものとなっていると指摘する。そして，供給される時間帯における電力の市場価値を全期間コストに加えて評価することを提案し，こうした追加的な分析を踏まえた発電コスト分析によって，電力貯蔵やグリッド信頼性の維持コスト等の議論を進めうるとした（Joskow 2011：239-241）。Edenhofer et al.（2013：S17）は，Joskowが主張した「時間による電力の不均一性」に加えて，立地による価値の差異を明確に指摘し，グリッドパリティの考え方も「時間」と「空間」構造を無視していることから，LCOE同様に欠点をもつと主張した。すなわち，第一の問題は，再エネの普及の結果として，LCOEには変動電源の特質たる時間と空間への対応が必要となったことであった。ここでは，再エネの導入により発生するグリッド増強コスト等のLCOEへの反映手法も含みうる。また，再エネ電源のこうした時間・空間的価値変動は，その発電設備が導入される国，地域，サイトといった固有な環境によっても影響を受けることとなるが，LCOEの計量手法は，発電技術毎の平均値に基づく推計値などに依存して，固有なデータを取り込み積上げて反映する

ことは行ってこなかった。こうした固有データの活用可能性の追求も課題となってきている。

(2) 電力市場の自由化の影響

　欧米の電力市場では自由化が大きく進展し，市場において発電価格が決定されることとなっており，自由化市場では短期限界コストに基づき価格が決定される。このことは，発電施設に対する投資判断のために想定される発電価格は，市場から外生的に与えられる短期限界コストとなることを意味する。一方，LCOE は，投資家が収入を推計するために参照する発電価格として，長期の平均的発電コストが想定される期間と発電電力量から内生的に積上げるものである。こうしたことから，LCOE による分析手法は，進展する自由化市場と論理的に不調和性をもつに至った。自由化市場においてはLCOE の分析手法は市場が価格を決定することに直接対応できない限界に直面し（OECD/IEA/NEA：187），電力市場と LCOE の価格決定原理が乖離することとなったのである[16]。一方，自由化市場では個別の発電事業に係るリスクやその事業を取り巻くリスクが重要な価格要素となるが，現在の LCOE の分析手法ではこうした要素にも直接対応することはできない。OECD は，感度分析を行うことでこうしたリスクへの一定の対応を想定している。しかしながら，割引率の感度分析は一定のリスク調整後の資本コストを反映するが，これが問題を全て解決するものでない。EWEA（2009）は，感度分析によっても異なる技術の比較は不適である旨を指摘している。なお，OECDの LCOE 算出において使用される割引率は従来，単一もしくは 2 種類で，私的割引率の性格を有していた[17]ことからリスクを反映していたと言えるが，選択肢が限られていたことからリスクの反映は限定的であった。2015年の OECD の分析においては 3 種の割引率を想定し，割引率 3％を社会的資本コスト，5％を規制緩和市場，10％を高リスクにおける投資に対応するとしている（OECD/IEA/NEA　2015：27-28）。この意味では電源種類毎の事業リスクを反映した数値がより比較可能となるように算出手法の設計を進化させてきたと言えるが，引き続き代表的数値のみでリスクの反映を処理していることになる。なお，日本における発電コスト分析では，割引率は社会的割

引率である旨が説明されている（コスト検証ワーキンググループ　2015c）ものの，一方でリスク見合いの報酬率であるとの扱いもなされており，私的割引率と社会的割引率の混同が見られている[18]。LCOEの計量手法における割引率の影響度合いは大きいことから，投資家にとって重要な個別のリスクの反映についても手法上の課題となった。

他方，経済学理論，とりわけ金融理論においては，リスクと不確実性とは区分され，前者は利率に評価を反映させることができ，後者は予測不可能を示しリスクのように利率に反映することはできないものとされる（Knight 1921：Miller 1977）。不確実性がLCOEに反映されていないことは，英国環境気候変動省も計量手法上の限界として指摘する（DECC 2013）。こうしたリスクと不確実性の反映がLCOEにおいて着目される第二の問題点となった。

(3) 原子力発電を取り巻く環境変化

変動電源たる再エネの導入に際して，安田（2015）が示すように，従来，出力一定での稼動が想定されていた原子力発電が今後どのように稼動されるべきかは電力システムの将来像を描く上で重要な検討点となっている。原子力発電がすでに変動電源となっているとの指摘はAckermann（2012）やOECD/NEA（2012）においてもなされていることから，出力一定を前提とし

---

16) 勿論，OECD/IEA/NEA（2015:185）は，規制市場であり，かつ変動再エネ比率が小さい場合は，バックアップ電源や柔軟性供与のコストは計算する必要があるものの，未だLCOEは市場との関係で関連性を有する旨を述べている。また，自由化市場でも，FITは平均全期間コストに対応するものなので，LCOEに方法論的親和性があるともいえる。より一般的に，原発・再エネは規制分野であるとの分析もなされる（IEA 2014）。
17) 投資家のbreak-evenを導く価格を算出する利率とされている（OECD/IEA/NEA 2010）。
18) 2015年の発電コスト検証における議論では，再エネの利潤（適正利潤および特別に配慮された利潤）から他電源の事業報酬率を差し引いた部分を再エネの優遇利潤と判断したとの説明がなされる一方で，最終の長期需給見通し小委員会への報告（コスト検証ワーキンググループ2015c）では，社会的割引率を差し引いていると記載されている。なお，2015年の検証作業における割引率については，情報提供に対する対応（コスト検証ワーキンググループ2015c）において，2011年の検証同様に社会的割引率である旨が示されている。

た原子力発電と親和的である LCOE による発電コストの分析手法は，こうした原子力発電の稼働想定の変化をどう織り込むかについても検討が必要となった。このことは，将来のエネルギー構成のシナリオとして，原子力発電の稼動量と稼動内容の想定次第では再エネの導入見込みが大きく変動することから，原子力発電の発電コスト分析における前提条件の精緻化の必要性を示したと言える。さらに，福島原発事故で明らかになったように，事故の影響が広くかつ長期に及ぶ原子力発電は「社会的コスト」が大きい事業であって，こうした視点を踏まえて社会的判断を行う必要がある（大島 2011：97）。すなわち，第三の問題点として，とりわけこれら原子力発電を取り巻く環境変化に対応したより精緻化されかつ外部性や政策コストを反映した計量手法が求められるようになった。

2　LCOE の計量手法の進化

以上は，図 8-2 のようにまとめられるであろう。従来からの LCOE の計量手法に求められる追加的検討点としては，変動電源の特質，個別の電源特性とリスク，コスト計上の精緻化，外部性，及び政策コストの 5 つを反映す

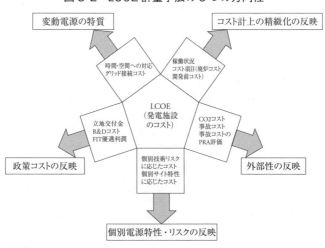

図 8-2　LCOE 計量手法の 5 つの方向性

著者作成

る方向にあり，これらは正に再エネの普及および原子力発電の扱いへの対応の必要性から進化が求められるようになった点と言える。

8-3　LCOEによる分析手法の評価と課題

1　評価

　これらLCOEによる分析手法に求められた役割，その計量手法上の特徴，そして重ねられつつある追加的工夫から，この手法を評価すると以下の通りとなろう。まず第一に，規制市場や規制的政策が残る電源もしくは技術導入策が導入されている電源については，LCOEによる発電コスト分析が引き続き一定の役割を果たす可能性があり，その際，LCOEの特徴である異なる電源間での比較の容易性が有効に働く。ただし，電力取引の多くが自由化市場において多様な電源種類につきなされる場合には，LCOEによる算出結果の有用性が減少することとなる。第二に，電力供給量確保を政策目標とする場合には，政府にとってLCOEによるコスト分析は引き続きひとつの情報となる。また投資家にとっても，政府の政策的な支援を想定するために参考としうる情報となろう。また，第三に，日本政府における取組みに見られたように，社会的費用の算出を進める際の手法として活用可能性がある。とりわけ原子力発電は過酷事故の結果が社会へ大きな影響を与えることとなる。こうした電源については，自由化市場の時代であっても，発電施設への投資を行う事業主のコストでなく社会的コストを分析する必要があり，その点でLCOEは，社会的割引率を各電源に適用し社会的コストを比較することに大きな意味を与えうるであろう。

2　課題

　一方，課題としては，第一に，電力市場においては，価格として具現化される再エネの変動性の価値が十分に捉えられない点があげられる。これはLCOEの計量手法そのものに由来する課題であり，LCOEの計量手法のみで

は解決が不可能な限界である。第二に，発電コスト分析においては，誰にとってのコストを分析対象とするのかを明確にして分析がなされる必要があるが，とりわけ投資家にとっての判断の情報となるべき個別のリスクや不確実性を反映した分析としては不十分である。第三に，再エネの評価に重要となるシステムコストが，従来のLCOEには反映されていないことである。ただしこのコストは，長期かつ平均のコストを想定するとのLCOEの特質との関係においては，電源毎の配分の考え方が定まればLCOEによるコスト計上手法と親和性があるといえる。この配分を考える際には，そもそも変動電源への対応を動的に行う電力システムを想定するかどうかが大きな論点となる。ここでは，変動電源の普及とシステム対応を踏まえ，将来の電力システムの構造と運用につき，既存システムの継続を前提としない柔軟かつ積極的な検討が求められると言える。LCOEの発電コスト計量手法もこうした電力システム全体を動的に捉えるように，追加的手法を蓄積していく必要がある[19]。第四に，コスト項目・推計値の計上や計量手法の精緻化は引き続き課題である。とりわけ，原子力発電について植田（2013：36-37）は，バックエンドの六ヶ所村再処理工場や高速増殖炉もんじゅの現状から，「何らかの想定を置かねばならない」LCOEの計量手法を日本に適用するにあたっては，「原発の発電コスト推計に関しては，確からしさの低いきわめて危うい想定が置かれている」としている。とりわけ，原子力発電にかかる事故対応費用の想定の精緻化が引き続き必要であると言える[20][21]。また，日本でなされた立地やFIT優遇利潤分に係る移転支出扱いの議論からは，発電施設の社会全体にとっての経済性の判断には，コストのみならずベネフィットも踏まえたコスト・ベネフィット分析の必要性も明らかになったと言えるであろ

---

[19] IRENA（2015:42）は，電力システムコストは変動再エネ電源に特有なものではないとした上で，再エネに関連する3つの特徴として，①地理的配置，即ち需要地との間の送電・配電の投資増加の可能性，②計画外の短期変動性に対して電圧変動を一定内に保つために追加的予備電源が必要となるコスト，③長期の変動性への対応，即ち capacity reserve の費用として示す。そして，これらのコストはそれぞれ，高い風力発電比率では①0.003USドル/kWh程度，②0.008USドル/kWh程度，伝統的な電源の発電量の変動に対する費用と比較した場合は③0.033USドル/kWh程度と試算している。

3 今後の方向性

LCOE の評価と課題から，今後の発電コスト分析の方向性を図示すると図 8-3 の通りである。以下では，このうち具体的な提案がなされつつある内容を示すことにより，今後の発電コスト分析の方向性を明らかにすることとしたい。

(1) 再エネ電源への対応

OECD/IEA/NEA（2015:185）も，再エネ電源が普及してきている状況に対応して電力システムが変動電源を受け入れるように変容しているとし，「このような電源システムでは，重要なコストの次元は最早 LCOE では把握できない」と分析した上で，LCOE には追加的な計量法が必要であるとしている。また，現実から離れた設備利用率を使用した LCOE は投資家にも規制機関にもアピールしない内容となるとして，容量クレジットのコスト，新規参入コストや柔軟性（flexibility）のコストの計量手法の開発に取り組むとしている[22]。IRENA（2015）は，風力（陸上）および太陽光発電につき，こう

図 8-3 今後の発電コスト計量手法の方向性

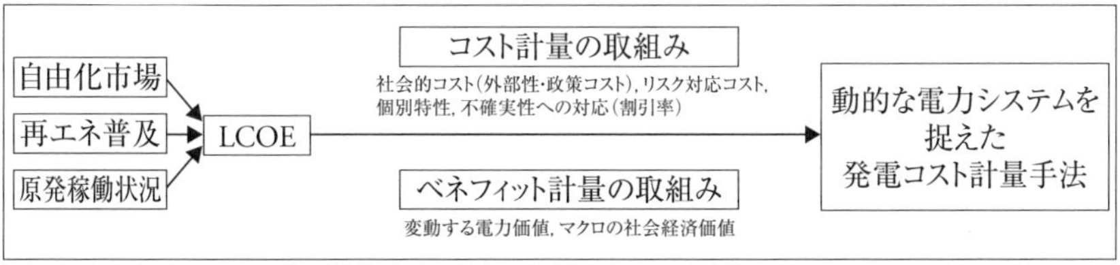

自由化市場 / 再エネ普及 / 原発稼働状況	→ LCOE →	コスト計量の取組み 社会的コスト(外部性・政策コスト)、リスク対応コスト、個別特性、不確実性への対応(割引率) ベネフィット計量の取組み 変動する電力価値、マクロの社会経済価値	→ 動的な電力システムを捉えた発電コスト計量手法

著者作成

---

20) 勿論，再エネも万能でなく，風力発電のように低周波騒音や自然破壊問題が発生しないように十分配慮しなければならないが，「地域に回復不可能な壊滅的打撃をもたらす」原子力とは異なり，「人間社会がコントロール可能な範囲に収まっている」（大島，2011：200）。
21) 具体的には，除染費用，廃炉費用，事故炉の解体費用，再処理施設や廃棄物貯蔵中の事故対応費用，さらには汚染不動産の試算手法などが今後の検討課題といえる。

した変動電源に対応したシステムコスト(及び健康への影響費用と CO_2 コスト)を踏まえた LCOE の試算を行っている(図8-4)。これによれば,こうしたコストを含めても風力と太陽光は化石燃料電源と競争的な状況となっている。

(2) その他のコスト計量と精緻化の取り組み

リスクと不確実性を反映したコスト計量の取り組みの一例として,EWEA(2009:117-121)は,将来にわたる化石燃料価格の不確実性が極めて高い状況に着目して,全電源について同一の割引率を用いて分析を行うのではなく,燃料コストに対しては異なる割引率を使用することを提案した。こうした問題提起は IRENA(2015)においてもなされるようになっている[23]。

図8-4 再エネ電源と化石燃料電源の発電コスト比較(システム統合コストと CO_2 他環境費用を反映した試算)

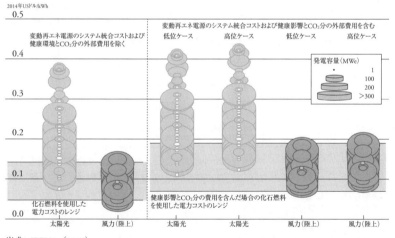

出典:IRENA(2015)

---

22) 容量クレジットのコスト(Levelized Cost of Capacity:LCOC とでも言うべき計算),新規参入のコスト(Cost of New Entry:LCOE を示すことが多い)や柔軟性のコスト(Levelized Cost of Flexibility:LCOF),変動再エネの価値要素(Value Factor)の計量手法に取り組むとしている。

LCOEではリスクと不確実性の把握が不十分な特性があるため，こうした従来の計量手法に比較して柔軟なアプローチが求められている。

　一方，社会的コスト計量の精緻化については，事故対応費用，立地費用や行政費用を含めてコスト項目と計量手法を検討した日本の発電コスト分析手法が国際的にも進展していく可能性があると言えるであろう。一方で，上述の通り未だ計上されていないもしくは不足しているコスト項目もあること，また，日本における再エネ優遇利潤の扱いに係る議論も精緻な検証がなされたとは言えないことから，これらについては引き続き検討がなされねばならない。

(3) コストとベネフィットによる計量への対応

　IRENA（2014）は，発電コスト分析に加えて，マクロ経済への効果（付加価値，GDP，福祉および雇用），分配効果（事業レベル，電源種別レベル，地域レベルおよび世代間レベル），システムに対する効果（追加的な発電コスト，バランシングコスト，グリッドコスト，取引費用や外部性等）およびその他の効果（原子力発電事故，分散型エネルギー進展によるシステムリスクや燃料輸入依存リスクの軽減）の4種のベネフィットの試算を進めるべきと提言する。また，Frank Jr, C. R.（2014）は，新たな電源導入により代替される電源についての回避可能費用分を便益として計算する取組みを試行している。米国エネルギー省（DOE EIA）においても，回避可能費用の平均化コスト（Levelized Avoided Cost of Eleclricity：LACE）を活用した発電コスト分析を提案する（DOE EIA　2014b）。いずれも各電源の経済性をコストのみでは捉えないとのLCOEに追加的なアプローチであり，今後の展開が期待される。

23）本稿では論じないが，原子力発電における事故対応費用も，将来の超長期の影響を他の電源同様の割引率で割り引くことで良いかとの同一の問題を有する。

本章の冒頭の通り，発電コスト分析の意義は，発電のあり方や電源の選択に関する議論を活発化させる共通の情報的基盤を確立することである。そして，国民がその情報に基づき電源を選択する立場となることである。従来の発電コスト分析の多くは，LCOEを活用し，伝統的電源の稼動実態をより良く反映する手法を採用していた。このため，再エネが普及し再エネ電源の稼動状況によって他電源の発電量が変動する市場においては，各電源の経済性を示す指標としてのLCOEの活用可能性はかなり限定的となることが示された。一方，政策内容によってはLCOEの活用も引き続き可能であることから，LCOEを中心としつつ他の計量手法を追加的に導入した発電コスト分析の可能性やより柔軟なアプローチの可能性も明らかとなった。また，社会的コストの精緻化の必要性も確認された。

LCOEに追加的な計量手法の設計には検討を要する多様な論点があり，また，理論的整理と実証的データの双方が必要となるが，より一層の再エネの普及のためにも，各電源間の経済性につき比較可能な情報が継続的に発信され，政府及び国民に共有されることが重要である。

参考文献

Ackermann, T. (Ed.) (2012), Wind power in power systems 2nd edition, Chichester, John Wiley & Sons.
Corner, A., Venables, D., Spence, A., Poortinga, W., Demski, C. & Pidgeon, N. (2011), Nuclear power, climate change and energy security: exploring British public attitudes, Energy Policy, 39 (9), 4823-4833.
Cour des comptes (2012), The costs of the nuclear power sector, Thematic public report, Cour des comptes.
DECC (2013), DECC Electricity Generation Costs 2013, Department of Energy & Climate Change.
DOE EIA (2014a), Annual Energy Outlook 2014, U.S. DOE/EIA.
DOE EIA (2014b), Levelized Cost and Levelized Avoided Cost of New Generation Resources in the Annual Energy Outlook 2014, DOEEIA.
Edenhofer, O., Hirth, L., Knopf, B., Pahle, M., Schloemer, S., Schmid, E. & Ueckerdt, F. (2013), On the economics of renewable energy sources, Energy Economics, 40, S12-S23.
European Wind Energy Association (2009), The Economics of Wind Energy, A report by the

European Wind Energy Association, European Wind Energy Association.
Frank Jr, C. R.（2014）, The net benefits of low and no-carbon electricity technologies, The Brookings Institution, Working Paper, 73.
Gross, R., Blyth, W. & Heptonstall, P.（2010）, Risks, revenues and investment in electricity generation: Why policy needs to look beyond costs, Energy Economics, 32（4）, 796-804.
IEA（2014）, World Energy Outlook 2014, International Energy Agency.
IPCC（2014）, Mitigation of Climate Change, IPCC WG III AR5.
IRENA（2014）, The Socio-economic Benefits of Solar and Wind Energy, The International Renewable Energy Agency.
IRENA（2015）, Renewable Power Generation Costs in 2014, The International Renewable Energy Agency.
Joskow, P. L.（2011）, Comparing the costs of intermittent and dispatchable electricity generating technologies, The American Economic Review, 238-241.
Knight, F. H.（1921）, Risk, Uncertainty, and Profit, Boston: Houghton Mifflin.
Lévêque, F.（2014）, The Economics and Uncertainties of Nuclear Power, Cambridge University Press.
Miller, E. M.（1977）, Risk, uncertainty, and divergence of opinion, The Journal of Finance, 32（4）, 1151-1168.
MIT（2003）, The Future of Nuclear Power An interdisciplinary MIT Study, Massachusetts Institute of Technology.
MIT（2009）, Update of the MIT 2003 Future of Nuclear Power An interdisciplinary MIT Study, Massachusetts Institute of Technology.
OECD/IEA/NEA（2010）, Projected Costs of Generating Electricity-2010 Edition, OECD/IEA/NEA.
OECD/IEA/NEA（2015）, Projected Costs of Generating Electricity-2015 Edition, OECD/IEA/NEA.
OECD/NEA（2012）, Nuclear Energy and Renewables: System Effects in Low Carbon Electricity Systems, OECD/NEA.
Short, W., Packey, D. J.& Holt, T.（1995）, A manual for the economic evaluation of energy efficiency and renewable energy technologies, University Press of the Pacific.
大島堅一（2011）「発電のコスト － エネルギー転換への視点」岩波書店，88-90．
植田和弘（2013）「緑のエネルギー原論」岩波書店
コスト等検証委員会（2011a），「コスト等検証委員会報告書」，エネルギー・環境会議　コスト等検証委員会
コスト等検証委員会（2011b），「第 8 回コスト等検証委員会議事概要」（平成 23 年 12 月 19 日）
コスト検証ワーキンググループ（2015a），「総合資源エネルギー調査会発電コスト

検証ワーキンググループ（第1回会合）」議事録（平成27年2月18日），総合資源エネルギー調査会
コスト検証ワーキンググループ（2015b），「総合資源エネルギー調査会発電コスト検証ワーキンググループ（第2回会合）」議事録（平成27年3月3日），総合資源エネルギー調査会
コスト検証ワーキンググループ（2015c），「長期エネルギー需給見通し小委員会に対する発電コスト等の検証に関する報告」，総合資源エネルギー調査会
地球環境産業技術研究機構（2014），「電源別発電コストの最新推計と電源代替の費用便益分析」，地球環境産業技術研究機構
松尾雄司・永富悠・村上朋子（2011）「有価証券報告書を用いた火力・原子力発電のコスト評価」，『エネルギー経済』37（5），13-30
安田陽（2015）「再エネ大量導入時代の送電網のあり方：ベースロード電源は21世紀にふさわしいか？」，諸富徹編著『電力システム改革と再生可能エネルギー』日本評論社

自治体と分散型電源

Chapter 9

中山琢夫

ドイツでは近年，エネルギー部門において，数多くの自治体の新しい都市公社（シュタットベルケ）が再設立されている。それはハンブルグやベルリンといった大都市だけでなく，農山村地域にも見受けられる。1980年代から1990年代にかけて，公共サービスの民営化やアウトソーシングが支配的なトレンドであった期間を経て，それとは逆のパラダイムで，最近，自治体が新しいエネルギー公社を設立するという傾向が顕著になってきた（Hall 2012: 3; Busshardt 2014: 3）。

　このように，自治体の水道，エネルギー分野のトレンドは，かつての新自由主義的なものとは正反対のものになってきている（Hall 2012: 3）。多くの地方自治体は，この新しいトレンドは，公共的価値・市民的価値を高めるものと認識している。さらに，エネルギー大転換（Energiewende）は地方がエネルギー供給を行う新しい多くの機会をもたらすものである。

　日本でも，実質70年以上にわたって続いた垂直統合型・地域独占型の電力システムが，2016年4月の小売部門の自由化を皮切りに，いよいよ大きな変革を迎えようとしている。ところが，ここでは発電部門と小売部門を送配電部門からアンバンドリングする議論は盛んに行われているものの，送電部門と配電部門をアンバンドリングする議論にはいたっていない。

　送電部門と配電部門がアンバンドリングされ，配電部門に地方自治体が参入することができれば，地方からの分散型のエネルギー大転換が展望できるようになる。その意味で，新たに都市公社（シュタットベルケ）を設立したり，配電網を買い戻してエネルギー事業を行おうとするドイツの自治体の動向は多くの示唆に富んでいる。

　本章では，ドイツで新設された都市公社がいったいどのようなものなのか，また，こうした再公有化はどのような目標を掲げているのかについて，ヴッパタール気候・環境・エネルギー研究所によるスコーピングスタディをもとに検討する（Berlo and Wagner 2013）。

9-1　なぜ，再公有化か

　ドイツでは，2016年までの間に，現存するほとんどの配電網のコンセッションが更新される。この機会に，全ドイツの約3分の2の自治体が発電施設と配電網を買い戻すことを検討しているという（Hall 2012: 4）。この地域エネルギー政策のポテンシャルを十分に活用するための戦略を追求するためには，自治体独自の都市公社（シュタットベルケ）の設立が重要な第一歩となる。

　配電網を自治体が所有することには今日的に多くのメリットがある。それは，以下6点に集約される（Müller-Kirchenbauer and Leprich 2013: 100-101）。

　第1に，公共サービスの中核的課題であるエネルギー供給を自前で行えるという点である。配電網が自治体の手中にあれば，地元の様々なプレーヤーの責任下に置かれる。ここでいうプレーヤーとは，自治体の政策立案者とその主導によって投入された地元の業者や団体である。顧客である住民や企業からは，この公共サービスの直接な担当者として認識される。供給されるエネルギーの価格は，適切な価格が最も重視されるため，配電事業から得られる利潤の重要度は二次的位置づけとなる。

　第2に，地域の経済的な付加価値創造が期待できる。自治体のインフラ設備は，その地域における経済的な付加価値創造に直接的に寄与する。配電網の運営や事業活動によって得られた利潤は地元に留まることになる。域外にある大手企業の本社や株主のもとに流出しない。さらに，配電網の運営は持続的に手堅い雇用を確保することができ，そのノウハウを地元で構築し，活用することができるのである。

　第3に，都市公社がホールディング化することで，公共福利を維持するための財源を得ることができる。公社が企業的に活動するなかで，利益をもたらす分野，たとえばエネルギー事業と，損失を出す分野，たとえば近距離公共交通やプールの維持管理を，企業会計上相殺することができる。相殺された税金は都市公社にとっては有利なものとなる。

　第4に，新しいビジネス開発のシナジー効果のポテンシャルが望まれる。

とりわけ，電熱併給による分散型エネルギーシステムにおいて，ハイブリッド系統[1]の導入により，複数のエネルギーシステムを同時に最適化していくことが容易になる。このように，自治体レベルで相乗効果のポテンシャルを発揮する手法は多くある（Richter and Thomas 2008）。

第5に，住民に近いというメリットがある。分散型エネルギーの経済的な付加価値創造のバリュー・チェーンの段階に沿って，別のビジネス分野へ進出していくことが可能となる。たとえば，熱と電気のコジェネレーションによる熱供給サービスなどである。都市公社は顧客に近いことから，様々な需要にあったエネルギーサービスを開発することができ，場合によってオーダーメイドも可能である。顧客とのローカルな連帯感が，都市公社にとっての強みである。

第6に，将来の市場性に期待がもてる。今日，スマートグリッド，スマートメータリング，そして電気自動車やインフラ構成要素の間には密接な関連があり，これを将来の市場開拓に活用することができる。たとえば，電気を用いた近距離公共交通の運営や最適化は自治体にとって重要な関心事である。このようなイノベーションは，将来な重要なオプションになるといわれている。

このように，かつて売却された都市公社の再公有化や配電網の買い戻し，あるいは，都市公社の新設は迅速なエネルギー大転換とスマートグリッドによる効率的エネルギー利用，そして，全体としてより生産的な供給構造を構築するための根本的な前提であるとも言われている（Scheer 2010: 200）

ドイツの自治体は，数々の都市公社の新設により，エネルギー大転換の取り組みを強化している。それは，エネルギー関連事業を自立的にデザインすることが，ドイツ憲法28条によって，自治体の権利として保障されているからである。

多くの自治体において気候変動対策や総合行動計画が策定されるが，その

---

1) ここでいうハイブリッド系統とは，将来の再生可能エネルギーによるエネルギー需給方法として考えられているスマートなシステムのことを指す。ここでは，電気・ガス・熱の供給系統が連携して制御される。また，需給状況に応じて，交通・電力・熱分野へのエネルギー供給を行ったり，別のエネルギー形態に転換・貯蔵・輸送を行うことである。

実質的な実効役を担うのは都市公社である。都市公社と自治体行政の間には，公安権限・計画権限・公共建築といった分野で重なる領域が多い。そこで，有意義な共同作業ができるのである。

このように再公有化に取り組もうとする自治体は，エネルギー大転換において，より重要な役割を担うことになる。自治体独自の都市公社をもつことで，彼らはエコロジーに有益で，気候変動に優しいエネルギー供給の再構築を進めるチャンスを得ることができる。

9-2　ドイツにおける都市公社新設の実態

ドイツでは，通常20年に一度，配電網の営業権（コンセッション）が更新される。その過程で，都市公社（シュタットベルケ）や村公社（ゲマインドベルケ）の新設が増えている。2005年から2012年にかけて，少なくとも72件の都市公社や村公社が設立されている（Berlo and Wagner 2013: 6）[2]。

本節で分析対象とする都市公社や村公社は，少なくとも電力事業に携わっており，新しく設立された企業のみを取り扱っている。たとえば，行政企業（Eigenbetrieb）から有限責任会社（GmbH）に企業形態を変えただけの都市公社，建設作業のみを扱うような都市公社は，対象外である。また，ガス・水道事業を手がける既存の都市公社や村公社が配電網の買い戻しによって業務分野を拡張したものも対象外である（Berlo and Wagner 2013: 6）。

ドイツでは，アンバンドリング規制により，企業規模に応じて発電・送電・配電・小売部門を明確に分離することが義務づけられている。一方で，自治体が過半数以上を出資する都市公社で，総合戦略的・企業経営的に，配電網運営のみを行う企業はない。都市公社のほとんどは，総合企業として，複数の経済的な付加価値創出の段階において，企業活動を行っているのである。

---

[2] ドイツ都市学研究所（Difu）や自治体企業連合（VKU）も市場観察を通じておよその評価を行っているが，その数値的な規模を完全に網羅したデータはこれまでに存在しない。

つまり，都市公社の新設や配電網の再公有化を考える上で，都市公社は，発電・配電網運営・小売・エンドユーザービジネス・エネルギーサービス事業といった，関連する企業活動を伴っている総合企業である（Berlo and Wagner 2013: 5）。

1 新設された都市公社・村公社の場所とクラスター

図9-1は，2005年以降に新設された都市公社・村公社の位置を示している。この図が示すように，公社の新設は地域的な集中（クラスター）を確認することができる。

クラスター1はハンブルグ・シュレースヴィヒ地方，クラスター2はハノーファー広域圏，クラスター3はヴォルスブルグ地方，クラスター4は東部ヴェストファーレン・ミュンスター地方，クラスター5はラインラント地方，クラスター6はシュトゥットガルト・ネッカー地方，クラスター7はシュヴァルツヴァルト地方，クラスター8はボーデン湖地方，クラスター9はミュンヘン地方である。

このうち，バーデン＝ヴュルテンベルク（BW）州におけるクラスター6，7，8の地域において，公社の新設が盛んである。これに次いで，ノルトライン・ヴェストファーレン州のクラスター4，5，ニーダーザクセン州のクラスター2，3の地域においても，公社の新設が盛んである。

また，新設された都市公社・村公社のうち，95％は旧西ドイツ地域に偏在していることも分かる。公社の新設には明らかに東西格差が存在する。

このクラスター形成には，近隣自治体での都市公社の設立，再公有化に関するポジティブな経験があると，自らの自治体もまた，この分野でアクティブになろうとする機運が高まっていることが推測される。たとえば，バーデン＝ヴュルテンベルク州（以下BW州）のシェーナウ電力会社（EWS）や，アルプ電力会社ガイスリンゲン・シュタイゲにおける成功例は，周辺地域に一定の波及力をもたらす典型的な事例である。

シェーナウ電力会社は，シュトゥットガルト都市公社やティッティゼー＝ノイシュタット都市公社をはじめとする都市公社と，パートナーシップ的な関係を築いている。シェーナウ電力会社は，他の自治体が都市公社を設立す

図 9-1　2005 年以降に新設された都市公社・村公社

クラスター1
ハンブルク・シュレースヴィヒ地方
　ブルンスビュテル都市公社
　ウテルセン都市公社
　レリンゲン・エネルギー
　ザンクト・ミヒエル村公社
　ハンブルグ・エネルギー

クラスター2
ハノーヴァー広域圏
　ヴィーツェ村公社
　ヴェーデマルク村公社
　エルム・ラップヴァルト都市公社
　ギフホルン都市公社 (有)
　ユツェ村公社
　バイナー・ラント村公社

クラスター3
ヴォルフスブルク地方
　シュプリンゲ都市公社
　ヴェーザーベルクラント都市公社
　ヘシッシュ・オルデンドルフ配電公社
　ミンデナー都市公社

クラスター4
東部ヴェストファーレン・
ミュンスターラント地方
　ハルゼヴィンケル都市公社
　ヴァデルスロー・エネルギー
　バート・サセンドルフ村公社
　ホッホザウアーラント・エネルギー
　ミュンスターラント共同都市公社

クラスター5
ラインラント地方
　メットマン都市公社
　コルシェンブロイヒ都市公社
　ブルハイム都市公社
　レースラート・エネルギー都市公社
　ローマー都市公社
　アールガル公社
　ヴァフトベルクのための
　　エネルギー＋水

クラスター6
シュトゥットガルト・ネッカー地方
　マインハルト・エネルギー供給公社
　ヴュステンロート
　VES・セルスハイム
　ディッツィンゲン都市公社
　シュトゥットガルト都市公社
　レムシュタル公社
　シュタウファー公社
　バート・ボル・エネルギー供給公社
　レニンゲン・エネルギー公社
　アメルブーフ村公社
　ブリューダーハウゼン村公社
　ヴェプリンゲン村公社

クラスター7
シュヴァルツヴァルト (黒い森) 地方
　エメンディンゲン都市公社
　デンツリンゲン・エネルギー供給公社
　ウムキルヒ村公社
　ティティゼー・ノイシュタット・エネルギー供給公社
　ミュルハイム・シュターフェン都市公社
　ホッホライン地域公社

クラスター8
ボーデン湖地方
　アレンスバッハ村公社
　ハーグナウアー村公社
　ボーデン湖地域公社
　ジップリンゲン村公社

クラスター9
ミュンヘン地域
　プファッフェンホーフェン都市公社
　ランズベルク都市公社
　ヴィンダッハ村公社公営会社
　オルヒンク・エネルギー公社
　ヴェルムタール地域公社
　プッツブルン・エネルギー供給公社
　グレーフェルフィング村公社
　オーバーハヒンク村公社

Berlo and Wagner (2013:8) より筆者作成

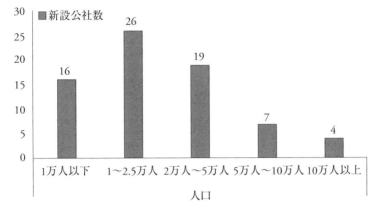

図9-2 人口規模別の都市・村公社の新設数

Berlo and Wagner（2013:10）より筆者作成

る際に，自らの経験と経営的ノウハウを提供するだけでなく，ティッティゼー＝ノイシュタットの都市公社に50％の出資，シュトゥットガルトの都市公社に40％の出資，また，シュヴェービッシュハルの都市公社には50％の出資を行っている（村上 2014: 110）。

2 新設された都市・村公社の自治体人口規模

それでは，こうして新設された都市公社・村公社がカバーする人口規模はどの程度のものなのか。図9-2 は，72 の公社の人口規模をあらわしたものである[3]。この人口区分はドイツにおける配電網営業兼授与政令の規模等級に準じたものである。

この図から明らかなように，1万人から2.5万人の人口規模の自治体，あるいはその連合が，都市・村公社を最も多く設立していることが分かる。また，ほとんどの場合，1つの公社がカバーする人口は，1万人から5万人の範囲であり，72件中61件を占めている。一方で，1万人以下の小さな村でも16件の公社が設立されており，全体の約2割を占める。このように，小

---

[3] 複数の自治体が連合を組んで都市公社を設立することもあるため，公社の数と自治体の数は，必ずしも一致しない。複数の自治体が共同で公社を設立した場合には，参加する自治体全ての人口を積算している。

さな自治体で、都市・村公社が設立され、エネルギー供給を行っていることは興味深い。

とはいうものの、人口2.5万人以下、とりわけ人口1万人以下の自治体において、都市・村公社を設立し、運営することは容易ではない。それは、人材的キャパシティの不足、技術的ノウハウの不足、コストに対して労力が大きすぎるなどの理由からである。また、配電網の営業権の移行に関する手続きは複雑であり、小さな自治体にとってはハードルが高い。

このような小さな自治体では、(1) 項で述べたような自治体間の公社連合や共同プロジェクトが重要な意味をもつ。つまり、「戦略的パートナーシップ」が重要となってくるのである。

さて、図9-2が示すように、人口5万人以上の自治体では、都市公社の新規の設立はほとんどみられない。なぜならば、この規模の都市では、すでに自前の都市公社を所有しているからである。

3　新設都市・村公社の法人形態

ドイツにおける企業設立では、私法上の組織形態が重要な役割を果たす。都市・村公社をはじめとする自治体による地域団体は、基本的に会社法上のいかなる企業形態をとることも可能である。しかしながら、自治体法において、自治体による損害賠償義務が一定額を超えてはならない、と規定されているため、合名会社 (OHG)、合資会社 (KG)、株式合資会社 (KgaA) および非登録NPO協会 (nicht rechtfähige Verein) は、選ぶことができない。株式会社 (AG) は、論理的には設立可能であるが、大企業向けに整備されているものである[4]。

このような経済活動を行うにあたり、有用な企業形態は、有限責任会社、有限合資会社、登録協同組合 (eingetragene Genossenschaft)、登録NPO協会 (eingetragener Verein)、あるいは、私法上の財団である。

私法上の組織形態で認可されている法人形態では、通常、株式会社 (AG)

---

[4] fes 2004: Wegbeschreibung für die kommunale Praxis Die wirtschaftlichen Unternehmen der Gemeinde (Loseblattsammlung)（Loseblattsammlung）「自治体での実践のための道案内、自治体の経済企業」(ルーズリーフ集)

と有限責任会社（GmbH）が考察の対象となる。一方，公法上の組織形態を選ぶこともできる。その大半は行政企業（Eigenbetrieb）である。

今回抽出された，72の新設都市・村公社の企業形態は，主に4つに分類される。その4つは，

①有限責任会社（GmbH）
②有限合資会社（GmbH & Co. KG）
③行政企業（Eigenbetrieb）
④自治体会社（KU）

である。

③行政企業（Eigenbetrieb）とは，自主化行政企業のことである。法人化されていない行政組織の中に組み込まれた行政企業であるが，独立性や自主性をもつ公的企業である。

④自治体会社（KU）とは，バイエルン州だけで見られる特有の形態であり，同州の自治体法の特殊な規定を根拠としている。自治体公社（KU）は，公法上の会社という法人形態をもつ，独立した企業とされている（バイエルン州自治体法（BayGO）89条）。

図9-3は，新設された都市・村公社の法人形態の比率を示している。圧倒

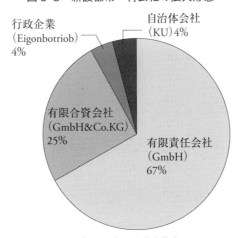

図9-3　新設都市・村公社の法人形態

Berlo and Wagner（2013:12）より筆者作成

的に多いのは，①有限責任会社（GmbH）であり，全体の67％を占めている。この企業形態を選んだ理由は，分散型エネルギー市場の実情に適しているからだという。有限責任会社は第三者の資本参加を認めている。こうして資本参加する第三者は強力な戦略的パートナーとなりうるものである。

　私法に基づいて設立される有限責任会社は，行政企業とは異なり，独自の法人格を有している。つまり，行政会計の下には置かれず，資産的にも自治体行政とは分離している。したがって，有限責任会社の損害賠償義務は資本金のみが対象となる。これに対し，公法に基づいて設立される法人（行政企業・自治体会社）の場合は，自治体は行政企業の債務に無制限の責任を負わなければならない。自治体が破産した場合には，最終的に，州が自治体の債務に責任を負うことになる。

　とりわけ，配電網を買い戻して再公有化しようとするときには，大きなリスクを伴う。たとえば，既存の営業権所有者と適切な購入価格について合意できなかったり，長期間にわたる引き渡しの延期や法的な争いになった場合，多額の費用が必要となる。

　この点で，有限責任会社という法人形態は損害賠償義務を制限するための有用な戦略である。また，地元自治体は過半数以上の出資者であるから，その経営に影響を及ぼすことができるだけでなく，比較的簡単に設立できることもまた，この法人形態のメリットである。都市・村公社が有限責任会社という企業形態をとる例が圧倒的に多いのは，こうした理由からである。

4　都市・村公社新設の地域偏在性

　ドイツの公社新設は，全16州のうち，10州で行われている。図9-4は，それぞれの州での新設された都市・村公社の数を表している。ここに記載されていない，ベルリン州，ブランデンブルグ州，ブレーメン州，ザーラント州，テューリンゲン州では，2005年〜2012年の間に新設された都市・村公社は見られなかった。

　とりわけ，地理的・地政学的な違いは，十分に考慮されるべきである。

　BW州だけで24件の設立があり，全体の33.3％を占めている。次にノルトライン＝ヴェストファーレン州で14件の設立があり，全体の19.4％を占

図9-4　州別の都市・村公社新設数

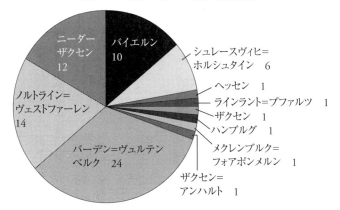

Berlo and Wagner（2013）S.13 より筆者作成

める。ニーダーザクセン州は12件で16.7％である。この3州だけで，50件もの都市公社の新設がなされており，その比率は約70％である。それではなぜ，顕著な地域的な偏りが起こっているのだろうか。

　まず，配電網の営業権の更新時期との関連が考えられる。しかしながら，3つの州だけで70％もの新設都市・村公社が設立されていることは更新時期と公社の新設が連関していないことは明らかである。

　次に，政治的な情勢が考えられる。言い換えれば，自治体の議会における政治的多数派の情勢や政治的意思決定者が，都市公社の新設や再公有化をどう考えているのかという要因である。

　社会民主党（SPD）や緑の党（Bündnis 90/ Die Grünen），左翼党（Linke）は，再公有化戦略に基本的に賛同している。これに対し，自由民主党（FDP）は，都市公社や再公有化の戦略について，漠然とした懐疑から断固とした反対意見まで見られる。キリスト教民主同盟（CDU）は，自治体レベルでは頻繁にFDPと連携を組んでいる。

　こうした自治体レベルでの政治的パートナーシップからは，基本的に再公有化の決断は生まれにくいといえる。ところが，CDUが明らかに多数派を占める自治体においても，再公有化の戦略が見られる。これらを総合すると，自治体議会における政治的な多数派情勢は，都市公社新設の地域的偏在

の決定的な理由とは言いにくい。

　一方で，従来の配電網営業権所有者が提供するサービスの質については，自前の都市公社設立の注目すべき理由となる。つまり，大手電力会社への不満である。BW 州で公社を新設した自治体のほとんどは，かつて大手電力 EnBW が配電網の運営を行っていた。ノルトライン＝ヴェストファーレン州では大手電力 RWE あるいはその地域子会社が配電網の運営を行っていた。ニーダーザクセン州では，大手電力 E.ON が配電網の営業権を所有し，運営を行っていたケースが多い。このような大手企業は，石炭・褐炭や原子力といった，大規模集中型の発電が支配的である。

　また，州の自治体法も，公社の設立が偏在していることへの重要な理由となる。自治法は，自治体の地域団体に許される経済活動の程度を規定する。その一環として，自治体が企業（公社）を設立する権利は，各州の自治体法の中で規定されているのである。

　ここで，「公的企業は，どのような課題を市場経済的な基本ルールと調和させて遂行すべきなのか？」という問いが上がってくる。この解釈については政党によって様々である。そのため，州の自治法に定められた自治体による経済的活動の許容範囲も州ごとに異なっている。この許容範囲は，補完性原理に基づいて，狭い解釈から幅広い解釈まで見られる。

　最後に，公社新設にとって最も決定的なのは，パイオニア自治体による模範である。BW 州には，シェーナウやシュヴェービッシュ＝ハルといった自治体が，都市・村公社の設立や配電網の買い戻しと再公有化の推進力となる，パイオニア自治体であるといえる。公社の新設が，シュヴァルツヴァルト地方やシュトゥットガルト近郊に集中し，クラスターを形成しているのは，こうした理由で説明できる。

　なお，都市・村公社の新設が少ない旧東ドイツの 5 州は，東西ドイツ再統一後に決着された規定が根本的に関わっている。1992 年の「電力和解」によって旧東ドイツの自治体は，国営化されていた都市公社の返還を要求する権利が与えられた。その結果，電力・ガス・地域暖房の供給を行う 140 以上の都市公社が生まれている（Becker 2011: 83）。つまり，旧東ドイツ地域では，約 20 年前に，すでに都市公社の設立と再公有化が強力に推進されたといえ

る。

5　新設都市・村公社の所有者

　新設された都市・村公社は誰が所有しているのか。ここで焦点となるのは，自治体はパートナーを引き入れたのか，そのパートナーは，どの程度の割合で資本参加しているのか，という問題である。

　新しい都市・村公社の所有者構造を分析する際，パートナーシップを組んでいる場合は，それが自治体間同士のものなのか，自治体と民間の共同によるものなのかを考慮する。このようなパートナーシップは，主に新企業（公社）のファイナンスを軽減するためか，あるいは，追加のノウハウを新企業に取り込むために用いられる。

　図9-5は，新設都市・村公社の所有者構造を示している。「資金参加なし」の新設公社18社は，パートナーの資金参加を受け入れていない。具体例としては，ハンブルグエネルギーやシュトゥットガルト都市公社などで挙げられる。こうした公社は，大規模なエネルギー供給地域を抱えている。また，電力自由化によって民営化される以前は，自前の都市公社を運営していた経験をもつ。

　この2つの再新設された都市公社は，まず小売部門に参入して活動してい

図9-5　新設都市・村公社のパートナー構造

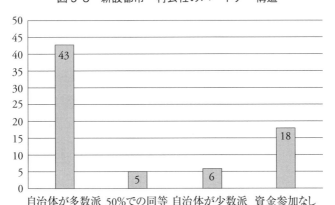

Berlo and Wagner（2013: 16）より筆者作成

る。既存の配電網営業権がまだ失効していないため，いずれも配電網の運営は行われていないが，既存の営業権所有者と契約期間が終了した後には，配電網の運営を引き継ごうとする動きがある。このようなことから，公社の新設は，配電網の買い戻しの準備のための重要なステップであるとみなすことができる。

一方，「自治体が多数派」が43件を占めているように，ほとんどの新しい公社が完全に，あるいはほとんどが，自治体の所有下にあることを示している。社会参加方式の場合，直接的に隣接する自治体の都市・村公社が引き入れられている。全体の傾向としては，自治体は，公社の新設において，自治体間のパートナーシップを優先していることが分かる。

その動機は，ノウハウの吸収，旧配電網運営会社への不満，地域的・自治体間の協同関係の強化，「同じ目線の高さ」でのパートナーシップ構築が挙げられる。さらに，自治体パートナーの方が民間のパートナーよりも利益配当への期待が少なく，また，空間的に隣接した自治体との相互協力による様々な相乗効果のポテンシャルへの期待がある。

パートナーとの協同が頻繁に見られるとはいえ，地元の自治体が自らエネルギー供給を行いたいという意思が多くのケースにおいて見受けられる。ほとんどの場合，地元自治体の議員が経験をもった都市公社を呼び込む決断を行っていることも分かった。

多くの場合，かつての配電網運営会社も自治体の戦略的パートナーに応募している。しかしながら，本章で取り扱った72社の新設公社のうち，自治体ではない民間の戦略的パートナーの資金参加を受け入れているのは，26社である（Berlo and Wagner 2013: 17）。

6　新設都市・村公社の設立年

図9-6は，年ごとの都市・村公社の設立数を示している。2008年以降，継続的に増加傾向が見られる。これは，エネルギー経済的な地域デザインや付加価値創造プロセスを改善したいという自治体の努力の拡がりが反映されている。分散型の再生可能エネルギーとコジェネレーション設備を地元の発電に利用するための技術的・経済的な状況が成熟されるのと並行して，その

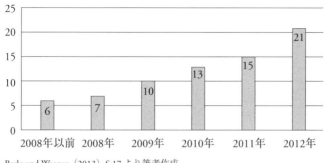

図9-6　新設都市・村公社の設立年

Berlo and Wagner（2013）S.17 より筆者作成

ポテンシャルを自らの経済的責任下で活用したいという願望が高まっている。

2011年，福島第一原子力発電所の事故が起こり，ドイツ連邦政府がエネルギー大転換を決断したことで，この傾向はさらに強まった。もうひとつの理由は配電網の営業権の契約の多くが期限を迎えたことである。多くの場合，配電網の買い戻しは都市・村公社の新設後に行われる。また，ノルトライン＝ヴェストファーレン州では，自治体にとって有利な自治体法の改訂が，2010年以降効果を発揮している。

9-3　再公有化の概念とその目標

再公有化は，ドイツにおけるすべてのプレーヤー歓迎しているものではない。たとえば，大手電力会社のRWEや連邦カルテル庁，新エネルギー会社連合（BNE）は，「エネルギー大転換は必要であるが，その実施において，再公有化は間違った戦略であり，自治体が目指す目標はいずれにしても到達不可能なものだ」と批判的な声を発している。

カルテル庁の見解は，自治体や都市公社による発電容量の増加については好意的である。それは，大手発電会社のポジションを弱め，市場構造が改善され，競争が活性化されるからである。一方で，配電網の再公有化のトレン

ドには批判的である。それは，配電網全体の細分化あるいは寸断化をもたらし，配電網の利用料金を高め，制御業務の増加を助長するだけでなく，大きな結合系統により生まれる効率性が実現されないという理由からである（BKartA 2011: 1-4）。

ところが，ノルトライン＝ヴェストファーレン州の自治体連合会報や，連邦ネットワーク庁の評価によれば，地域の小規模な配電網運営者が大規模な者よりも非効率であるという主張には根拠がない。それだけでなく，大手配電網運営会社から配電網の引き継ぎの際には，配電網が委譲された後に，かつての運営会社のずさんな維持管理・メンテナンスの跡が見つかることも少なくない。（Müller-Kirchenbauer and Leprich 2013: 103，池田 2014: 138-140）。

連邦カルテル庁と旧配電網運営社による懸念とは裏腹に，実践された再公有化への賛同は非常に大きいという。

ここで，ドイツで盛んに起こっている再公有化の概念について改めて定義したい。新設された都市・村公社にとって，再公有化とは単に配電網やガス導管網を買い戻して，地域の配電網・ガス導管網を運営することだけではない。こうした公社の多くは経済的な付加価値創造のバリュー・チェーンのすべての段階において活動することを目指している（Universität Leipzig 2011; Difu 2011）。

つまり，再公有化の活動はエネルギー供給に関する多くの分野を包括する。それは，電力・熱・ガスの生産，取引，配電網運営から，小売や顧客サービスにまで及ぶ（図9-7）。このバリュー・チェーンの延長により，公社はその経済的基盤を改善し，安定させることができる。

近年の地域エネルギー供給の再公有化のもうひとつの論点は，顧客や業種に合わせた省エネサービスの需要の高まりである。このサービスの重要性は増しており，将来大きな利益をもたらすビジネス分野である。とりわけ，地域密着型企業である都市・村公社は，この分野での競争力をもっている。また，高度に発展した情報技術や，それが可能にする発電，配電，消費の双方向的な制御や調整も，ドイツにおける再公有化のトレンドを促進している。

70件以上の都市・村公社の新設と190件以上に及ぶ配電網の買い戻しは，エネルギー供給の公有化というトレンドが，大きなダイナミズムとなってい

図 9-7　再公有化による経済付加価値創造バリュー・チェーン

```
┌─────────────┐ ┌─────────────┐ ┌─────────────┐ ┌─────────────┐
│ 再エネと分散型 │▶│ 地域の配電網 │▶│    小売     │▶│ 環境効率の高い │
│  コジェネによる │ │    運営     │ │             │ │  エネルギー   │
│    発電     │ │             │ │             │ │ サービスの拡張 │
└─────────────┘ └─────────────┘ └─────────────┘ └─────────────┘
```

Berlo and Wagner（2013）S.20 をもとに筆者作成

ることの証である。

　さらに，とくに農山村地域において，地域のエネルギー供給をできるだけ早く，完全に再生可能エネルギーに転換しようという運動が増加している「100％再生可能エネルギー地域」の急激な増加や，600以上のエネルギー協同組合の設立も，地域の中でエネルギー供給のデザインに参加したいと考える市民が増えていることを示している。

　将来的には，今日のエネルギー消費者は，これまで以上に自らもエネルギー生産者となり，プロシューマーとして地域のエネルギー大転換に積極的に協働することで，デザインすることが予測される。その点で，都市・村公社は，市民に近く，ローカルな事情に詳しく，また，地域特有の問題解決能力がある。

　ドイツが連邦レベルの政策として目標としているエネルギー大転換は，発電，取引，送電，配電，そして小売に関わる企業が，根本的な再構築のプロセスに応じなければならないことを示している。この転換プロセスにおいて，はじめに述べたように，都市・村公社は重要な意味をもっている。

　本節において含意される再公有化は，自治体によって明確な目標として掲げられ，「ミッション」や「ヴィジョン宣言」のような形で公文書化されなければ，到底達成できるようなものでない。新しい都市・村公社では，対策パッケージや時間的・内容的視点が定義された中間目標を決めることが有効である。

　本章では，ドイツで起こっているエネルギー事業の再公有化の動向を中心に，とくに自治体による分散型電力システムに注目した。まず，ドイツの自治体は，なぜ配電網の営業権をはじめとするエネルギー再公有化をしようとするのかを6つの要素に集約した。さらに，都市公社新設の実態について，

新設された都市公社・村公社の場所とクラスター，自治体人口規模，法人形態，地域偏在性，所有者，設立年から考察した。

一方，再公有化の概念について確認し，自治体が目指す目標を明らかにした。こうした自治体は，再公有化をとおして，新たな地域経済付加価値創造のバリュー・チェーンのすべての段階において活動することを目指しているのである。再公有化の活動は，エネルギー供給に関する多くの分野を包括し，電力・熱ガスの生産，取引，配電網運営から，小売や顧客サービスにまで及んでいる。さらに，今後大きな成長が予測される省エネサービスも含め，都市・村公社は優位性をもった存在である。

ドイツにおけるエネルギーを取り扱う都市・村公社の新設や配電網の再公有化の動向を日本にそのまま適用することはできない。日本では，公益性とはほど遠い開発事業に走り，バブル崩壊後は債務超過に陥ったりして，市民の信頼性を失っているという事情もある。また，配電網を公有化しようとしても日本ではそれを可能にする法的制度が整っていない（諸富 2015: 230-231）。

一方で，電気・ガス・熱・上下水道・交通などを，地域で一体的に運営していく必要性は今後高まって行くことが予想される。その主体となりうるのは，あらゆる利害関係者に対して中立な自治体において他にないのではないか。戦前にエネルギーを事業として営んだ日本の自治体の歴史にも学びながら，再生可能エネルギー大量導入時代の新しい分散型エネルギーシステムをデザインすることが重要である。

参照文献
池田憲昭（2014）「都市エネルギー公社」，村上敦・池田憲昭・滝川薫著『100％再生可能へ！ ドイツの市民エネルギー企業』学芸出版社，131-154 ページ
中山琢夫（2015）「地域分散型再生可能エネルギー促進のための自治体の役割──ドイツにおける自治体公社による配電網の再公有化を中心に」，諸富徹編著『再生可能エネルギーと地域再生』日本評論社，171-188 ページ
中山琢夫・山東晃大・井上博成（2014）『電力自由化と再生可能エネルギー，配電網の再公有化に関するドイツ調査報告書』リサーチリポートシリーズ No.14-B-1，京都大学「分散型電力システムの制度設計と社会経済的評価，その地域再生への寄与に関する研究」プロジェクト，http://ider-project.jp/stage1/

feature/00000062/14B1_2.pdf
村上　敦（2014）「シェーナウ電力会社——市民エネルギー会社のパイオニア」,村上敦・池田憲昭・滝川薫著（2014）『100％再生可能へ　！ドイツの市民エネルギー企業』学芸出版社, 106-110 ページ
諸富徹編著（2015）『再生可能エネルギーと地域再生』日本評論社。
Becker, P.（2011）*Aufstieg und Krise der deutschen Stromkonzerne – Zugleich ein Beitrag zur Entwicklung des Energierechts.* Ponte Press.
Berlo K., Wagner O.（2013）"Stadtwerke-Neugründungen und Rekommunalisierungen Energieversorgung in kommunaler Verantwortung Bewertung der 10 wichtigsten Ziele und deren Erreichbarkeit", *SondierungsStudie*, Wuppertal Institut für Klima, Umwelt, Energie GmbH.（滝川薫・池田憲昭・村上敦・西村健祐訳「都市エネルギー公社の新設と再公有化：自治体の責任によるエネルギー供給」ヴッパタール気候・環境・エネルギー研究所, 2015 年）
Bundeskartellamt（BKartA）（2011）"Stellungnahme des Bundeskartellamtes zur öffentlichen Anhörung des Wirtschaftsausschusses des Deutschen Bundestages zur Rekommunalisierung der Energieversorgung" -BT-Drucksachen 17/3649, 17/3671, 17/3182-am 24. Januar.
Deutsches Institut für Urbanistik（Difu）*Difu-Berichte* 3/2011.
Busshardt B.（2014）*Analysing the Remunicipalisation of Public Services in OECD Countries.* Münchener Beiträge zur Politikwissenschaft, Geschwister-Scholl-Institut für Politikwissenschaft: München.
Hall D."Re-municipalising municipal services in Europe." *A report commissioned by EPSU to Public Services International Research Unit（PSIRU）*, Public Service International Research Unit, University of Greenwich, 2012.
Müller-Kirchenbauer, J., Leprich, U.（2013）"Anforderungen an leistungsfähige Verteilnetze im Rahmen der Energiewende", *EnWZ-Zeitschrift für das gesamte Recht der Energiewirtschaft*, 2. Jg. Heft 3.
Richter N., Thomas S.（Infrafutur）（2008）"Perspektiven dezentraler Infrastrukturen im Spannungsfeld von Wettbewerb, Klimaschutz und Qualität," *Ansatz und Ergebnisse der Forschungspartnerschaft INFRAFUTUR*, Wuppertal Institut für Klima, Umwelt, Energie GmbH.
Scheer, H.（2010）*Der energethische Imperativ*, Kunstmann München.
Universität Leipzig（2011）"Renaissance der Kommunalwirtschaft – Rekommunalisierung öffentlicher Dienstleistungen". I*nstitut für Öffentliche Finanzen und Public Management*; HypoVereinsbank Leipzig / München.

再生可能エネルギーの社会受容性と制度設計

Chapter 10

尾形清一

本書の各章で示されたように再生可能エネルギーの量的拡大は，世界の大きな趨勢になりつつある。再生可能エネルギーの量的拡大をさらに促進するためには，再エネ発電の立地に関わる課題解決や地域との合意形成が必要である。そこで，本章では，再生可能エネルギー政策における立地地域での課題解決や制度設計に関する論点を考察する。その際，欧州を中心に活発に議論がなされている再生可能エネルギーの社会受容性研究や諸外国の再生可能エネルギー利用に関する政策事例等を手掛かりとしながら考察を進める。

本章で社会受容性研究を敷衍する理由は，再エネ普及を促進するための「ゾーニング制度（優先地域指定）」や「環境アセス」等の制度設計に際して重要となるからである。さらには，再エネ事業者の立地地域に対する「リスクコミュニケーション」の課題にも大きく関連している。

ここで，本章の議論の流れを確認する。最初に，再生可能エネルギーの量的拡大に当たって，特に立地地域との間に発生する課題について確認する。次に，このような課題を解決するための道筋として，再生可能エネルギーと社会受容性に関する研究等の海外知見を参照しながら，立地課題の解決や合意形成に関わる論点を含めた再生可能エネルギー政策の在り方を確認する。

10-1　再生可能エネルギー量的拡大に当たっての社会的制約条件

再エネ拡大に向けた制約条件としては，本書の第6章（安田）が示した「系統連系問題」が極めて重要であるが，これは中長期的な送電インフラ拡充計画や送電管理の中立性確保等の電気事業改革に関わる問題とリンクしている課題である。そのため，これらの問題を除けば，表10-1に掲げられるような社会的制約条件が，主たる課題であると言って良い。社会的制約条件としては，資源別に個別の課題もあるが，現状では，合意形成・法規制等が共通する課題である。

まず，法規制に関する論点問題を確認したい。風力発電を例にとると，開発手続きとしては電気事業法以外にも自然公園法など複数の関連法が存在している。また，2013年度からは，7500kW以上の設備に対しては環境影響評

表 10-1　社会的・環境的制約条件

	社会的制約条件	環境的制約条件
太陽光発電	・合意形成，用地取得 　（大規模太陽光発電の場合） ・日照権の確保	・地域生態系 　（大規模太陽光発電の場合） ・景観悪化
太陽熱利用	・日照権の確保	・景観悪化
中小水力エネルギー	・水利権 ・漁業権 ・農業用水路の目的外使用 ・日常点検の体制 ・合意形成	・水生生物への影響
風力エネルギー	・系統容量 ・合意形成 ・法規制 　（自然公園法，鳥獣保護法等）	・騒音 ・電波障害 ・景観悪化 ・バードストライク
温度差エネルギー （下水・温泉熱）	・設置場所 ・温泉権	・温排水（水域生態系への影響）
雪氷熱エネルギー	・用地取得	・景観悪化
地熱エネルギー	・合意形成 ・法規制 　（自然公園法等）	・温泉資源への影響 　（湧出量，泉温） ・景観悪化
バイオマスエネルギー	・合意形成 ・法規制 　（廃棄物処理法等）	・騒音，振動 ・排ガス，廃液

緑の分権改革推進会議 第四分科会「再生可能エネルギー資源等の活用による緑の分権改革の推進のために」2011 年 3 月，12 頁を参照して作成

価も義務づけられており，事業計画の立案から営業運転開始まで長期間を要する可能性もある。

　しかしながら，日本における既存の法規制は必ずしも再生可能エネルギー事業の普及（量的拡大）を念頭において作られたものは少なく，その運用の前例も未だに少ない。たとえば，法規制が障害となっていた事案としては，小水力発電における水利権に関する手続き[1]や太陽光発電による公共施設の目的外使用[2]がある。法規制の課題に関しては，制度改正[3]によって課題を解消する方向に向かっているが，再生可能エネルギーの量的拡大を念頭においた法規制の改革も必要である。たとえば，長野県飯田市では，地域の民間事業者（おひさま進歩エネルギー株式会社）が主導する市民共同出資型の太陽

光発電事業が，公共施設の屋根に太陽光発電を無償で設置することを許可（目的外使用の許可）し，20年の長期契約，29円/kWhの買取契約などを結んだ。飯田市の事例は，地方公共団体との連携によって，再生可能エネルギー事業が進められた先進的な事例だが，再生可能エネルギー事業に合わせて法規制の新しい運用や創設に成功した点でも先進的であったといえる。

このように，諸々の法規制を再エネの量的拡大に対応する形で修正することも重要である。再生可能エネルギー事業の形態は多様化しており，プロジェクトファイナンスを活用した大規模発電事業から市民共同発電所のようなコミュニティベース事業まで様々な展開がある。特に再生可能エネルギー事業は，地域活性化等に係るスキームとの連動性の高さから，地方自治体等においても，事業の波及効果等も含めた総合的政策・施策の展開が徐々にだが検討されている。その先例とも言うべきが，本書の第9章（中山）で示したドイツのシュタットベルケのような自治体公社である。そして，このような多種多様な形態の再エネ事業が効率的・円滑に運用するためには，法制度の障害を克服することも重要となっている。このような事業を支援できる制度設計や公共政策が併せて必要だといえる。

---

1) 河川の流水を利用する場合には，河川法に基づく河川管理者（国や地方公共団体等）が許可する水利権が必要となる。水利権は，基本的に使用目的ごとに許可されるため，申請した使用目的以外で流水を使用することはできない。そのため，農業用水を利用して小水力発電を実施する場合，「農業用水としての許可」と「発電目的での許可」を申請する必要がある。仮に農業用水として流水を利用する許可を得ていても，発電目的での使用許可がなければ，農業用水を利用した小水力発電事業を実施することはできない。現在では，手続きが簡素化されているが，小水力発電事業の普及に合わせて水利権の在り方についても再検討が必要である。
2) これまで，公共施設を含めた行政財産では，その目的外使用を厳格に禁止してきた。例えば文教施設では，教育や文化活動以外の目的で，施設を利用することは原則的に禁止されている。そのため，公立の保育園や公民館等の公共施設に，太陽光パネルを設置して発電事業を行うことは，公共施設の目的外使用に該当し，そのような再生可能エネルギー事業は実施しできないという解釈が一般的であった。
3) 例えば農林水産省の所管する，再エネ普及と農林業の健全な発展を調和させる「農山漁村再生可能エネルギー法」（2013年）のような制度改正が進められている。今後も再エネや分散電源の普及に伴う制度改正は必要であろう。

10-2 再生可能エネルギーと社会受容性

1 再エネの課題群と地域からの反発

　再エネの量的拡大を進めるために上記のような「法規制の修正」が社会的に合意され，制度環境が整えられることが重要となるが，次なる問題が，本章の目的でもある合意形成や受容性に関する論点である。

　再生可能エネルギー技術にも大小の多様なリスクや課題があり，これらの課題によって社会紛争や利害関係者間対立が発生し事業計画が進展しないケースもある。

　たとえば，地熱利用に関しては，熱源の利用に関して，温泉組合等を中心とした利害関係者間での対立や合意形成の課題が存在している。また，大規模太陽光発電（メガソーラー）においては，立地箇所の景観問題や，パネル反射光による生活侵害等も徐々に表面化している。特に，陸上風力は，すでに様々な課題に直面しており，これらの課題群に対する総合的研究も実施されているので，ここで詳しく見てみよう。

　陸上風力に関しては，バードストライク等の生態リスク問題，騒音やシャドウフリッカー等の健康影響，風車景観をめぐる地域合意の問題等が明らかになっている。また，このような課題群を背景として，風力事業に対する組織化した反対活動も国内外に見られ，そうした反対活動が計画予定地域の住民活動にも影響を与えている[4]。

　例えば，イギリスでは意識調査によって86％の国民が風力電力に好意的であるという結果が得られているにもかかわらず，その事業計画は25％程度しか実施されていない[5]。また，実際に風力発電が建設されると立地地域から支持が低くなることや，欧州の風力プロジェクトの50％が市民の反対で中止している等の問題も指摘されている[6]。これらの現象を普遍化すれば，再エネへの好意的な世論形成がなされる傾向と立地地域の住民等の再エネに対する受容傾向にズレがあることを常に意識する必要があることが分かる。つまり，再エネにおけるパブリックアクセプタンスと地域受容性には乖

離があること，この乖離を小さくすることが，再エネ導入に向けた合意形成と制度デザインの論点として重要であることを指摘したい．

2　陸上風力の問題─「NIMBY」or「PIMBY」

　もう少し具体的に考えていこう．再エネの社会受容性として考慮すべき事例に，風力における PIMBY/NIMBY 問題がある．NIMBY（Not In My Back Yard 自分の裏庭＝近所以外なら）は，しばしば産廃施設等の嫌悪施設の立地をめぐる紛争で言われることだが，風力事業の社会紛争においては，そうした場合とは異なる問題構成を見せていることが指摘されている．特に陸上風力に関しては，「風力」への批判というより「開発における民主的手続きの欠如」に端を発している点や「利害関係者間での集合行為のジレンマ」等の所産である可能性が指摘されており，単に NIMBY 現象として説明できないとされる（Bella 2005）．特に産廃施設等の嫌悪施設で見られない現象としては，居住者のうち 66％が自宅に近い場所への風車建設を喜んで受け入れているという調査結果もある（Krohn and Damborg 1999）．さらに，Sowers（2006）は，風力発電事業が地域に経済的利益をもたらすため地域住民に受け入れられている例を紹介しながら PIMBY（Please In My Backyard）という考え方を示している．

　PIMBY をめぐっては，開発プロセスや事業計画の初期段階での地域参加の必要性が指摘されている．すなわち，住民や行政職員・議会・コンサルタントや自然保護団体等の利害関係者が事業計画の早期段階から参加し，「利害調整」を実施するということである．筆者が実施した国内の風力紛争事例に関する調査でも，風力批判というよりは，図 10-1 のような地域のフォーマル／インフォーマルな意思決定過程における開発手続きや利害対立に関す

4）国際的な風力反対組織としては，National Wind Watch〈https://www.wind-watch.org/〉（2012 年 12 月現在）．また，ジャーナリスト等からの風力批判としては，鶴田由紀『ストップ！風力発電』アットワークス，2009 年．武田恵世『風力発電の不都合な真実』アットワークス，2011 年がある．

5）Dave Toke, "Wind Power in UK and Denmark: Can Rational Choice Help Explain Different Outcomes?" Environmental Politics Volume 11, Issue 4, 2002. この論文では 1990 年〜2000 年に関するイギリスの意識調査と計画履行率で議論している．

6）Paul Gipe "Wind Energy Comes of Age. New York" John Wiley & Sons, 1995

図 10-1　風力事業プロセスにおける地域社会との利害調整過程

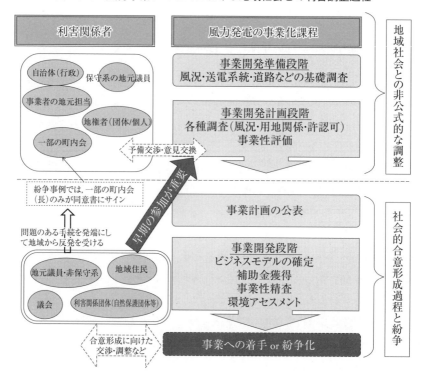

る問題を指摘している（尾形 2013）。このような開発手続きにおいては，地方自治体が再エネの開発行為へ関わることが重要で，具体的には再エネの自治体条例やゾーニング（優先地域指定）を含めた地域レベルの制度設計が必要となる。地方条例やゾーニングについての論点については，後述する。

10-3　再エネの社会受容性に基づく政策と制度設計

1　再エネの社会受容性の理論と政策

再エネをめぐる様々な立地課題とリスク問題を体系的に考え，公共政策や

国や地方自治体の再エネ拡大に向けた制度設計を進める上で参考になる，欧州等でも注目される再エネの社会受容性研究の知見を紹介したい。

Wüstenhagena（2007）は，再生可能エネルギーの導入に関わる社会的受容性を Socio-political acceptance（社会‐政治）Community acceptance（コミュニティ）Market acceptance（市場）の相互作用からなる問題として整理している[7]。また，このような研究をもとに，風力に関わる社会的受容性研究として，国際エネルギー機関（International Energy Agency：IEA）が，"Social Acceptance of Wind Energy Projects"（Task 28）[8]を立ち上げ，政策学や社会学・政治学・心理学等からなる国際的共同研究プロジェクトを進めている。たとえば，Task 28 では，図 10-2 のように社会的受容性の要素を示し，風力発電の社会

図 10-2 再生可能エネルギーの社会受容性に関する諸要素

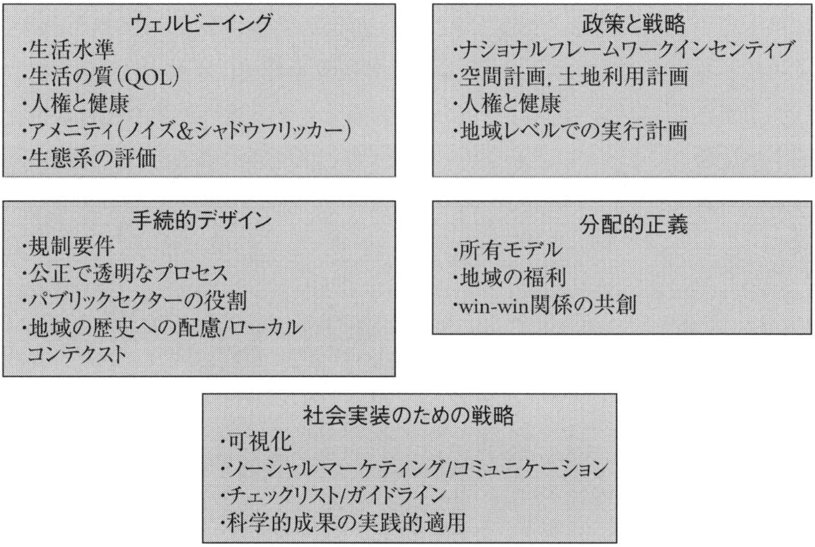

ウェルビーイング
・生活水準
・生活の質（QOL）
・人権と健康
・アメニティ（ノイズ＆シャドウフリッカー）
・生態系の評価

政策と戦略
・ナショナルフレームワークインセンティブ
・空間計画，土地利用計画
・人権と健康
・地域レベルでの実行計画

手続的デザイン
・規制要件
・公正で透明なプロセス
・パブリックセクターの役割
・地域の歴史への配慮/ローカルコンテクスト

分配的正義
・所有モデル
・地域の福利
・win-win関係の共創

社会実装のための戦略
・可視化
・ソーシャルマーケティング/コミュニケーション
・チェックリスト/ガイドライン
・科学的成果の実践的適用

IEA, Wind Task 28 Social Acceptance of Wind Energy Projects website〈http://www.jeawind.org/summary_page_28.html〉を参照して筆者作成

---

7) Rolf Wüstenhagena, Maarten Wolsinkb, Mary Jean Bürera, "Social acceptance of renewable energy innovation: An introduction to the concept" *Energy Policy*, Volume 35, Issue 5, May 2007, pp.2683-2691

8) Social Acceptance of Wind Energy Projects〈http://www.socialacceptance.ch/〉

受容性を高めるための方策を示している。また，国内では，風力事業と地域社会に関わる理論的研究[9]やウィンドファームをめぐる社会的意思決定の分析がある[10]。本章では，特に再生可能エネルギー事業と地域社会の関係に着目し，Wüstenhagena（2007）が指摘する Community acceptance（地域受容性）の「分配的正義」や「手続的正義」に基づく事業計画の構築や合意形成等による社会解についてさらに考察を進める。

2 再エネの長期的「便益」と立地地域のリスク

再エネにおける社会受容性，特に「分配的正義」や「手続的正義」に基づく具体的な制度設計や政策を確認する前に，再生可能エネルギー事業の長期的「便益」と立地地域にリスクが集中するという構造について，ここで若干，確認したい。

陸上風力においては，事業がもたらす地域の利益と負担の構造が重要となっている。再生可能エネルギー事業に伴う立地地域に対する利益は，売電収益を得る等の経済的利益以外にも，関連する新産業の創出や地域活性化等，地域社会にとっての期待がある。また，化石燃料に依存しない地域づくり等は，地域イメージの向上や地域のブランド戦略に繋がり，地域の長期的展望としても重要な効果が考えられている[11]。たとえば，風力発電による売

---

9) 日本の社会的受容性研究としては，丸山康司「環境創造における社会のダイナミズム：風力発電事業へのアクターネットワーク理論の適用」『環境社会学研究』(11)，2005，pp131-144，丸山康司「風力発電の社会的受容性の課題と解決策：IEA Wind Task 28 を踏まえて」『風力エネルギー』36（2），2012，pp.169-173，丸山康司「騒音問題と社会的受容性」『風力エネルギー』36（4），2012，pp.542-545 丸山康司『再生可能エネルギーの社会化』有斐閣，2014 等を参照されたい。

10) 馬場健司・木村宰・鈴木 達治郎「ウィンドファームの立地に係わる 環境論争と社会意思決定プロセス」城山英明他編『エネルギー技術の社会意思決定』日本評論社，2007年，pp190-226

11) 再生可能エネルギー事業の推進によって化石燃料や原子力に依存しない社会に対する貢献が考えられるが，これらの恩恵は社会全体や将来世代に対する利益である。また，再生可能エネルギー資源の有望な地域では，都市部に対して，クリーンな電力を輸出するという意味で地理的な空間をも超えて恩恵をもたらしているが，立地地域に対する恩恵といえるかどうかは難しい。

電収益や固定資産税収入等の直接的な経済的利益に留まらず，風車の製造に関わる製造業産業の育成などを視点に入れると，雇用創出効果や域内経済に与える影響は，自動車産業に匹敵するとも言われている[12]。また，言うまでもなく，社会全体や将来世代に対する恩恵は少なくない。風力資源の有望な地域では，電力輸出も可能になり都市部に対する大きな意味をもつ。しかしながら，このような多種多様な利益が期待できる一方で，ウィンドファームの立地地域では，建設工事に伴うアメニティや「豊かな自然」を改変するという形での地域社会へ負担を強いる可能性や，立地後等の騒音による健康影響や生態系への影響などが負担・リスクとして存在している。

　再生可能エネルギー事業における利益は，地域社会のみならず都市地域や将来世代などに対しての受益になっているが，負担やリスクは再生可能エネルギー事業が導入される限られた範囲の住民に集中するという特有の利害構造が存在している。また，再生エネルギー関連施設では，産廃処理施設のような嫌悪施設のように住民の忌避感が極めて強い施設とは異なり，社会一般からの受容性が高い分，受苦や負担に対する認識が低くなる傾向があり，結果として合理性を欠いてしまう恐れもある。

　また，政策レベルでは，上記のような短期的なコスト負担と長期的な利益の選択を迫られるという特徴がある。社会的受容性研究が示唆する解の方向性は，単に経済的合理性だけではなく，地域の福利等も含めた，規範的要素を包含しているという特徴がある。ここでは，まず，再生可能エネルギー事業に伴う利益と負担のバランスを考慮し，社会的公正と持続可能な社会の実現等の環境正義に配慮した再生可能エネルギー事業の基本コンセプト等を，諸外国等の再生可能エネルギー事業ガイドラインで実施され実例をもとにみていこう。

3　分配的正義に基づく事業と政策

　再エネの社会的受容性研究では，上記で示したように，再生可能エネル

---

12) みずほ銀行が作成した「産業振興の側面からみた風力発電への期待」<http://www.mizuhocbk.co.jp/fin_info/industry/sangyou/pdf/mif_99.pdf>（2012年12月現在）が詳しい。

ギー資源を利用するにあたり，そこから得られる利益を地域社会にどのように分配するのかという分配的正義の問題や，地域社会とのコミュニケーションや合意形成に関する手続き的正義を吟味することの重要性が意識されている。

分配的正義に関しては，再生可能エネルギー資源から得られる利益をどのようにして地域社会に還元するのかということが議論の焦点となっている。なぜ地域社会において分配的正義が問題となるかと言えば，地域資源である再生可能エネルギー資源を地域外の事業者が独占する恐れがあるからである[13]。また，Jobert et al.（2007）は，風力事業の分析から，外部の事業者等が利益追求のみに関心を持ち地域の発展には関心がないと住民から認識されると，住民からの信頼は喪失しプロジェクトへの反対が強まると指摘している[14]。

地域への利益分配に関する政策としては，デンマークの「地元所有ルール」がある。これは，風力からの便益の還元と地域振興を確実にする方法として1979年から導入された。「地元所有ルール」の概要は，風車の所有者は，その風車が設置される場所の半径3km以内に住む住民や協同組合等の団体に限定されるというものである[15]。その結果，風力発電の設備容量のうち半分以上が協同組合と農家が所有する状況になっている[16]。このルールは，2000年にデンマーク電力市場への投資がEU市民全てに開かれることによって廃止されているが，国内でも今後議論されるべき政策のひとつであ

---

13) 国内では，社会技術研究開発センター（RISTEX）「地域に根ざした脱温暖化・環境共生社会」研究開発領域が主催した地域からエネルギーの未来を創る緊急シンポジウム「自然エネルギーは地域のもの」（2012年6月6日開催）では，このような論点で議論がなされている。

14) Arthur Jobert, Pia Laborgneb, , Solveig Mimlerb, "Local acceptance of wind energy: Factors of success identified in French and Geran case studies", Energy Policy, Volume 35, Issue 5, May 2007, pp.2751-2760

15) 水野瑛己「風力発電の技術革新と普及を支える市場—デンマーク・ドイツからの教訓（2）」『風力エネルギー』2013 1 Vol.37,

16) David Toke, Sylvia Breukers, Maarten Wolsink, "Wind power deployment outcomes: How can we account for the differences?", Renewable and Sustainable Energy Reviews, Volume 12, Issue 4, May 2008, pp.1129-1147

る。

　これらの取り組みは事業の利益分配をめぐるものであるが，日本における市民風車は，単なる経済的利益の配分だけではなく，その波及効果によって地域社会の福利を向上させる取り組みとしても注目されている[17]。日本の市民風車では，地域のNPO法人などが市民の出資により建設資金を集めて風力発電所を建設しており，出資された資金は，事業収益等に応じて出資者に分配される仕組みになっている。市民風車は，地域のNPOが中心となり，市民が事業に関わるという意味で，地域社会への利益還元を趣旨のひとつとする事業といえる。利益の分配を通じて継続的な事業への支持や関心に繋がり，事業の持続性を高めてもいる。これらにより，再生可能エネルギー事業に対する地域社会の支持や受容性を高める可能性がある。近年では，国内においても市民の共同出資による再生可能エネルギー事業も多く展開されている。市民風車の先駆けとなった北海道グリーンファンドは，そもそも節電した電気代を再生可能エネルギー事業に投資するという意味で，社会的な目的で開始された。そして，市民風車の出資者が単に配当による利益だけを求めているのではなく，地域・環境への貢献や「生きがい」等の多様な目的等で出資していたことも示唆的である。このような，地域や社会に対して有意義な投資を実施したいという人々に対して，再生可能エネルギー事業の計画が魅力的に映る事業デザインを構築することも今後は必要である。

　また諸外国では再生可能エネルギー事業から得られる利益をコミィニティファンドとしてプールし，地域社会にとって必要な事業等に再投資することや自然保護などの資金とするという方法も実施されている。このような分配的正義を実現する取り組みは事業が地域社会にもたらす意味を追加させるという点でも重要である。

　このような取り組み以外にも，狭い意味での業務の範囲で地域社会に利益を還元する方法はある。たとえば関連施設の建設に関わる工事・業務や資材購入等を地元の事業者に発注することもひとつの方法である。風力発電事業

---

17) Stefanie Huber, Robert Hobarty and Geraint Ellis, *"Social Acceptance of Wind Power Projects:Learning from Trans-National Experience"* Joseph Szarka et al. (eds) Learning from Wind Power, 2012, Palgrave Macmillan, pp.215-234

では運転開始後の保守点検も重要だが，そこで地元の事業者等との協力体制を構築できれば，これも地域社会の利益になり得る。

また，分配的正義に関わる議論として，世界風力エネルギー協会（WWEA）では，

1. 地域の個人，あるいは地域のステークホルダーからなる団体（農業経営者，協同組合，独立系発電事業者，金融機関，自治体，学校等）が事業全体，あるいは大部分を直接的，あるいは結果的に担っている。
2. 地域社会に基づく団体が事業の議決権を持っている。地域のステークホルダーから成る団体，事業の意思決定に関わる議決権の大部分を所有している。
3. 社会的，経済的利益の大部分が地域に分配されている。社会的，経済的利益の全て，あるいは大部分が，その地域社会に分配される。

という3原則を掲げ，事業運営・意思決定・利益配分が地域に帰属するビジネスモデル構築を推奨するような原則を提示している[18]。

以上は，地域社会への利益分配の一例にすぎないが，地域社会への還元方法等については，様々な可能性がある。直接的な経済的利益やその他の波及効果も含めて地域社会の多様なニーズに応えることが，結果的に事業が地域に根付くことにもなる。このことは地域社会の負担を軽減し，社会的なコンフリクトを小さくするという点だけではなく，事業の持続性を向上するにも役立つものである。

一方，国内の状況は地域社会に対する利益分配という点からみると課題も多い。たとえば，青森県は風力資源に恵まれ風力発電設備の導入量は国内最大である。しかしながら，表10-2で示すように，事業主体のほとんどは県外事業者である。また，青森県内に本拠地を置く事業者はNPO等の市民風車事業か第三セクター等に限られている状況である。

4 地域資源を活かすための地方自治体の役割と条例制定

地域における再生可能エネルギーの利活用に関しては，再生可能エネルギー関連条例も制定されつつある[19]。たとえば滋賀県湖南市では，2012年9月に「湖南市地域自然エネルギー基本条例」が制定し再生可能エネルギー資

表 10-2 青森県の風力発電事業者（売電事業）

稼働年月	設置者	市町村	基数	総出力	メーカー
1997年5月	エネコジャパン㈱	風間浦村	1	400	NEG-Micon
1997年12月	エコ・パワー㈱［蛇浦風力発電所］（旧㈱下北風力発電研究所）	風間浦村	1	400	NEG-Micon
1998年1月	エコ・パワー㈱［野辺地風力発電所］（旧㈱野辺地風力発電研究所）	野辺地町	2	800	NEG-Micon
1998年4月	エコ・パワー㈱［岩屋風力発電所］	東通村	2	800	NEG-Micon
2001年11月	㈱ユーラスエナジー岩屋［岩屋ウインドファーム］	東通村	25	32500	BONUS
2003年1月	エコ・パワー㈱［むつ小川原ウインドファーム］	六ヶ所村	22	33000	NEG-Micon
2003年2月	エコ・パワー㈱［岩屋ウインドパーク］	東通村	18	27000	NEG-Micon
2003年2月	特定非営利活動法人グリーンエネルギー青森	鰺ヶ沢町	1	1500	GE Wind Energy
2003年3月	三厩観光開発㈱	外ヶ浜町	1	750	Lagerwey
2003年10月	㈱ユーラスエナジー横浜［大豆風力発電所］（旧㈱ウインドテック横浜）	横浜町	6	10500	Vestas
2003年10月	㈱ユーラスエナジー尻労ヒルトップ［尻労ウインドファーム］（旧㈱トーメン尻労）	東通村	11	19250	Vestas
2003年11月	六ヶ所村風力開発㈱	六ヶ所村	20	30000	GE Wind Energy
2004年10月	㈱ユーラスエナジー小田野沢ウインドパーク［小野田沢ウインドファーム］	東通村	10	13000	Bonus
2004年11月	六ヶ所村風力開発㈱	六ヶ所村	2	2850	GE Wind Energy
2006年2月	有限責任中間法人市民風力発電おおま	大間町	1	1000	三菱重工業
2007年12月	㈱ユーラスエナジー北野沢クリフ［ユーラスヒッツ北野沢クリフ風力発電所］	東通村	6	12000	Gamesa
2008年2月	ユーラスエナジー野辺地［野辺地ウインドファーム］	野辺地町	25	50000	Gamesa
2008年5月	日本風力開発㈱［二又風力発電］	六ヶ所村	34	40000	GE Wind Energy
2010年1月	くろしお風力発電㈱［市浦風力発電所］	五所川原市	8	15440	Enercon
2010年12月	㈱津軽半島エコエネ	外ヶ浜町	2	3350	日本製鋼所

NEDO 日本における風力発電導入実績青森県から作成（2011 年現在）
<http://www.nedo.go.jp/library/fuuryoku/case/pdf/pref_02.pdf>

18）世界風力エネルギー協会（WWEA）では，これを「コミィニティパワーの定義」として風力事業のモデルとして推奨している．詳細は World Wind Energy Association<http://www.wwindea.org/communitypowerdefinition/>2016 年 8 月 30 日参照．

19）再生可能エネルギー関連条例の各特徴については，尾形清一「再生可能エネルギー関連条例の現状と課題」『政治社会論叢』第 4 号，2016 年 11 月，pp.13-28 に詳細な考察を実施している．

源の地域利用を目指している。飯田市の再生可能エネルギー条例では,「地域環境権」という権利概念を設定し,飯田市民の共同実施による「地域公共再生可能エネルギー活用事業」に対して飯田市が事業の立ち上げ等も含めて積極的に支援するという条例を制定している。表10-3は,2014年1月現在の日本の地方自治体における再生可能エネルギー関連条例の制定状況で,筆者がインターネットや各種資料等から作成した一覧である（ここでは,固定価格買取制度以前の再生可能エネルギーに関わる条例と地球温暖化対策法やエネルギー使用合理化などを主眼とした条例は除外している）。2014年現在の再生可能エネルギー関連条例は,①理念条例,②再生可能エネルギー基本計画の策定,③公共施設屋根貸しの推進,④再生可能エネルギー基金,⑤発電設備に対する固定資産税の免除,⑥景観保全の観点からの規制条例,⑦支援条例・再生可能エネルギー導入審査会の設置に大別できる[20]。

これら地域の再生可能エネルギー条例の課題は,条例レベルでデンマークの「地元所有ルール」のような利益分配制度の構築が可能かという点にある。現状では,国内の再生可能エネルギー事業はコミィニティレベルの取組以外は,地域社会との接点が制度的に担保されておらず,外部事業者を地域でコントロールすることは難しい状況にある。このような状況を中央と地方の政策レベルでどの程度,改善できるかが今後の課題である。

5　手続き的正義に配慮したコミュニケーション

手続的正義に関する論点としては,住民参加や住民とのコミュニケーションなど,事業の導入プロセスにおける公正性・公平性を担保する手法として住民参加の場を設けること等が指摘されている。現在,風力事業では,地域住民の反対によって事業計画が中止に追い込まれている事例もある。実は,このような事業であっても法的手続きとしては合法的に進められていることが大半である。それにもかかわらず反対運動が起こる背景には,法律で定め

---

20) この項目分類中で理念条例としている条例とは,政策手法などが条例本文中で明記されていない条例を意味している。それ以外の条例については,条例本文中に政策手法に関する記載があるか,もしくは条例運用規則を別途定めるもので,その中で政策手法について言及があるような事例である。

表10-3 再生可能エネルギー関連条例一覧

自治体名		条例名称	条例の主たる特徴	施行年
理念条例				
滋賀県	湖南市	湖南市地域自然エネルギー基本条例	理念条例	2012年
鳥取県	日南町	日南町再生可能エネルギー利用促進条例	理念条例	2012年
高知県	土佐清水市	土佐清水市再生可能エネルギー基本条例	理念条例	2013年
兵庫県	洲本市	洲本市地域再生可能エネルギー活用推進条例	理念条例	2013年
愛知県	新城市	新城市省エネルギー及び再生可能エネルギー推進条例	理念条例(運用規則の別途規定による支援策有り)	2012年
再生可能エネルギー基本計画の策定等				
神奈川県		神奈川県再生可能エネルギーの導入等の促進に関する条例	再生可能エネルギー基本計画の策定	2014年
佐賀県	唐津市	唐津市再生可能エネルギーの導入等による低炭素社会づくりの推進に関する条例	エネルギー使用合理化等の計画	2012年
大阪府	大阪市	大阪市再生可能エネルギーの導入等による低炭素社会の構築に関する条例	エネルギー使用合理化等の計画	2012年
神奈川県	鎌倉市	鎌倉市省エネルギーの推進及び再生可能エネルギー導入促進に関する条例	再生可能エネルギー基本計画の策定	2012年
再生可能エネルギー基金				
青森県		青森県再生可能エネルギー等導入推進基金条例	再生可能エネルギー基金	2012年
岩手県		再生可能エネルギー設備導入等推進基金条例	再生可能エネルギー基金	2012年
秋田県		秋田県再生可能エネルギー等導入推進臨時対策基金条例	再生可能エネルギー基金	2012年
香川県		香川県再生可能エネルギー等導入推進基金条例	再生可能エネルギー基金	2013年
山梨県		山梨県再生可能エネルギー等導入推進基金条例	再生可能エネルギー基金	2013年
岐阜県		岐阜県再生可能エネルギー等導入推進基金条例	再生可能エネルギー基金	2013年
山形県		山形県再生可能エネルギー等導入促進事業等基金条例	再生可能エネルギー基金	2012年
大阪府		大阪府再生可能エネルギー等導入推進基金条例	再生可能エネルギー基金	2013年
千葉県		千葉県再生可能エネルギー等導入推進基金条例	再生可能エネルギー基金	2013年
熊本県	西原村	西原村再生可能エネルギー基金条例	再生可能エネルギー基金	2012年
宮城県	美里町	美里町再生可能エネルギー転換促進基金条例	再生可能エネルギー基金	2012年
兵庫県	宝塚市	宝塚市再生可能エネルギー基金条例	再生可能エネルギー基金	2013年
発電設備に対する固定資産税の免除				
群馬県	榛東村	榛東村自然エネルギーの推進等に関する条例	発電設備に対する固定資産税の免除	2012年
北海道	東神楽町	東神楽町再生可能エネルギー推進条例	発電設備に対する固定資産税の免除	2013年
規制条例(景観保全)				
大分県	由布市	由布市自然環境等と再生可能エネルギー発電設備設置事業との調和に関する条例	景観保全の観点からの規制条例	2014年
公共施設屋根貸しの推進				
愛知県	多治見市	多治見市再生可能エネルギーの普及を促進する条例	公共施設屋根貸しの推進	2013年
愛知県	設楽町	設楽町省エネルギー及び再生可能エネルギー基本条例	公共施設屋根貸しの推進及び省エネ	2014年
支援誘導型条例・再生可能エネルギー導入審査会				
長野県	飯田市	再生可能エネルギーの導入による持続可能な地域づくりに関する条例	支援誘導型条例・地域環境権	2013年
東京都	八丈町	八丈町地域再生可能エネルギー基本条例	再生可能エネルギー導入審査会の設置	2014年

筆者作成

られている制限事項と反対する人々の問題関心のズレがある。そのような意見を表明する機会や，その意見を取り入れる過程が存在するかどうかを問う視点が手続き的正義という論点である。これは，住民の参加や市民とのコミュニケーションの質を確保する上で事業者にとっても有意義な機会になり得る。

風力事業計画で中止に追い込まれた事例では，事業推進者の側にこのような地域社会とのコミュニケーションを積極的には望まない傾向があり，事業計画に対する住民の同意や説明が必要な場合においても，適切な説明会が実施されないケースや，住民同意も書類を整えるためだけの形式にすぎないことがある。このようなコミュニケーション不足を原因として，住民は事業計画や事業者への不信感を露わにし，地域社会との軋轢が拡大するケースもある。また，従来の開発事業が実施する利益供与は，地域住民の反発を封じ込める意図で実施されるケースもあり，ともすれば，住民の反発を封じるために，地域社会の分断を誘発するような悪質な行為に利益供与が使われてきたケースもある。

施設が立地する地区周辺の町内会などに対する説明や住民の同意が必要なケースにおいては，住民とのコミュニケーションを回避するような事例も存在している。たとえば，地区の町内会長「個人」の同意によって，地区の町内会「全体」の同意と見なすような住民同意書の作成手続きが行われるケースもある。書類上は，町会長の署名捺印等があり，地区町内会の住民「全体」が同意したかのような内容であるが，実際には，町内会の構成員である住民のほとんどは，説明会や議論に参加しない状態で，町内会長個人が同意し，事業者との間だけで同意者が作成されるケースもあった。そうしたケースの中には事業計画が公になった後に住民等から反発を受け，事業計画が中止になったものもある[21]。住民に提供される情報が限定的で事業者の説明が地主や首長や地区代表などの一部の住民に限定されている場合には，問題が顕在化しやすいといえる。

手続き的正義に関する論点は，地域社会とのコミュニケーションの質を高

---

21) 2011年～2012年に実施した風力事業反対調査におけるヒアリング調査から

めることや，事業計画の初期段階から，多様な地域主体や地域社会における利害関係者が参加し，議論する過程が含まれていることが重要である。具体的な形式としては，協議会を設置して相互に密なコミュニケーションを通じて多様なことがらについて意思決定するような方法もあれば，特定の問題についての討論会や学習会のような方法もある[22]。

6　手続き的正義と土地利用計画の策定

　また，手続的正義に関わる戦略的試みとしては，土地利用計画の一環として地域におけるエネルギー利用を検討する方法もある。特にデンマークやドイツなどで導入されている再生可能エネルギー優先地域の策定がそれにあたる。優先地域の策定にあたっては資源状況などを踏まえて導入可能な場所を抽出した上で，法的制約や地域条件を考慮して除外地域をスクリーニングする手順を踏んでいる。また優先地域の策定では個別具体的な事業計画が顕在化する前の段階で議論の場を設定することが可能になる。これによって，住民や各種利害関係者の意見等を反映しやすくなり，エネルギー利用と地域住民の利害の衝突を回避することも可能である。また，デンマークのように段階的な評価を設け，工業地帯などでは環境影響評価を免除するような措置をとっている場合もある[23]。このような試みによって，手続的正義の実現と迅速な事業着手の両立が図れる。

　優先地域の策定にあたっては，資源ポテンシャルなどを踏まえて導入可能な場所を抽出し，法的制約や住宅地・自然保護・景観などの地域条件で除外すべき箇所を指定する。

　逆に地域条件を踏まえて，優先的に事業誘致を進める箇所等も指定する。

---

22) 合意形成や手続的デザインを検討する場合に，利害関係者（特に地元関係者）の範囲をどのように考えるべきかという，実践的な課題がある。この課題は理論的に指し示すことは困難であり別稿に譲るほかない。しかし，筆者が実施した様々な現地調査では，地方自治体の政策担当者は，経験的に当該地域の利害関係者について適切に把握しているケースが多かった。このような地方自治体職員の"ローカルナレッジ"を活用することも重要であろう。

23) 丸山康司「風力発電の社会受容性の課題と解決策」『風力エネルギー』104，pp.169-173

このようなエネルギー利用に関する用途指定(ゾーニング)を行い,地域社会にとって,再生可能エネルギー導入を避けたい箇所と優先的に導入する箇所等を指定する。ゾーニングの過程では,住民や各種利害関係者の意見等を聴取する機会があり,それらの意見が反映される可能性も高まり,これによって地域社会におけるコンフリクトを未然に予防することが可能となる(丸山 2012)。

　国内においても,環境省が再生可能エネルギー利用促進に向けたゾーニング情報を発信する事業を実施している。すでに導入ポテンシャルマップにより有望な箇所は確認可能である。しかし,ゾーニング情報で示される開発不可条件は,事業が実施される立地地域の固有の文化や価値感と密接に関連するような社会文化特性を反映した情報群にはなっていないという問題もある。つまり,ポテンシャルマップ等の情報を元にして,民間事業者等は再生可能エネルギー導入ポテンシャルが高い箇所・場所を探索している。しかしながら,このような有望な箇所が地域社会にとって望ましい場所であるか否かは,事業者にとっては判別がつかないため,地域社会で判断するしかない。たとえば,地域にとって大切な眺望景観や伝統文化に影響を与えるような場所が,再生可能エネルギー導入ポテンシャルが高い場所である場合には,事業者の利害と地域社会の利害が対立する可能性もある。地域利用としてゾーニングが必要になる背景には,このような利害対立を未然に防止することがある。今後は,地方自治体レベルでも,このようなゾーニング基礎情報等を活用して,地域レベルでの再生可能エネルギー利用に関する用途指定を実施する可能性も高い。そのため,ゾーニングに関わる手続的正義が課題となるのだが,それには地方自治体の役割は重要である。今後,重要となるポイントは,地域の利害関係者が再生可能エネルギー利用に関する用途指定(ゾーニング)の協議に参加する「手続き的なプロセス」を確保する必要がある。そのようなプロセスによって,再生可能エネルギー事業を優先的に受け入れる箇所や原則として禁止する箇所等の地域の意向を反映したゾーニングを策定することが重要である。

10-4　地方自治体の責任と役割

　本章の目的は，再エネ政策における立地地域での課題解決や制度設計に関する論点を考察することにあった。本章を纏めると，再エネと立地地域の課題を解決し，再エネ普及を促進させるための様々な制度（ゾーニングや環境アセス）および「リスクコミュニケーション」において「分配的正義」や「手続き的正義」に関するポイントが重要となる。また，このような制度や「リスクコミュニケーション」を実現するために重要となるのが，地方自治体の役割と責任であるということが筆者の基本的視点である。

　再エネ先進国のドイツで，シュタットベルケ（第9章で議論）やエネルギー協同組合等の多様な地域の事業主体が活動する背景には，ドイツの地方自治制度や土地利用（都市計画）制度が日本のそれとは大きく異なり，地方自治体がそれらに果たす役割や責任が重い点にある。そのような地方自治体の役割の大きさが，ドイツにおける再エネ普及を下支えしている。

　日本においても，いくつかの先進的な地方自治体では，地方自治制度や土地利用制度の限界を乗り越えて再エネ条例を制定し再エネ普及を地域活性化や福祉（well-being）の向上につなげる実践が増えている。

　つまるところ，再エネの普及拡大や大量導入において，中央政府の制度設計と地方自治体の意思（やる気）が重要であろう。

参考文献
尾形清一（2013）「再生可能エネルギーの地域利用と制度設計——風力エネルギーの地域受容性を踏まえた一考察」環境情報科学論文集 27, 103-108
尾形清一（2015）「風力発電騒音問題の社会的要因に関する研究——M市における風力発電事業の事例」環境情報科学論文集 29, 235-240.
Bella, De., et al（2005）"The Social Gap in Wind Farm Siting Decisions: Explanations and Policy Responses" Environmental Politics, Volume 14, Issue 4, pp.460-477
Gipe, P.（1995）"Wind Energy Comes of Age. New York" John Wiley & Sons
Jobert, A.et al.（2007）"Local acceptance of wind energy: Factors of success identified in French and German case studies", Energy Policy, Volume 35, Issue 5, May, pp.2751-2760

Krohn, S., S.Damborg (1999) "On Public Attitudes Towards Wind Power" Renewable Energy, Volume 16, Number 1, 4 January, pp.954-960

Toke, D. (2002) "Wind Power in UK and Denmark: Can Rational Choice Help Explain Different Outcomes?" Environmental Politics, Volume 11, Issue 4.

Toke, D. et.al, (2008) "Wind power deployment outcomes: How can we account for the differences?" , Renewable and Sustainable Energy, Reviews, Volume 12, Issue 4, May, pp.1129-1147

Wüstenhagen, R.et al. (2007) Social acceptance of renewable energy innovation: 12 An introduction to the concept. Energy Policy, Volume35, Issue 5, pp.2683-2691

終章 日本の再エネ政策と本書の関わり

山家公雄

本書は，第1部で，再エネ普及が進んでいる諸外国の情勢について解説し，第2部で，固定価格買取制度，発電コスト，社会的受容性，シュタットベルケに焦点を当てた地域エネルギー会社の在り方について，考察した。これらの議論を参照しつつ，本章では，日本の最近のエネルギー政策について，再生可能エネルギーに焦点を当てる形で概観する。本来あるべきと考えられる進め方やシステムを検討する上で，彼我との違いを比較することは重要である。

1 日本も「エネルギー転換」しつつある

日本においても，エネルギーは大きな転換点を迎えている。2010年に約3割のシェアを占めた原子力発電の稼働がゼロになっても，停電は起きていない。3.11大震災直後は，計画停電，夏季節電の要請，廃止予定の老朽化火力発電の無理な稼働等により，薄氷を踏む状況であったことは事実である。しかし，次第に需給に余裕が感じられるようになる。老骨に鞭打って無理に火力を稼働する状況は減ってきた。これにはいくつかの要因がある。

東京電力の最大電力（ピーク電力）は，2010年の6000万kWから2015年は4970万kWへと1000万kW以上減少した。原発10基分である。関西電力は同期間で3070万kWから2550万kWへ500万kW以上減少している。それに対して需要家が，想定を遥かに超えて節電し，あるいは自家発電システムを設置したりしてピークシフトを実践していた。また，太陽光発電のピーク時発電，特に夏季ピークが効いている。天候次第で出力が不安定，容量（キロワット）の価値がない等揶揄されているが，普及初期の段階にあっても，太陽光発電は目に見える効果を上げている。

2015年10月19日付の日経新聞に記載された竹田忍論説委員の記事を引用しよう。「今夏，電力不足を回避できた理由は何か。一つには省エネ・節電の浸透がある。この10年間で国内10電力会社が8月に販売した電力量を見ると，最も多い2008年は872億キロワット時。今年は746億キロワット時で最も少なく，08年比で14％減少した。もう一つは震災前の10年3月末の約280万キロワットから15年3月末に約2700万キロワットと約10倍に増えた太陽光発電だ。」この記事は分かりやすさもあり，評判になった。

節電マインドは一度形成されると需給が緩和しても弱まらない。供給力不足と電気料金高騰を警戒した産業界は，自家発設備の導入，BEMS，FEMSを含む省エネ投資を積極的に実施している。メーカーの省エネ機器開発も進んだ。政府も省エネ投資に補助金を用意するなど積極支援してきた。

　原発から火力発電へのシフトを余儀なくされ，原油・天然ガス価格高とも相まって，一時は巨額の貿易赤字と電気料金の高騰を見た。しかし，2014年春頃からの資源安により，エネルギーコスト面での痛痒もかなり弱くなった。この原油安は，シェール革命，新興国経済低迷に加えて再エネの普及も一役買っており，しばらく続くとの見方が次第に増えてきている。

　この傾向，すなわち，原子力等既存大規模電源に頼らずとも需給がひっ迫せずにすみ，エネルギー価格は低下し，省エネの定着と再エネの爆発的な普及が進むといった傾向は世界的なトレンドであり，日本にもそれが及んできているということだろう。特に省エネ・再エネへの傾斜は，先進国において著しい。

2　自由化推進策と再エネ普及策の共通性

　しかし，日本はどの程度再エネ普及に本気なのだろうか。これは，自由化に係る本気度といってもいい。

　自由化推進と再エネ普及は，その目的と時期が必ずしも同じではない。同時に登場する必然性もない。世界の歩みをみると，エネルギー自由化の嚆矢は1990年代前半に遡る。1980年代に脚光を浴びた新自由主義の流れに乗り，2000年前後に本格化する。再エネは，地球環境問題の高まりの中で，やはり1990年代に注目が集まり，デンマークが風力開発を始める。本格導入の契機となったのがドイツの再エネ政策であり，2000年にFITが導入された。

　新しい技術である再エネは，当初はコストが高く，普及するには規制を含め政策的な支援が必要であるため，自由化とは相いれない面がある。普及が進み，コストが下がり，「成人化」していく過程で，徐々に市場と調和させることになる。

　しかし，両者には共通点がある。既存システムに対して，新規に参入する

主体があるという側面である。従って、新規参入者が差別を受けない、卸市場が整備される、透明性が担保される、初期段階では既存者との格差是正措置も必要となる等の促進策が求められる。これを換言すると、自由化を促進する措置は再エネ普及策だ、となるのである。

再エネがまず普及した地域は、欧州と米国である。どちらも早期に自由化政策を取った。米国は、自由化の度合いは州により異なるが、明らかに自由化している州の方が再エネ普及率は高い。連邦政府が所管する卸は自由化しているが、州政府の所管する小売りは州により自由化の度合いが異なる。自由化や発送電分離の構造変革は、その後世界的なトレンドとなる。

再エネ普及は、今や欧米だけのものではなくなった。最近は、中国を主に新興国で爆発的な伸びを見せており、世界を牽引するようになってきた。コストの大幅低下が背景にあるが、エネルギー構造が先進国のように従来型で固まっていないこともある。再エネ普及に合うようなシステム整備を行いやすい。

3　最近の再エネ施策は適切か

こうした観点に立って、日本における最近の再エネ政策を巡る動向を振り返ってみよう。

(1) エネルギー基本計画の策定（2014/4）
■ベース，ミドル，ピークの確認

2014年のエネルギー基本計画では、電源の特徴について、ベースロード、ミドル、ピークという従来の考え方が再確認された。いずれも人為的に制御可能な電源なのだが、ここでは特に「ベースロード電源」が重要とされ、優先的な取り扱いを受ける布石となった。この考え方だと、原子力、石炭火力は安泰となり、再エネの主役となる太陽光、風力は難しい立場に追い込まれる。風力はブレード（風車の羽）を傾けることにより出力を下げることは可能だが、基本的に自ら制御しにくいのだ。ベース、ミドル、ピークの3分類しかないとなると、自然変動電源なる名称で括られる風力と太陽光発電は居場所を見出しにくい。

ところが海外では，風力，太陽光の存在感が増す中，既存電源は「調整力」として括られるようになっている。すなわち需要量と再エネ発電量の差分を調整する役割ということである。人為的に制御可能な既存の電源が，市場を通して調整力を供給するようになる。この需要量と再エネ量の差分を「ネット需要」あるいは「残余需要」と称するが，時々刻々市場運用者が情報を開示し，これを前提に発電側が市場にオファーを出す。ここでは，「ベースロード」という概念は馴染まなくなる。

いずれにしても，基本計画での電源種類の再確認は，その後の再エネ普及策を講じようとする際に大きな重しとなった。一方，再エネにとって特筆すべきは，この基本計画において唯一数字が付与されたことだ。2030年時点の再エネ電力比率は21％を上回るとされた。しかしこの数値を入れることに対する政府の抵抗は大きく，与党合意が「21％を大きく上回る」で纏まったにも拘らず，下方修正したのである。

(2) エネルギー長期需給見通しの策定（2015/6）
■押さえ込まれた再エネ
2015年のエネルギー長期需給見通しでは，2030年時点の目標値が示されたが，このとき再エネ電源は22〜24％となる。22％は基本計画で義務付けられた21％を1ポイント上回り，24％は2014年の12％の倍になるという数値である。端から結果ありきと勘繰りたくなるような数値であるが，それはまたFIT認定量だけで到達する数値であり，認定量8000万kWの9割超を占めた太陽光以外は，新規開発が見通しにくくなってしまった（太陽光認定取消しに係る情報は，その間，開示されず）。ポテンシャル，コスト面で主役になる風力，太陽光をコスト負担回避の理由で抑え，開発に時間を要する地熱，水力，バイオマスに満額以上の回答をするという，文字通り結論ありきの試算との批判が出た。

■再エネは長期間で回収する投資である
配分を判断する際に大きな役割を果たしたのが，「国民負担」という名の費用である。エネルギーの国民負担として「輸入燃料費用」と「再エネ電力

買取り額の合計値」を用いる。後者は回避可能費用（燃料費）と賦課金（サーチャージ）を合計した大きい数値であり，その分「燃料費」は過少になる。

　「再エネコスト」は燃料費を要しないため，基本的なコストは設備に係る固定費（資本費）である。効果と費用が長期にわたり出現する投資である。したがって長期で判断すべき性質のものであり，消費するだけの費用とは性質が異なる。資本費の塊である再エネ投資は，技術革新によりコストは下がるし，実際に下がってきている。また，長く稼働すると劇的にコストが下がる，毎年発生する燃料と異なり将来のインフレの影響をほとんど受けない，燃料代替効果は，将来燃料費や炭素価格が上がる局面では，大きくなる等の特徴がある。

　内外のシンクタンクの試算では，再エネは稼働後15～20年を節目に投資効果がプラスに転じる。日本政府が2015年に行った試算では，目標年次が2030年であり，投資効果が出る前の数字となる。仮に目標年次を2040年とすると，全く異なったものとなるはずだが，ここでは再エネはポテンシャルよりも国民負担が大きく出ると試算された。

　このように，不透明な前提に基づき，再エネ開発量は制約を受けることになった。投資環境の不透明感は，再エネ以外の電源にも漂う。原発と再エネの二項対立となり，各電源の突っ込んだ分析・見通しはなされず，機械的な試算が示された。国民負担を抑えるという理由で再エネを押さえ，自給率向上，CO_2排出削減，低コストの理由で原子力を確保した。火力は，全体需要から原子力，再エネを差し引いた残りであり，6割となる。火力間の配分はコスト，CO_2削減で分配する。このように考えたくなるような割り切った試算だった。

(3) 発電コスト試算（2015/4）
■政策コスト配分等で風力が異常値に
　長期見通し試算の大きな前提となる発電コスト試算では，固有の発電コストの他に，政策コスト，需給調整コスト，インフラ整備等を加味したコストが試算された。つまり政策コスト等，極めて政治的な要素をどう判断し配分するかで数値が変動するわけだが，ここでは，海外では火力並みかそれ以下

との認識が広がっている風力発電コストが，異常に高い数値となった。前提によっては太陽光よりも高いという，常識ではありえない数値だったのである。政策コスト等を再エネとくに風力に手厚く配分するという考え方は皆無とは言わないまでも，世界的には極めて少数派である。ここからも結論ありきの試算との批判が出てくる。

■議論を呼ぶ原子力コスト

一方，再エネ以外の試算も多くの議論を呼んだ。特に原子力に関して，安全対策投資を行うと事故発生確率が下がるという考え方が示されたが，これが科学的か否かについて大きな議論となった。また，廃炉費用，損害賠償，使用済燃料の処理・処分に係る費用等将来負担の評価について議論があった。2016年10月，廃炉費用等の将来負担が大きくなるとして，費用負担のルール変更を含めた議論が「電力システム改革貫徹小委員会」にて検討課題として提示された。やはり委員会ではこれらのコストを過小に評価していたことが判明したと言える。また，予定する再稼働が可能か，再稼働しても手狭な使用済み燃料プールの増設が可能か等のコスト評価以前の問題も指摘された。

更に，コスト検討に要する期間があまりに短いとの批判もあった。小委員会の設置から結論提示まで時間が少なく，旧民主党時代に積み残された論点の多くは議論されなかった。最終審議の前に官邸の了解を取る，未だに報告書が出ていない等の異常ともいえる状況の中で政府方針として決まったのが，この時の発電コスト試算であった。

(3) 接続留保問題（所謂九電ショック，2014/9〜12）

FIT運用開始わずか2年半後の2014年9月，九州電力が先陣を切る形で，再エネ電源の系統への接続を留保するとの発表があった。これを機に他社からも同様の発表があり，政府の場で対応が検討された。その結果，再エネの出力抑制が厳しくなり，再エネ開発に事実上の枠が設定された。

【優遇されるベースロード電源】

太陽光のFIT認定量が大規模になり，全て稼働すると低需要期には供給

過剰になる。過剰時期には，動かさざるを得ない電源の発電量（原子力，最低限の火力等）と需要電力量の差まで，再エネの出力を抑制する必要が出てくる。一定量以上の抑制には収入を補償するルールがあるが，この限度までは太陽光の接続を認められる。これは「再エネ接続可能枠」という業界用語がそのまま用いられた。

■無制限無補償の出力抑制を採用

それ以上の接続には，無制限・無補償の抑制を了解する必要がある。無制限・無補償の出力抑制が条件の投資に対しては，金融機関は慎重になり，投資は難しくなる。系統側の受け入れ体制整備の議論なしでの（議論する前での）ルール設定であり，投資誘因は大きく減じることになった。送配電線分離を事実上 2020 年まで先延ばしし，系統運用や投資負担ルールの議論が滞っていたツケが回ったと言える。

本文で述べたように，EU 指令では，再エネの優先接続・給電，系統増強投資の原則系統側負担等の方針が明記されており，系統容量不足で接続を拒否することはできない。再エネの出力抑制は最後の手段であり，系統側が出動理由を証明する必要がある。また，ドイツでは 95 ％補償されることから，投資への影響は小さい。実際に抑制される量は小さく，補償額は巨額にならない。補償措置は，少ないコストで政策を遂行しうる有効な手段といえる。

九電ショックは，FIT 制度としては海外からは理解しにくい。同じ FIT でも，内外でシステムが異なることが露呈したと言える。電源の種類に拘らず，電源開発が進むと流通設備の増強や運用変更が必要になる。FIT 認定量が 8000 万 kW と 100 万 kW 級電源 80 基分の開発計画が出てくると，再エネであろうがなかろうが，流通システムの増強，系統運用の工夫が不可欠になる。太陽光，風力の出力変動電源の場合は，短期間に突出しうる出力増については，抑制した方が全体コストは低くなり再エネ投資も促進される。欧米の事例を見ても，相当程度再エネが普及した時点でも，実際の抑制量は小規模に留まる。適切な機会逸失に係る保証があれば，投資誘因を減じることはなく，保証料自体大きくはない。

■再エネ投資，FIT 制度に大きな影響

　この九電ショックで，接続を拒否する電力会社や，政策当局への批判が爆発した。真面目に事業を進めている側からは，発生が予想される損失をどうしてくれる，という批判が起こる。一方で，再エネ，特に太陽光発電に係る批判も増えてきた。急増する計画の中には，特に太陽光事業で，発電事業ではなく投機と考える，権利だけ確保してコスト低下を待つような事業者も少なからず登場した。

　諸悪の根源を FIT 制度に求める議論も出てくる。しかし，FIT は日本が初めて採用したものではなく（そのような積極性はそもそもなく），欧州で先行し，普及という点では紛れもなく成功したモデルである。2007〜2008 年のスペイン，2009 年〜2011 年のドイツで太陽光バブルが生じ，ドイツは対策を実施している。その経験を踏まえて，政府は，バブルになる前に迅速な手を打つべきだったし，できたはずだ。再エネ批判，FIT 批判はあまりに単純化しており，課題を総括していない。

　いずれにしても，この「再エネ接続可能枠」は，その後現在に至るまで，再エネ投資がシュリンクする大きな要因となっている。

(4) 回避可能費用の見直し（毎年）

　FIT 電源の調達コストである「回避可能費用」は毎年のように見直されている。全電源の平均変動費用から始まり，個々の再エネの特徴を反映した変動費用と固定費用の組み合わせに変わり，現在の卸市場価格への連動に至っている。再エネ電力を調達する小売会社からみると，調達コストが引上がるあるいは変動し不安定化することになり，懐の小さい新電力の経営に大きな影響を及ぼす。重要施策が頻繁に変わること自体，政策への信頼が低くなる。

　FIT 認定を受けた設備（FIT 電源）から出力した電力の買取義務は，現状は小売り事業者にあるが，2017 年 4 月以降は，原則送配電事業者に移り，その全量を卸市場に販売することになる。需給調整の責めを負う送配電事業者の方が調整することが容易であり，合わせて取引市場に厚みができること

になり，再エネ開発にとってプラス効果が働く。しかし，地産地消を目指す地域の新電力は，その意義が消滅することになる。懸念の声が大きくなる中で，再エネ事業者と小売り会社が FIT 電源として直接取引することも認められた。

　旧電力系に比べて規模の小さい新電力は，制度変更の影響を受けやすい。特に，地域の資源を主に調達する新電力，グリーン電力を主に調達する新電力は，再生可能エネルギーを調達する比率が高くなり，また小さい規模でスタートしており，特に大きな影響を受ける。再生可能エネルギーの取り扱いに国全体が慣れてくるまでの間は，配慮が必要と考えられる。

　例えば，需要の予測に加えて天候の影響も受ける。電力広域的運用推進機関（OCCTO：Organization for Cross-regional Coordination of Transmission Operators, JAPAN）が策定したルールにより，FIT 電力を新旧の小売会社に部分販売する場合，出力の予測および電力量の分配に関しては，原則，送配電事業者が行うことになったが，予測技術の低さや不透明な運用により，新電力は苦労している。

(5) FIT 制度全体の見直し

　上記の出力抑制，回避可能費用基準も見直しの一つである。再エネ普及制度を見直す体制は，省エネ・新エネ部からエネルギー長官官房，電力・ガス事業部を含めた 3 部署合同の委員会に，2015 年 8 月に移行した。再エネ推進は，自由化，系統運用，卸市場整備等，電力システム改革全般に及ぶものであり，前向きの対応と評価できる。

■再エネ開発量を調整できるシステムを目指す

　同委員会が立ち上がった背景には，タリフ等多くの面で有利な太陽光発電開発の動きが急激に広がり，それにより生じた歪みを是正する必要が生じたことがある。長期見通しで決まった再エネ毎の開発見通しを後押しする必要も生じた。要するに，再エネ開発量を，個々の種類の動向を含めて，調整できるシステムを作っていこうということである。個々の開発量の調整は，普及を睨みながらタリフで調整することが基本であるが，上手く調整できな

い，と判断したようである。

　まず，認定した開発計画の見直し，タリフの高い認定量を減らす。8000万kWを超える太陽光の認定量を精査し，空押さえ，仮押さえと判断されるものは認定を取り消す。主たる目的が投機等である事業者は，発電事業者としての資質にかけるとして認定取り消す。また，開発に時間を要する（リードタイムの長い）事業について，認定申請時期の前倒しが可能となる措置をとる。

■FIT制度の本質を変える入札制，長期タリフ見通し

　次に，今後の開発量をコントロールできる仕組みを導入する。入札制と長期タリフ見通しの導入である。これは，FIT制度の本質に抵触することから，大きな議論を呼んだ。

　FITは，kWh当たりの買取価格を，一定の事業収益が見通せる水準で20年間固定するものである。それにより，事業の予見性が高まる，投資や金融を呼びこむ，投資規模が拡大する，スケールメリットによりコストが下がりさらなる拡大を生む，という効果を目指すシステムである。開発事業者が過剰利益となることは全く想定していない。コスト低下に応じて機敏にタリフを下げることで料金支払者の負担を軽減していく。投資拡大という点では，世界的に成功している制度である。機動的なタリフ低下という点では，想定を超えるコスト低下に追い付かない国もあり，きめ細かな変更が可能となるような制度改革を実施している。

　入札制は，国が決める買取り（販売）価格水準を競争による決定に移行するものであるが，入札枠を決めることで開発量を調整することができる。行政コストや応募に要するコストは懸念材料である。特に，財務力に優れた大手事業者が有利となり，地元事業者がハンディを負うことになる。大規模な太陽光発電事業に導入されるが，今後他の再エネにも広がる可能性も否定できない。太陽光のタリフは急激に引き下げられており，入札制なしでも新規開発は難しくなるとの指摘もある。入札が成立するためにはタリフ以上の落札価格になるか，かなり大規模な開発になるのではないかとの声も上がる。

　技術開発余地があり中長期的にコストが下がる可能性の高い風力，太陽光

に関しては，タリフの長期見通しを示して，コスト低下を促すこととしている。しかし，風力を例にとると，コストが下がらないのは環境アセスメントや土地利用規制，接続容量不足等の影響により建設が進んでいないためであり，この制約解消を図ることが先決だと考えられる。FITが目論むスケールメリットが生じる前にタリフ低下のスケジュールを示せば，採算悪化を想定し投資自体がシュリンクする懸念が生じる。

■頻繁な変更は政策の信頼を損ねる

　太陽光以外は目に見えた運転実績はまだ生じていない。FIT制度導入後わずか3年が経過した時点で，制度の本質を変えるような見直しの検討を始めるのは性急に過ぎるのではないだろうか。頻繁な変更は，政策の一貫性に疑問がもたれることになる。確かに，先行する欧州では，徐々に市場原理の導入，入札制の導入が進んでいるが，彼我とは，再エネの普及度合いが全く異なる。成人の仲間入りしつつある欧州とまだ幼児・若年の日本とでは，環境が異なる。一定のシェアに到達するまでは，ぶれない積極策を継続することが非常に重要と考える。

　FITは，再エネ普及策の成功例である。将来にわたって収入が見通せることが投資誘因の基礎である。販売価格が変動し，キャッシュイン予想が困難になることがあってはならない。入札制の議論もあるが，参加者が限られる，コストがむしろ上がるといった可能性があり，慎重に検討すべきだ。「成人」になっているかどうかで判断すべきだろう。幼児の段階で投資がシュリンクすると，元も子もなくなる。

　大規模太陽光発電事業に入札制度を導入することは，一連の見直し案とともに決定された。2017年10月から開始される予定である。いずれにしても，ドイツやEUで行われてきた議論，事実，政策について，予見を持つことなく，結論から照射することなく，正確に認識することが基本である。

(6) 系統運用，インフラ整備の議論
■系統接続が最大の制約
　系統運用，インフラ整備の議論も進められて来ている。FIT等の推進策が

講じられても，実際に建設し，稼働し，発電しなければFITの恩恵を受けるに至らない。資源としてのポテンシャルは大きい場所でも，諸規制により立地が進まない，送電容量が不足している，金融機関が慎重でファイナンスが付かない等の理由で開発されなければ無意味である。規制緩和は徐々に進んでいるが，農地，林地，緑の回廊，自然公園等での立地は容易ではない。継続的な緩和や緩和の周知が重要である。

　最大の制約は，系統への接続である。上記「九電ショック」でも触れたが，送電網が近くにない，あるいは容量が足りなければ建設できない。インフラ投資は，原因者負担の原則で，開発する側が負担するルールであり，大規模事業等限られた条件下でしか負担に見合わない。この点は，少しずつではあるが改善されてきている。

　まず，2015年11月6日にいわゆる「費用負担ガイドライン」が公表され，ネットワーク側の送配電等設備の増強等に係る費用負担の在り方に関する基本的な考え方が示された。インフラ整備に関して一部送配電会社側が負担（料金にて需要家に転嫁）することになった。既存系統までの接続線（電源線）および階層の低い系統での増強投資負担は，従来通り開発者負担（特定負担）であるが，階層の高い送電網（上位2系統）につながる場合は，一部系統側が負担（一般負担）することとなった。

　画期的なことではあるが，まだ制約は残る。一般負担に上限が設けられた。建設する電源の種類ごとに上限に差が生じる。設備利用率の高いと見做される電源は上限が高く，利用率の低い電源は上限が低く設定された。理論値として原子力，石炭，LNGは70%を採用される一方で，陸上風力は20～23%，太陽光は12%である。ここから，一般負担の上限値は原子力，石炭，LNGがそれぞれ4.1万円/kW，陸上風力2.0万円/kW，太陽光1.5万円/kWと格差が生じることとなった。これは，「費用負担ガイドライン」を受けて，電力広域的運営推進機関が指定し，2016年3月に公表された。

■ここでもベースロード優遇の影響

　設備利用率が高い，すなわちインフラを多く利用する電源の負担が軽く，逆の場合は負担を重くする理由は何であろうか。頻繁に利用するものはイン

フラ投資の価値があるという理屈のように思える。しかし，道路建設等インフラは需要があれば建設し，頻繁に利用するものが多く負担する。ネットワークとして既存インフラにもつながりインフラ全体の有効利用に寄与する。このように考えると，依然として「ベースロードは重要」という既存の価値観の影響が見て取れる。太陽光発電協会（JPEA）は「ベースロード電源を優遇し，太陽光や風力などを劣後させている。このような旧来の考え方で系統を整備した場合，2030年に再エネ比率22〜24％という国のエネルギー政策と整合していない」と批判している。

地域間連系線の利用に関して，現在，電力広域的運営推進機関にて議論が行われている。従来の先着優先を原則認めず，スポット取引を優先する「間接オークション方式」を導入する方向で検討が進められており，2016年末までに取りまとめられる予定である。発電事業者（卸電力会社）と既存小売り電力会社との間で20年程度の長期契約で容量が押さえられており，新規参入者の使える枠に大きな制約があった。これが入札により決まるようになれば，再エネの広域流通に寄与することが期待される。経過措置や導入時期も関心事項であるが，基本的に大きな前進である。

4　日本の現状を踏まえた各章の総括

前項では，日本のエネルギー政策に係る検討状況について，エネルギー基本計画策定以降に焦点を当てて，再生可能エネルギーを主に解説してきた。最後に，上記紹介した日本の現状との関わりで，各章の論点を整理しておこう。

第1章を担当した**内藤克彦**は，環境省にて温暖化対策，環境影響評価，エコカー推進等を担当した経験をもち，その視点は政策的かつ包括的である。EUの環境政策，再生可能エネルギー政策は，世界をリードするものとして自他ともに認識され，参考とされてきているが，実は，根拠に遡って正確に整理した論考・文献は意外と少ない。例えば，ドイツの政策はよく研究の対象となるが，EU政策と同国政策の関係をきちんと把握することは，正確な理解につながる。周知のようにEUでは，加盟国の電力自由化政策の背景として，3次にわたる自由化指令が存在した。再生可能エネルギー推進の背景

には，2011年12月に取り纏められた「Energy Roadmap 2050」が存在し，それを内藤が詳しく紹介しているわけだが，こうした基本的なことが，わが国では意外と認識されていないように思える。

本章のもう一つの意義は，各国の温暖化対策とその効果を，正確に認識できることである。気候変動枠組条約事務局（UNFCCC）に提出された共通フォーマットから各国を比較することで，日本がどの位置にあるかを客観的に示している。温室効果ガスの最大の排出源は自動車と並んで電力であり，火力発電である。発電サイドの対策と評価は最も重要であり，世界的にはそれが分かるような分類となっている。ところが，日本では，温室効果ガスの排出源は需要家サイドであり，発電所由来のCO_2排出の影響が分かりにくくなっている。

欧米では，発電由来の排出は減少傾向にある。日本では，3.11後の原発非稼働の影響を考慮しても，発電セクターは増加トレンドにある。需要家サイドが省エネ努力をしても，供給を受けるエネルギー源のCO_2原単位が上がれば効果が相殺される。経済団体は低コスト電力の意義を強調する傾向があるが，電力の低炭素化が進まないと自身の環境コストが増えることになるが，その認識があるのだろうか。

続く**第2章**で**山家公雄**が紹介する「2014年改正再生可能エネルギー法」は，言うまでもなく現在の制度である。しかしそれは，不断に行われてきた制度見直しの集大成と位置付けられ，それゆえ，過去に遡ったドイツの政策を議論するには，現行制度に関する理解が不可欠なのだ。

FITは原則FIPに変わり，市場と調和する制度に変わる。市場取引価格を基に，投資の予見性を損なわない程度のプレミアムを保証する。一方，計画値を実際値に合わせる努力を促し，市場価格がマイナスになるときはプレミアムを保証しない。予測力の強化，どのように設備を稼働させるかの判断が求められる。FITを廃止したことをもってFITが失敗したかのような解説があるが，その実FITは発展しているのであり，投資予見性維持という原則は残っている。

再エネが普及するにつれて，いかにして市場と調和させていくかという課題は，当初から誰もが考えていたことである。ドイツをはじめ欧州は，再エ

ネは着実に成長し競争力をもってきたという証でもある。ドイツでは，市場との調和策の嚆矢は2009年に遡るが，まだ「再エネ幼児」とも言える日本が，直ちに「再エネの青年」レベルにある国々と同様にFIPを採用する性質のものではない。

日本では電力価格上昇がやり玉に挙がるが，再エネ普及が先行するドイツは，卸市場価格はノルドプールに次いで低い。この効果は広く及んでいる。産業用料金は高くない。EUが実施したエネルギー多消費型産業の電力コスト調査では，ドイツがポーランドと並んで最も低かった。家庭用料金は一見高く，確かに課題になっており，最近増えている再エネ賦課金を押さえようとする動きはある。しかし，燃料費を再エネ資本費が代替する過程であり，長期的には炭素コストを含めて低下効果が上回る。エネルギーヴェンデの一方の柱は省エネである。プロシューマーが増えるにつれて，購入電力量は減っていく。購入料金水準が高いとしても，消費量は減り支払い料金総額は減っていく。

2016年改正再エネ法（EEG2016）は，2016年8月に決定された。目玉は入札制の導入である。新規の中・大規模事業に適用されるが，FITのタリフ水準が競争で決まるということで，決まった水準は20年間保証される。政府にとり量的なコントロールをしやすくなるという効果はある。再エネ増加が想定を超えており，インフラ整備やコスト，周辺国への調整等が難しくなる懸念があったが，ターゲットコリドーの上限までに厳格に抑える当初案は後退し，少し柔軟性をもつものとなった。バッファーと位置つけられた陸上風力関係者の猛反発に配慮したと考えられる。

第3章は，自由化，構造変革を専門とする**長山浩章**らしく，再エネ普及の効果と課題を制度全体から捉えている。

英国は，産業革命発祥の地であり，石炭を利用した蒸気機関の活躍等で，エネルギー革命を起こした。自由化・規制緩和のトレンドは，1970年代の新自由主義が大きな影響を与えたが，その中心にサッチャー首相の政策があった。同国の電力自由化も，1970年代後半にその嚆矢があり，やはり世界に先駆けて大きな影響を及ぼした。

エネルギー自由化は世界に広がり，地球環境問題や再エネの急激な普及と

その影響が話題になってきている中で，英国への注目度はやや低くなってきているようにみえる。エネルギー消費大国である米国は，シェール革命で再びエネルギー生産国の地位を回復している。最大の消費国となった中国は，輸入量の増減でエネルギー市場に大きな影響を及ぼし，最近では最大の再エネ大国となった。

再エネに関しては，欧州大陸が牽引してきている。FITをはじめドイツの制度は世界に伝播した。デンマーク，スペイン，ポルトガル，スカンジナビア諸国は再エネ比率が高く，予測や市場取引が活発であり，再エネ普及と電気信頼度維持を両立させている。それでも英国は重要な国であり，その斬新なエネルギー政策は話題に上る。日本では残念ながら，自由化は必ずしも上手くいくとは限らないとの文脈で語られることが多い。「自由化先進国の英国では供給力が不足し，電気料金が上がる」という捉え方だ。英国が課題を抱えているのは事実だ。再エネ以外の電源開発が停滞し，原子力や石炭火力の老朽化が進み，天然ガスは燃料調達が隘路になっている。安定供給や温室効果ガス削減のために，高コストの原発新設を実施せざるを得ない。再エネと原子力だけだと需給を維持する柔軟性に欠ける。

北海油田・ガス田の存在が少し油断を生んだのかもしれないが，英国の政策が失敗したとは言えない。本章での解説にあるように，その時々で真剣に議論し，臨機応変に対応してきている。洋上風力や海洋エネルギーでは世界をリードしている。計画された洋上風力や原子力が運転開始すれば，輸出国になる。国際連系線が整備されれば，柔軟性の問題は解消される可能性が高い。

その時々で真剣に議論し，臨機応変に対応してきたが故に，英国の制度は複雑で理解に時間を要する。常に大きな制度変更を行っている印象があり，フォローが容易でない。本章は，こうした複雑な制度の変遷や現状を，豊富な資料を基に，詳しく分かりやすく解説している。

第4章を担当した**加藤修一**は，地球環境経済の専門家であるが，政治家としても，参議院議員を3期の務め，その間環境副大臣も経験している。それゆえ加藤氏の環境・エネルギー政策に係る造詣は多様で深い。エネルギー自給率8割，世界最高の再エネ比率を実現し，それを梃に最貧国から富裕国へ

終章　日本の再エネ政策と本書の関わり | 343

と変貌を遂げたアイスランドに着目したのは，政治家としての視点があるのだろう。同時に，そのエネルギー政策のベースや今後の方向を考察する上で，EU 全体の政策，国際連系線の対象となる英国に関しても詳細な分析を行っている点も，大いに参考になる。

　一般に，極に近い国は水力資源が豊富であり，風も強い。火山帯に位置する場合は地熱資源も豊富である。北海や北極海のように化石燃料に恵まれた地域もある。スカンジナビア諸国は水資源が豊富で，国際連系線を通じて，欧州大陸に調整力を更に供給するシナリオがあり，当事国は真剣である。風力・太陽光の比率が高まるにつれて，その構想は現実味を帯びてくる。英国にとり，自然調整力を持つ最も近い国がアイスランドである。アイスランドは，まだ再エネ資源のポテンシャルの数分の一しか利用していない。さらなる普及，国勢伸長を目指すためには，水素化とともに連系線建設が鍵を握る。

　アイスランドと似た国として，地球の反対側に位置するニュージーランドがある。やはり，水力，地熱，風力が豊富で，水力と地熱で電力の 8 割を賄う。2025 年には再エネ比率 9 割とする目標を掲げる。ニュージランドは孤立系統であり，化石燃料資源も存在し，豊富に存在する風力，太陽光，バイオマスを使いこなしていない。天然ガスを LNG として，再エネをアルミニウム等金属製品や水素として輸出する構想もある（アルミニウム製錬は既に重要産業）。国際連系線は，建設するとすればオーストラリアとの間となるが，同国も資源大国である一方，需要は小さく，現実性に欠ける。

　日本は，再エネ資源は豊富にあるが，それを利用せずに化石燃料の輸入や原子力に依存してきた。再エネ普及はこれからである。一方，東アジア地域でも国際連系線の可能性を探る動きが出てきている。サハリン，朝鮮半島，極東ロシア等，いずれも日本から遠くはない。「アイスランドは小さい国だから可能なケース」と思い込むよりも，そこから何を学ぶかに意識を転換する必要がある。その意味で，実践的な政治課題としてアイスランドを研究対象とした意味は大きい。

　第5章の議論は，カーター政権の時に成立した公益事業規制政策法（PURPA）の意義の解説からは始まるが，ここが長い電力研究歴，特に米国

電力動向に関する長期の蓄積を持つ**飯沼芳樹**ならではである。石油危機直後に誕生したカーター政権は米国のエネルギー政策の歴史において大きな節目となった。再エネ・コジェネの導入促進だけでなく，石油に代表される国内重要資源の輸出抑制，原子力発電の再処理路線からの変更等である。背景として，国内資源の枯渇が見えてきたことが大きい。その後の自由化推進，再エネ普及，原子力のコスト問題等を考えると，先見の明があったと言える。ドイツのFITの原型を考えていたことも米国の知恵を感じる。

紙幅の制約で触れられていないが，最近の米国での再エネ普及は目覚ましいものがある。市場原理が尊重される米国では，普及は政策支援を含めたコストにより決まる。電力取引市場は，限界コスト（変動費）の低いものから落札されるが，燃料費がゼロの風力・太陽光は最初に落札される。長期取引でも，相対の売買契約（PPA）で低価格で成立してきている。風力は，kWh当り2～3セントでの契約が珍しくない。PTC効果を割り引いても4～5セントである。メガソーラーは，5セント台が登場している。ITC効果を割り引いても6～7セントである。

卸取引市場の整備も特筆される。連邦エネルギー規制委員会（FERC）は，1990年代以降関連のオーダーを適宜発し，市場整備を着実に進めてきた。独立系統運用機関であるISOやRTOの創設，情報の公開と流通システムの整備，送電計画策定等における関係者の参加，公益的な事業を優遇するタリフの創設等である。その結果，インフラの利用率は高まり，公平な価格形成メカニズムが浸透した。新しい技術である再エネの普及に，この公平・中立な市場環境が寄与したと考えられる。

第6章を執筆する**安田陽**は，元々は風力発電関連技術を専門としているが，IEAやEUの研究会に日本代表として参加するうちに，欧州の系統問題，再エネ政策，市場問題を熟知するようになったという。それだけに，スタンダードと個別の問題を見分ける視点は本章の特徴となっている。

電力の自由化，構造変革，再エネ推進に関して，日本は周回遅れとなった。3.11を機にキャッチアップに努めている状況だが，先行する国の正確な情報が伝わり難い中で，世界的には奇妙な政策も登場する。安田はまず，彼我の違いを俯瞰した後，技術的考察，政策的課題，市場的課題と論を広げ

る。いずれも自由化推進や再エネ普及にとり根本的に重要な事項であるが，中でも系統連系問題の技術的考察で「バックアップ電源」と「柔軟性」の違いを解説した点は，専門家にとっても眼から鱗が落ちる内容になっている。また「市場メカニズムによる系統運用」を分りやすく解説することが，さらに理解を補完している。「メリットオーダー曲線と VRE の優先給電」を理解することが，自由化や再エネ普及効果の理解につながるからだ。

　風力・太陽光の変動する電力はほぼ同量の大規模火力発電容量の待機を要する，という考えは根強い。再エネ普及のせいで火力の利用率が低くなりコスト高を招く，という議論も同根である。これは政府のコスト試算をはじめ常に前提となり，再エネ拡大の制約となる。しかし，変動性再エネが主用電源となるに伴い，変動を調整するあらゆる「柔軟性」の選択肢が，コストの安い順に，市場で選択されるようになる。日本では火力に次ぐものとして蓄電池や水素が挙がるが，これはコスト的には最初の選択肢ではない。給電指令によるのではなく，市場を利用して調整力を調達する「系統運用と市場設計との組み合わせ」方式をとる場合，「出力予測」が決定的に重要な技術となるのだ。

　政策面では，安田はインフラ投資のコスト負担に係る神話を一刀両断にする。再エネ開発者による「原因者負担の原則」ではなく，消費者全体による「受益者負担の原則」が世界的には一般的な考え方である。日本では，改善の動きはみられるが道半ばである。送配電事業運営に係る基本原則である「透明かつ非差別的なルール」はまだ徹底されていない。潮流や空き容量等に関する情報公開が不徹底との批判が常に生じ，それが「接続可能量」という名の接続制約を生む土壌になっている。

　さて，日本のエネルギー政策は，特に再エネ推進策に関しては，概して分かりにくく，かつ頻繁に変更される。一例として毎年のように変わった回避可能費用の考え方が挙げられるが，より本質的な制度変更も続いている。量を制御する RPS から価格を制御する FIT に変わったわけだが，短期間に（再エネが普及する前に）FIT とは異質な入札制度や価格目標が混入する。自由化や再エネ推進は，欧米が先行し，その考え方や進め方は参考になる。羅針盤があるともいえる。しかし，欧米の状況が正確に伝わっていないのか，理解

しようとしないのか，既存システムに遠慮しているのか，羅針盤通りとはならない。羅針盤に沿った分かりやすい部分と日本独自の分かりにくい部分が混合し，混乱する。「接続可能量」，「ベースロード電源取引市場 / 先渡し」，「調整力やインフラ整備に要するコストは再エネが負うべき」等である。

第7章では，法学者であり再エネ政策に係る主要な政府委員会の委員でもある**高村ゆかり**が，こうした日本の現状について率直にレポートしている。高村も触れているが，地域資源，再エネ資源を主に活用する事業モデルは，回避可能費用の変更，FIT電力買取り義務者の（送配電事業者への）変更，不透明なVREの出力予測と分配ルール等により，翻弄されている。大局から離れてパーツ毎に様々な委員会，小委員会，WG等で議論され，かつ下部組織が重要だったりもする日本の現状の中で，全体を俯瞰すべくフォローしようとすると，多大な労力を要する。高村は淡々と指摘するが，こうした現実を改善することなしに，効果ある再生エネルギー導入は進まないだろう。

第8章で稲澤泉が行った発電コスト分析は，個々の発電技術のコスト比較を通じて，将来の電源構成の在り方を考察・決定する上で大きな役割を果たす。一般に単位（kWh）当たりの長期平均費用を示すLCOE（Levelized Cost of Electricity）について，モデルプラントを用いて試算される。日本でも，2015年の長期見通しにして2030年のエネルギーミックスが示されたが，いわば突貫工事的な拙速な議論で発電コスト試算が行われた。モデルプラントの前提の置き方，政策コストや事故発生確率の考え方等により，試算されるコストはかなり変わるが，日本のそれは，最近の世界の動向と比較すると，再エネ特に風力が異常に高く，また原子力は多くの議論すべき問題が残っている。

稲澤は，「LCOEは規制時代に活躍した人為的に制御可能な電源の分析には適しているが，自由化の環境で，変動し制御に技術を要する再エネが普及するような時代には，モデルに工夫を要する」としているが，編者は，この箇所に関しては違和感がある。風力や太陽光のVRE（Variable Renewable Energy）は，LCOE分析にマッチしていると考える。LCOEは実際のコストを反映するからだ。すなわちVREは燃料を要せず，コストの殆どは設備に関する固定費であり，長期にわたり変動しない。一方，多額の燃料費が発生するプラントは，長期にわたる燃料価格，炭素価格，インフレ率の変動を予

想しなければならない。VRE を対象に相対の長期電力売買契約（PPA：Power Purchase Agreement）が成立しやすいのは，このためである。20 年程度の超長期になると，VRE の独壇場となる。

　また VRE は，短期的には出力が変動するが，長期的な発電電力量は安定しており平均コストも安定する。一方，火力発電は，出力は制御可能だが，コストは変動し予想が難しい。ミックスを考える場合，短期出力の変動だけではなく，（超）長期コストの安定性も考慮されるべきなのである。米国を主に，VRE の PPA が増えてきている。その意味で，VRE と調整力や環境面で優れるガス火力の親和性が高くなる。

　第 9 章で**中山琢夫**が焦点を当てたのは，ローカルな分散型エネルギー事業と自治体の役割である。3.11 東日本大震災以降，日本の自治体にとりエネルギーは身近なもの，自ら政策として考えていくものになった。主役になる再エネ，省エネは地域資源であり，雇用や技術，産業を生むものとして期待できる。電力の全面自由化開始とも相まって，再エネを利用した小売り事業を行う地域エネルギー会社も登場してきているが，そうしたアクターは地域住民のエネルギーに対する意識改革を喚起し，事業に対する期待も大きくなってきている。

　エネルギーシステムは，大規模長距離一方通行の従来型から，小規模分散双方向型を内包するシステムに変わっていく。分散型システムは，需要家と供給者の区別がつきにくいあるいは渾然一体となった所謂プロシューマーが活躍する世界である。これに対応するシステムは，地域主導で構築するのが効率的かつ持続的であるのかもしれない。米国でも，カリフォルニア州の州都であるサクラメント市，テキサス州の州都であるオースチン市での電気事業者は市営であり，時代にあった効率的なシステムとの評判をとっている。

　ドイツのシュタットベルケが最近日本でも注目されてきていることには，こうした背景がある。しかしもともとドイツは，国が統一されたのは新しく，地方の権限が強い。実際，約 900 もの配電会社が存在する。中央集権の度合いが強い日本では，中山も指摘するように，全てが参考になるわけではないし，ドイツ国内でも，その存在がエネルギーの効率性を妨げているのではないかと疑問視する意見もある。電力は一般に広域的に運用する方が，効

率は良くなる。シュタットベルケの数は多く，一言で括れない。時代の趨勢を見据えた効率経営を目指しているところもあれば，そうでないところもある。その点ではさらなる研究が必要な分野であろう。

第10章で**尾形清一**が論じるのは，再生可能エネルギーの社会受容性である。FIT制度は，設備が立地し稼働して初めて効果を発揮する。再エネは環境にやさしいエネルギーであるが，地元等に反対されるケースがある。特に地熱や風力はその傾向があり，普及の際に頭の痛い問題となっている。心ない開発者の影響もあり，太陽光も警戒されるようになってきている。早期かつきめ細かな地元への対応が重要になる。一方で，科学的根拠に基づかない感情的な反対論にはきちんと説明することも重要である。

最近，地域で再エネ開発に適した場所とそうでない場所について，地域住民にも入ってもらい，合意することの重要性が認識され始めている。所謂「ゾーニング」である。平成25年11月に「農山漁村再生可能エネルギー法」が成立し，平成26年5月に施行された。農水省版のゾーニング政策といえる。その後，環境省も一般的なゾーニングについて，実証事業を募集するなど，推進策を進めてる。ドイツ等先行する海外の事例を参考に，日本でも再エネ普及を後押しするゾーニングの仕組みが整備され，進捗していくことが期待される。

5　エネルギー神話は神話になった

再生可能エネルギー（再エネ）は，国産でCO_2を排出しない資源であり，最大限利用するべきだが，以下のような留意すべき課題があるので，「国民負担」を考えて「最大限」を厳密に検証しなければならない，というのが現在の日本の再エネ政策であろう。

留意すべき課題の「定義」は，コストが高い，風力・太陽光のようなVRE（Variable Renewable Energy，日本では自然変動電源と称される）は天候任せで自ら制御できない，適地は地方が多くインフラ整備が必要，そもそも日本に適地が少ない等である。この定義から多くの「定理」が導かれ，神話が流布する。再エネ普及により国民負担は増加し，産業競争力に負の影響を及ぼす。電源はベース，ミドル，ピークの3種類であり，ベースが特に重要だ

が，制御不能なVREはどれにも当てはまらず，電源ではない（電源だとしても価値は小さい）。利用率が低く既存のネットワークから離れたところに立地する再エネのインフラ整備費用は，開発側で負担すべき（原因者負担）である。

本書で，世界の再エネを巡る動向や政策を見てきたが，以上の論点は，次のような整理となる。まず，日本は再エネの適地であり，風力，地熱，水力，バイオマス等膨大なポテンシャルが存在する。

次にコストであるが，海外特に欧州では，明確な普及政策と業界の努力が相まってで急激に下がってきており，風力は火力並みかそれ以下になった。太陽光のコスト低下はさらに大きく，電気料金の高い民生用を中心に割安になってきている。必要なコストの大部分が初期投資で燃料を要しないVRE（水力，地熱を含む）は，コストを燃料費から資本費へ，輸入燃料から国内投資へ，CO_2排出から排出ゼロへ変えていくのである。一定の投資継続を前提とすると，その効果は累積的に効いてくる。設備は量産効果で長期的に下がる。耐用年数を超えて稼働するとコストは劇的に下がるが，ハードやメンテナンスの技術進歩で，稼働期間は長くなる。コスト計算は，この投資効果を考えて，長期で見る必要がある。

VREは，様々な分野の革新により，技術的問題はほとんどなくなってきた。すなわち，気象予測技術の進歩，期近を含む取引市場の整備，広域を含む系統運用システムの整備，変動を吸収する柔軟性技術（フレクシビリティ）の広がり等である。柔軟性は，火力だけでなく，水力，コジェネ等マイクロ火力，揚水発電，連系線，蓄電池，デマンドレスポンスに代表される柔軟需要等，多く存在する。VRE自体も柔軟性を持つ，風力はブレード（羽根）の角度を変えるだけで短時間にて出力抑制できる。低出力で運転にしておいて機敏に出力を上げることもできる。パワーエレクトロニクスを駆使して周波数や電圧の制御もできる。一定出力の印象のある原子力，石炭も柔軟運転は可能であり，実践している（せざるを得ない）。要するに，殆どの技術は柔軟性を持っているのだ。

ベースロード電源という言葉自体意味を持たなくなってきている。変動費（限界費用）の低い技術から選ばれる市場のメリットオーダー効果により，

再エネは優先的に利用されるが，再エネの便益を活かし優先的に使うべきとの社会ニーズとも合致する。再エネが増えるにつれて，需要量と再エネ発電量の差である「ネット需要（残余需要）」を他の電源で，入札によりカバーすることになる。これらは柔軟電源として括ることができる。一時的にせよ，各国で再エネ比率6～9割でも制御できているのは，市場メカニズムにより柔軟性が機能しているからである。

　インフラ整備は，コストではなく，文字通りインフラへの投資である。大規模・集中・長距離・一方通行型から小規模・分散・近距離・双方向型が並び立つシステムを構築していく必要があるが，これは新しい時代のネットワークを構築するもので，割り込んでくる再エネのためだけに整備するものではない。海外ではそうした認識であり，整備に要する負担は，開発者（原因者）負担ではなく系統（受益者）負担が一般的である。

　日本では，まだ日本の特殊性を強調する傾向が抜けない。諸外国で，電気信頼度を損ねずにVREが普及してきている事実を隠せなくなると，日本とは状況が異なるとの説明がなされる。ドイツは欧州大陸の真ん中に位置し隣国との流通が可能である。アイスランド，デンマーク等は小国で需要規模が小さいので再エネ比率が高くても対応できる，日本は南北に長い串形のネットワークでありまた50ヘルツと60ヘルツに分断されており広域流通に制約がある等である。

　しかし，欧州の事例を見ると，説得力に欠ける。ドイツは，製造業を主とする経済大国で需要規模は大きいが再エネ割合は高い，再エネは主に北に立地するが需要は南に多く南北の流通設備が隘路になっている，東の隣国ポーランドとの流通は制約がある等の特徴がある。イベリア半島（スペイン，ポルトガル），アイスランド，アイルランド等は系統的に孤立しているが，再エネ比率は高い。世界3位の経済規模を誇る日本の系統規模は大きく，西日本，東日本はそれぞれ大きな市場であり，流通設備もしっかりしている。

6　最重要政策としての環境・エネルギー政策

　本書では，欧州を主に世界の再エネ政策をみてきた。EUでは，明確な温室効果ガス削減目標の中で，エネルギーの域内自給増や新たな産業創造を加

味した数値目標を伴った再エネ推進方針は明確であり，インフラ整備を含む実効性のある指令や提案が出されている。加盟国はその枠内で具体的な政策を打ち出している。目的は必ずしも同じではないが，ほぼ同時に進めてきた自由化，構造変革政策は，公平で効率的な市場取引の整備，中立なインフラ事業者の登場を生み，再エネ特にVREの普及を後押ししてきた。

推進策では，特にドイツが進めた固定価格買取制度（FIT）の普及効果は大きく，世界に伝播し，再エネの低コスト化を促した。ドイツでは「再エネのコスト低下は，ドイツと中国の普及初期段階における貢献が大きい」との認識もある。自由化をリードしたスカンジナビア諸国やイギリスは，エネルギー市場取引の基盤整備をリードした。再エネ比率の高いデンマーク，スペイン，アイスランド等も独自の対策と工夫を実践してきた。市場主義の国アメリカは，自由化や市場整備に関しては一方の主役であり，欧州と並んで世界をリードしてきた。欧州に比べて秩序だった再エネ推進政策に欠ける面があるが，市場が受け入れるときの推進力は強い。欧州FITと中国低コスト生産が相まって，再エネコストが下がり，米国の市場が本格的に受入れ始めた。「再エネ設備の工場」となった中国は，導入面でも短期間で世界最大になった。再エネのコスト低下は，他の国々に伝播し，COP21のパリ協定を世界の国々が受け入れる素地を形成した。

世界は，日本が思っている以上に環境やセキュリティ，新たな産業創出を真剣に考えており，政策面でも各国は多大な努力を続けてきた。日本は環境にあまり熱心でないという認識を持たれつつある。パリ協定批准が遅れたのも，想定以上に速かったという面があったにしても，認識の甘さが背景にある。自然エネルギーは豊富で技術力もあるが，エネルギー自給率が極端に低い日本は，本来再エネ普及の恩恵を最も受けるはずである。最重要政策として今こそ真剣に方向転換を図るべきである。

おわりに

　本書は，再生可能エネルギー経済学講座にとって，記念すべき最初の出版物である．各著者の論考を集めたものであるが，著者は講座のメンバーないし準メンバーであり，講座の研究成果や趣旨を理解している．基本思想は，再生可能エネルギーを日本で普及していくためにどうしたらいいか，先行する諸外国から何を学ぶかである．

　再エネ講座は，植田教授と山家が中心となり，運営を開始した．本書の構成は，主に植田教授が取り纏められ，出版社との調整も植田教授が行われた．研究会は主に山家が担当したこともあり，二人で編集することとなっていた．しかし，途中で植田教授が体調を崩されたこともあり，作業が遅延する中，編集は山家が行うこととなった．編集の作業や京都大学学術出版会との調整は，再エネ講座の尾形清一特定助教が担当した．アメリカでの研究から戻られた諸富徹教授のご指導をも受け，何とか出版を実現することができた．

　高村ゆかり名古屋大学教授，飯沼芳樹一般社団法人海外電調査会調査部門長には，ご多忙にも拘わらず，講座の趣旨に賛同され，講演や本書の執筆にご協力いただいた．この場を借りてお礼を申し上げたい．

　京都大学学術出版会の鈴木哲也編集長には，大変お世話になった．再エネ講座の性格から，一般読者にも読んでもらえるような，分りやすい内容と形式とする方針をメンバー間で確認していた．一方で，執筆者の多くは学者及び経験者であり，学術論文的になる．今回は，一般書と学術書が融合したようなものとなっている．学術書の編集に携わってこられた鈴木編集長は，編集に戸惑われたのではないか．こうした面も大学と民間の共同研究講座であるが故の特徴であろう．

　本書は，再生可能エネルギー推進・普及という方向性に軸足を置いている．内外の情勢を見るに，その蓋然性は高いと考えられる．その上で，客観的な事実や情勢を基に中立的，科学的に纏めている，と考えている．京大再エネ講座の基本的な視座である．エネルギーに関心を持たれる一般，産，学，官の方々に参考となれば幸いである．

2017年2月　　　　　　　　　　　　　　　　　　　著作者代表　山家公雄

索　引

1992年エネルギー政策法（米国）　186
2005年エネルギー政策法（米国）　182
2014年増税防止法（米国）　186
2014年改正再生可能エネルギー法（ドイツ）　340
2016年改正再生可能エネルギー法（ドイツ）　341
30日等出力制御枠　220
6段階ビジョン　168

ABB社　161
Banding →差異化
BETTA →英国電力取引送電制度
CAPEX型のシステム（設備費型のシステム）　22 → OPEX型のシステム
CECRE →再生可能エネルギー制御センター（スペイン）
CfD →差額決済契約
COM/2015/80 Final（EU委員会コミュニケーションペーパー）　23
COM/2011/0112 final（EU委員会コミュニケーションペーパー）　18, 21
Community acceptance →地域受容性
COP →気候変動枠組条約締約国会議
CPF →炭素価格の下限値
Danish Climate Policy Plan, Aug.2013（デンマーク）　58, 60
Danish Energy Model（デンマーク）　55
DG-energy（EU）　40
Directive 2009/28/EC（再エネ導入ダイレクティブ　EU）　33
DSIRE（再生可能エネルギー開発およびエネルギー効率向上に対するインセンティブ措置に係るデータベース　Database of State Incentives for Renewables & Eciency）　185
DSO →配電事業者
EEA →欧州経済領域　153
EEG →再生可能エネルギー法（ドイツ）
EESS →ヨーロッパエネルギー安全保障戦略
EEX →電力取引市場（ドイツ）

EMR →電力市場改革法案（英国）
Energiewende（エネルギー大転換　ドイツ）　23
Energy High Way 2050（EU）　36
Energy infrastructures（EU）　33
Energy Roadmap 2050（EU）　21
EnergyUnion（EU）　23
ENTSO-E（欧州TSO調整団体）　33, 159, 164
EPEX-Spot（ドイツ・フランス・オーストリア・スイスの地域統合電力取引市場）　72
ETS →排出量取引制度
EU →欧州連合
FIDeR（再エネプロジェクトへの投資契約　Final Investment Decision Enabling for Renewables　英国）　128
FIP（Feed-in Premium）　340 → FIT
FIT（固定価格買取制度　Feed in Tariff）　37, 65, 74, 113, 123, 181, 184, 207, 254, 267, 351
　FITの賦課金　90
　FITからFIPへの以降　340
　FIT省令　219
　FIT制度の見直し　335
　FIT法　240
FIT-CfD（差額清算型固定価格買取制度）　129
欧州各国の固定価格買取制度　254
G8ラクイラ・サミット　15
　温室効果ガス排出量の80％以上削減合意　15
GHG →温室効果ガス
HORIZON2020（EU中期成長戦略イニシアチブの一つ）　169
Iceland 2020（アイスランドの持続可能な成長戦略）　146
IceLink事業（アイスランドの国際連系線事業）　159
Integration of electricity from renewables to electricity grid and to the electricity market

（EU） 40
IPCC（気候変動に関する政府間パネル Intergovernmental Panel on Climate Change） 15
IRENA（国際再生可能エネルギー機関） 153
ISO（独立送電系統機関 Independent System Operator） 71, 216, 344
ITO →法的分離
JEPX →日本卸電力取引所
LCF（徴収調整フレームワーク Levy Control Framework 英国） 125
LCOE →均等化発電原価
Market acceptance →市場受容性
MPHGER（水力・地熱再生可能資源マスタープラン アイスランド） 149
NETA（新電力取引調整制度 New Electricity Trading Arrangement 英国） 109
NFFO（非化石燃料義務 Non-Fossil Fuel Obligation 英国） 110
NIMBY（Not In My Back Yard 自分の近所以外なら） 309 → PIMBY
OFTO →洋土送電事業者
OPEX 型のシステム（燃料費・運転費型システム） 22
Our Future energy NOV.2011 51
Power of Transformation-Wind, Sun and the Economics of Flexible Power Systems 2014（IEA 文書） 76
PAR（平均基準価格 Price Average Reference） 127
PIMBY（Please In My Backyard 自分の近所へ） 309 → NIMBY
Powernext（フランスの電力取引市場） 72
PRA →確率論的リスク評価
RO（再生可能エネルギー義務制度 Renewables Obligation 英国） 110
Road Map 2050 24, 143
Roadmap for moving to a competitive low carbon economy in 2050 19（EU 文書） → COM/2011/0112 final
ROC →再生可能電力購入義務証書（英国）
RPS →再生可能エネルギー利用割合基準
RTO →地域送電機関（米国）
RWE 社（ドイツ） 73

Socio-political acceptance →社会政治受容性
TRENDS to 2050（EU 文書） 24
TSO →送電事業者
TYNDP（ネットワーク増強 10 年計画 EU） 33
　　TYNDP 2014 159
UKPX（英国の電力取引市場） 109
UNFCCC（気候変動枠組条約事務局） 24-25
UNU-GTP（国連大学地熱研究プログラム） 153
VRE →自然変動電源
well-being 323

アイスランド 141, 343
　　アイスランドエネルギー戦略（NREAP） 146
　　アイルランドの固定価格買取制度 257
　　総合エネルギー戦略（CES アイスランド） 146
　　データセンター（DC アイスランド） 154
　　Iceland 2020（アイスランドの持続可能な成長戦略） 146
　　IceLink 事業（アイスランドの国際連系線事業） 159
　　MPHGER（水力・地熱再生可能資源マスタープラン アイスランド） 149
アグリゲーター 83
アジェンダ SDGs（『我々の世界を変革する—持続可能な開発のための 2030 アジェンダ』） 172
アラスカ恒久基金（APF） 166
アルミ精錬 154
アンシラリーサービス 55, 206
アンシラリー市場 55, 228
アンバンドリング 71
飯田市 318
一般送配電事業者 212
一般負担 215
イノベーション 21
インセンティブ政策 156
インセンティブの欠如 44
インバランス料金 208
インフラ整備 337, 349-350

索　引 | 357

運用分離　71
エーオン社　73
英国
　英国電力取引送電制度（British Electricity Trading and Transmission Agreements：BETTA）　109, 113
　固定価格買取制度　256 → FIT
　サッチャー政権　156
　再生可能エネルギープロジェクトへの投資契約（Final Investment Decision Enabling for Renewables）　128
　再生可能電力購入業者証書（Renewable Obligation Certificate：ROC）　118
　再生可能エネルギー利用割合基準（Renewables Portfolio Standard：RPS）　84
　再生可能エネルギー義務制度（Renewables Obligation：RO）　110
　新電力取引調整制度（New Electricity Trading Arrangement：NETA）　109
　電力市場改革法案（Electricity Market Reform：EMR）　113
　非化石燃料義務（Non-Fossil Fuel Obligation：NFFO）　110
　ブリティッシュエナジー（BE）　109
　UKPX（電力取引市場）　109
エネルギー安全保障　247
エネルギー基本計画（日本）　329
　エネルギー基本計画（2014年）　239
エネルギー供給構造高度化法（日本）　246
エネルギーコンセプト　68
エネルギー市場取引　351
エネルギー総局（DGEnergy　ドイツ）　79
エネルギー大転換（Energiewende　ドイツ）　283, 286
エネルギー多消費事業者　246
エネルギー長期需給見通し（日本）　330
エネルギーミックス（日本）　246
エネルギー民主主義　76
エンハーンスト市場　134 → プライマリー市場
欧州経済領域（EEA）　153
欧州連合（EU）
　欧州連合の指令（directive）　215
　競争総局（DG-Competition）　79

研究・技術開発枠組計画（EU）　169
ヨーロッパエネルギー安全保障戦略（EESS）　144
COM（2015）80 Final　23
COM/2011/0112 final　18, 21
Directive 2009/28/EC　33
DG-energy　40
EU委員会　18, 143
EUエネルギー規制庁（ACER）　159
EU議会　18
EU電力指令　73
EUの産業政策　21
Energy High Way 2050　36
Energy infrastructures　33
Energy Roadmap 2050　21
Integration of electricity from renewables to electricity grid and to the electricity market　40
Roadmap for moving to a competitive low carbon economy in 2050　19
TRENDS to 2050　24
オープンイノベーション　173
卸市場　72
温室効果ガス（GHG）　141
　温室効果ガス濃度安定化後の気候システムの変化　17
　温室効果ガス排出量の80％以上削減合意　15 → G8ラクイラ・サミット
温暖化の影響事例　16

会計分離　71
買取価格設定方法　243
回避可能費用（Avoided Cost）　181, 331, 334
外部コスト　223
外部不経済　223
価格低減率　244
確率論的リスク評価（probabilistic risk analysis：PRA）　267-268
カスケード的利用　152
化石燃料　19
家庭部門，28 → 炭素排出
稼働の遅延　242
環境アセス　305
気候変動枠組条約締約国会議（Conference of the Parties：COP）　15

気候変動枠組条約事務局（UNFCCC） 340
規制緩和 338
機能分離 71
九電ショック 71, 333
供給過剰 75
競争原理 84
競争総局（DG-Competition EU） 79
均等化発電原価（levelized cost of electricity：
　　LCOE） 262-263, 269-270, 273
京都会議（COP3） 142
京都議定書 15
クラスター 153
グリーン電力 72
クリーンパワープラン 185
グリッド
　　グリッドキャパシティ 30, 42-43
　　グリッドパリティー 86
　　グリッドボトルネック 36
　　見かけ上のグリッド満杯 41 → グリッ
　　　ド，系統
系統 65
　　系統運用 337
　　系統運用者（TSO） 212
　　系統信頼度 208
　　系統接続の保証 242
　　系統対策 249
　　系統連系 197, 305
　　系統ワーキンググループ 219
月間余剰（NEG） 188
原因者負担の原則（PPP） 210-211
限界費用 224
限界プラント 224
研究・技術開発枠組計画（EU） 169
原子力発電 239, 271
　　原発依存度 173
合意形成 77, 314
公益事業規制政策法（Public Utility Regulatory
　　Policy Act：PURPA） 181, 343
工業プロセス 17
交通部門 28 → 炭素排出
小型・中型自動車の電化 21-22
国際エネルギー機関（IEA） 250
国際連系線 144, 167, 342 → 連系線
国連世界幸福指数 172
コジェネレーション 201

コスト計量 276
固定価格買取制度 → FIT
湖南市 316
コミュニティ 85, 307
　　コミィニティパワー 317
　　コミィニティファンド 315
コミュニケーション 314

再生可能エネルギー
　　再生可能エネルギー需要の喚起 252
　　再生可能エネルギー関連条例 316
　　再生可能電力購入義務証書（Renewable
　　　Obligation Certificate：ROC　英国）
　　　118
　　再生可能エネルギー利用割合基準
　　　（Renewables Portfolio Standard：RPS　英
　　　国） 84
　　再生可能エネルギー利用割合基準
　　　（Renewable Portfolio Standard：RPS　米
　　　国） 177
　　再生可能エネルギー義務制度 Renewables
　　　Obligation：RO　英国） 110
　　再生可能エネルギー法（ドイツ） 69-
　　　70, 219, 255
　　再生可能エネルギープロジェクトへの投
　　　資契約（Final Investment Decision
　　　Enabling for Renewables　英国） 128
　　再生可能エネルギー制御センター（Centro de
　　　Control deRégimen Especial：CECRE　スペイ
　　　ン） 207
再エネ長期目標（日本） 248
再エネ賦課金（EEG-Levy　ドイツ） 79
再エネ立地 30
差異化（Banding） 120
再公有化 284, 292-293, 297-298
再ディスパッチ 228
裁定取引 206
差額決済契約（CfD） 157
削減効果 167
サッチャー政権 156
産業クラスター 173
残余需要 330, 350
時間前市場 209
事業者認定 242
市場支配力 224

索　引

市場受容性　311 →社会受容性
市場プレミアム→プレミアム制度
持続可能性革命　170
自治体の権利　285
地元所有ルール　314, 318
社会経済的便益　163
社会受容性　305
　　市場受容性　311
　　地域受容性　311
　　社会政治受容性　311
社会的費用　266
自然変動電源（Variable Renewable Energy：VRE）　346, 348
シャドウフリッカー　308
シャロー方式　212
自由化　71, 216, 328
集合化　205
柔軟性　162, 198-200, 250, 275, 345
受益者負担原則　198
需給調整　202, 208, 210
シュタットベルケ　286 →ドイツ［都市公社］
出力抑制　219
出力予測　207
所有分離　71
指令　215
新規参入コスト　275
新電力取引調整制度（New Electricity Trading Arrangement：NETA　英国）　109
水素社会　142
　　水素社会形成推進基本法（仮　日本）　169
　　水素社会宣言　168
垂直統合　216
ステークホルダー　316
スペイン
　　再生可能エネルギー制御センター（Centro de Control de Régimen Especial：CECRE）　207
スポット価格　224
スポット取引　72
スマートグリッド　23, 230
製造業部門　28 →炭素排出
政府間覚書（MOU）　161
世界風力エネルギー協会（WWEA）　316
接続可能量　217
接続留保　74, 218, 332
設備利用率　161
セミシャロー　212
前日市場　210
先着優先原則　339
戦略的パートナーシップ　290
騒音　308
総合エネルギー戦略（CES　アイスランド）　146
送電混雑　227
送電事業者（TSO）　32, 202
ゾーニング　77, 305, 322, 348
組織された市場（Organized Market）　182

ターゲットコリドー　341
太陽地球経済　170
脱炭素化　22
炭素価格の下限値（Carbon Price Floor：CPF）　114
短期限界費用　224
炭素集中度　158
炭素排出
　　家庭部門　28
　　交通部門　28
　　製造業部門　28
　　発電部門　21
地域エネルギー会社　347
地域環境権　318
地域間連系線　250 →連系線
地域経済付加価値創造　300
地域受容性　311 →社会受容性
地域送電機関　216
地域送電機関（Regional Transmission Operator：RTO　米国）　216, 344
蓄電池（グリーンバッテリー）　163, 198
地点別限界価格（Local Marginal Price：LMP）　231
地熱発電プロジェクト（IDDP）　152
長期エネルギー需給見通し　239 →エネルギーミックス（日本）
調達価格等算定委員会（日本）　245
直接取引　79, 80
貯水池　162
ディープ方式　212
ディスパッチ　200

低炭素社会　166
手続的正義　312
電気事業者による再生可能エネルギー電気の調達に関する特別措置法（FIT法　日本）240
電気事業法（日本）　217
電気貧困者　163
デンマーク
　　Danish Climate Policy Plan, Aug.2013（デンマーク）　58, 60
　　Danish Energy Model（デンマーク）　55
電力系統利用協議会（ESCJ　日本）　211
電力広域的運営推進機関（OCCTO　日本）　211, 335
電力市場改革法案（Electricity Market Reform：EMR　英国）　113
電力システム改革貫徹小委員会（日本）　332
電力自由化→自由化
電力取引監視等委員会（日本）　246
電力取引送電制度（British Electricity Trading and Transmission Agreements：BETTA　英国）　109, 113
電力取引市場　72, 206, 344
電力ネットワーク　75
ドイツ
　　エネルギー総局（DGEnergy）　79
　　エネルギー大転換（Energiewende）　23, 283, 286
　　再生可能エネルギー法（Erneuerbare Energien Gesetz：EEG）　69-70, 219, 255
　　　　2014年改正再生可能エネルギー法　71, 340
　　　　2016年改正再生可能エネルギー法　341
　　固定価格買取制度　254
　　都市公社（シュタットベルケ）　283-284, 286, 348
　　ブリージングキャップ制度　80, 87
　　村公社（ゲマインドベルケ）　286
　　EEX（電力取引市場）　72
　　RWE社　73
投資税控除（Investment Tax Credit：ITC）　179
当日市場　209

導入率　199
透明性　215
特定負担　215
独立系統運用機関　344
独立送電系統機関　216
トライアンドエラー　84

長い接続待ち　40
ナショナルグリッド社　108
ならし効果　205
日本
　　エネルギー基本計画　329
　　　　エネルギー基本計画（2014年）　239
　　エネルギー供給構造高度化法　246
　　エネルギー長期需給見通し／エネルギーミックス　239
　　調達価格等算定委員会　245
　　電気事業法　217
　　電気事業者による再生可能エネルギー電気の調達に関する特別措置法（FIT法　日本）240
　　電力系統利用協議会（ESCJ）　211
　　電力広域的運営推進機関　211
　　電力システム改革貫徹小委員会　332
　　電力取引監視等委員会　246
　　日本卸電力取引所（JEPX）　210
　　費用負担ガイドライン（日本）　338
入札制度　77, 95, 336, 345
認定施設（Qualifying Facility：QF）　181
ネガティブプライス　227
熱貯蔵　56
ネットメータリング（NEM）　186
燃料費負担の抑制　247
ノルウェー
　　ノルウェー政府石油基金　166

バーチャル発電所　229
バードストライク　308
パートナーシップ　296
バイオ資源　55
バイオニア自治体　294
バイオ燃料　25
排出量取引制度（ETS）　50
配電事業者　32

配電網営業権　294, 296-297
配電網再公有化　300
バックアップ電源　162, 198
発送電分離　216
発電税控除（PTC：Production Tax Credit　米国）
　　179
発電部門　21 →炭素排出
バランシング　162
バリュー・チェーン　298
パレート最適　223
パワートレーダー　83, 208
非化石燃料義務（Non-Fossil Fuel Obligation：
　　NFFO　英国）　110
非差別性　215
費用負担ガイドライン（日本）　338
ファイナンス　77
賦課金　80
　　賦課金減免制度　246
福島第一原子力発電所事故　239
フランス
　　Powernext　72
プライマリー市場　134 →エンハーンスト市場
ブリージングキャップ制度（ドイツ）　80, 87
フリーライダー問題　214
ブリティッシュエナジー（BE）　109
プレミアム制度　81, 83
プロジェクトファイナンス　307
プロシューマー　299
分散型システム　347
分配的正義　312
ペイアズビット　85 →入札制度
米国　25
　　1992年エネルギー政策法　186
　　2005年エネルギー政策法　182
　　2014年増税防止法　186
　　再生可能エネルギー利用割合基準
　　　　（Renewable Portfolio Standard：RPS）
　　　　177
　　地域送電機関（Regional Transmission
　　　　Operator：RTO）　216, 344
　　発電税控除（PTC：Production Tax Credit）
　　　　179
　　連邦エネルギー規制委員会（FERC）

索　引 | 361

　　　　184, 216, 344
　　連邦電力ネットワーク規制当局　73
平和度指数　172
ベースロード電源　329
便益　212
変動性再生可能エネルギー（Variable Renewable
　　Energy：VRE）　197
法人形態　290, 292
法的分離（Independent Transmission Operator：
　　ITO）　71
北海道グリーンファンド　315
見かけ上のグリッド満杯　41 →グリッド，系統
無制限無補償の出力抑制　333
村公社（ゲマインドベルケ　ドイツ）
　　286 →ドイツ［都市公社］
命令　216
メリットオーダー　72, 224
　　メリットオーダー曲線　345
　　メリットオーダー効果　72
モデル社会　147

優先給電　75, 225, 345 →ゾーニング
郵便切手方式　231
揚水発電　201
ヨーロッパエネルギー安全保障戦略（EESS
　　EU）　143, 144
洋上送電事業者（Offshore Transmission Owners：
　　OFTO）　100
余剰電力　162

ラクイラ・サミット →G8 ラクイラ・サミット
リアルタイム市場　228
リーマンショック　65
利益分配　316
リスク　308
　　リスクコミュニケーション　323
緑化電力　165, 167
レファレンス・シナリオ　24
連系線
　　連系線効果　156
　　連系線の空き容量の効率的活用　251
　　国際連系線　144, 167, 342
　　地域間連系線　250
連邦エネルギー規制委員会（FERC　米国）

184, 344
連邦電力ネットワーク規制当局（米国）　73
ロードマップ　19

ローレンス・バークレー国立研究所（LBL）　184

【編著者略歴】

■編著者
植田和弘（うえた　かずひろ）
1952年生まれ。京都大学大学院経済学研究科教授。経済学博士。工学博士。専門は環境経済学。環境問題を通じて工学から経済学へ。「どうなるかではなく，どうするか」をモットーに持続可能な発展について研究している。東日本大震災と福島原発事故をうけて，科学・技術と社会の関係や公共政策の学術的基盤についてもあらためて関心を抱いている。大阪府市エネルギー戦略会議会長，コスト等検証委員会委員を務めた。

山家公雄（やまか　きみお）
1956年生まれ。京都大学大学院経済学研究科特任教授。エネルギー戦略研究所所長，東北公益文科大学特任教授，山形県総合エネルギーアドバイザー，豊田合成㈱取締役を務める。東京大学経済学部卒業。日本政策投資銀行エネルギー部次長，調査部審議役等を経て現職。第27回エネルギーフォーラム賞受賞。著書に『オバマのグリーンニューディール』（日経新聞出版社），『再生可能エネルギーの真実』（エネルギーフォーラム），『ドイツエネルギー変革の真実』（エネルギーフォーラム）等多数。

■著者
飯沼芳樹（いいぬま　よしき）
一般社団法人　海外電力調査会調査部門長。
1951年生まれ。早稲田大学大学院経済学研究科博士課程前期修了。州立ハワイ大学大学院・東西センター資源システム研究所でPh.D.（資源経済学）取得。
主な著作に, Scale Economies, Technical change and Capacity factor: Economic Analysis of Thermal Power Generation in Japan, *Ann Arbor*, MI, UMI など。

稲澤　泉（いなさわ　いずみ）
京都大学大学院経済学研究科エネルギー政策共同研究講座特任教授。
1960年生まれ。京都大学地球環境学舎博士後期課程修了。博士（地球環境学）。専門は発電コスト検証，環境政策過程論。主な著作に，『環境政策統合』（共著，ミネルヴァ書房，2013年）など。

尾形清一（おがた　せいいち）
京都大学大学院経済学研究科再生可能エネルギー経済学講座特定助教。
1977年生まれ。立命館大学大学院政策科学研究科博士後期課程修了。博士（政策科学）。専門は公共政策学・環境政策論・エネルギー政策論
主な著作に，『再生可能エネルギーのリスクとガバナンス』（共著，ミネルヴァ書房，2015年），『地域の資源を活かす再生可能エネルギー事業』（共著，金融財政事情研究会，2014年）。

小川祐貴（おがわ　ゆうき）
株式会社イー・コンザル研究員，京都大学大学院地球環境学舎博士後期課程在学中。

1990年生まれ。京都大学大学院地球環境学舎修士課程修了。修士（地球環境学）。研究テーマは分散型エネルギー資源が地域経済に与える影響について。自治体のエネルギー・環境政策の策定支援にも関わる。地域主体が自らエネルギーの分野に参入することが，地域にとって経済的にどのようなメリットがあるのかを定量的に示す「地域付加価値創造分析」に取り組む。

加藤修一（かとう　しゅういち）
京都大学大学院経済学研究科特任教授。エネルギー戦略研究所・シニアフェロー。1947年生まれ。北海道大学大学院地球環境科学研究科修了。学術博士（地球環境科学）。小樽商科大学教授を経て参議院議員を3期18年，環境副大臣等歴任。「バイオマス活用推進基本法」，「雨水利用推進法」，「気候変動対策推進基本法」等の議員立法，自然エネルギー促進議員連盟を有志と創設しその事務局長，「自然エネルギー発電促進法」の立法化などに取り組む。

高村ゆかり（たかむら　ゆかり）
名古屋大学大学院環境学研究科教授。
京都大学法学部卒業。一橋大学大学院法学研究科博士課程単位修得退学。専門は国際法・環境法。静岡大学助教授，龍谷大学教授などを経て現職。総合資源エネルギー調査会（経済産業省）基本政策分科会長期エネルギー需給見通し小委員会委員・再生可能エネルギー導入促進関連制度改革小委員会委員，同省エネルギー・新エネルギー分科会新エネルギー小委員会委員，調達価格等算定委員会委員，中央環境審議会（環境省）委員なども務める。

内藤克彦（ないとう　かつひこ）
京都大学大学院経済学研究科特任教授。エネルギー戦略研究所・顧問・シニアフェロー。1953年生まれ。東京大学大学院工学部物理工学専門課程修了。環境省地球環境局地球温暖化対策課調整官・国民生活対策室長，総合環境政策局環境影響審査室長，水・大気環境局自動車環境対策課長，（東京都）港区副区長などを経て，退官後現職。主な著書に，『環境アセスメント入門』（化学工業日報社，1998年），『いま起きている地球温暖化』（化学工業日報社，2005年）。『展望次世代自動車』（化学工業日報社，2011年），『IPCC地球温暖化第二次レポート』（翻訳，中央法規出版，1996年）。『PRTRとは何か』（化学工業日報社，1997年），『「土壌汚染対策法」のすべて』（化学工業日報社，2003年），『五感で楽しむまちづくり』（学陽書房，2011年）。

中山琢夫（なかやま　たくお）
京都大学大学院経済学研究科再生可能エネルギー経済学講座特定助教。
1976年生まれ。同志社大学大学院総合政策科学研究科総合政策科学専攻公共政策コース博士課程（後期課程）研究指導認定退学。博士（政策科学）。専門は環境経済，地域経済，再生可能エネルギー。主な論文に，「ドイツのシュタットベルケは，配電網の再公有化を通して何を目指しているのか？」『経済論叢』（京都大学），「再生可能エネルギーで山間地域に所得1％を取り戻せるか？──小水力発電と木質バイオマスの薪利用を中心に」『財政と公共政策』（財政学研究会），「分散型再生可能エネルギーによる地域付加価値創造分析──日本における電源毎の比較分析」（『環境と公害』　岩波書店）など。

長山浩章（ながやま　ひろあき）
京都大学国際高等教育院教授。
1964年生まれ。開成高等学校、慶応義塾大学経済学部卒業。エール大学経営大学院（MBA）修了。京都大学大学院エネルギー科学研究科博士後期課程修了。博士（エネルギー科学）。
専門はエネルギー政策論。主な著作に『発送電分離の政治経済学』（東洋経済新報社）, Electric Power Sector Reform Liberalization Models and Electric Power Prices in Developing Countries: An Empirical Analysis Using International Panel Data, *Energy Economics*, 31, pp. 463-472, 2009　など。

安田　陽（やすだ　よう）
京都大学大学院経済学研究科特任教授。エネルギー戦略研究所・研究部長。
1967年生まれ。横浜国立大学大学院工学研究科博士後期課程修了。博士（工学）。関西大学システム理工学部准教授など経て現職。日本風力エネルギー学会理事、IEA Wind Task25等の国際委員会メンバーも多数務める。主な著書に『日本の知らない風力発電の実力』（単著）、『風力発電導入のための電力系統工学』（共訳）、『地域分散型エネルギーシステム』（共著）など。

再生可能エネルギー政策の国際比較
―― 日本の変革のために　　　　　　　　Ⓒ Kazuhiro UETA et al. 2017

平成29（2017）年 2 月25日　初版第 1 刷発行
平成29（2017）年12月10日　初版第 4 刷発行

|編　者|植　田　和　弘|
|山　家　公　雄|
|発行人|末　原　達　郎|

発行所　**京都大学学術出版会**

京都市左京区吉田近衛町69番地
京都大学吉田南構内（〒606-8315）
電　話（075）761-6182
FAX（075）761-6190
URL　http://www.kyoto-up.or.jp
振　替　01000-8-64677

ISBN978-4-8140-0065-4　　印刷・製本　亜細亜印刷株式会社
Printed in Japan　　　　　　　定価はカバーに表示してあります

本書のコピー，スキャン，デジタル化等の無断複製は著作権法上での例外を除き禁じられています。本書を代行業者等の第三者に依頼してスキャンやデジタル化することは，たとえ個人や家庭内での利用でも著作権法違反です。